米尔斯文集 | 李钧鹏 闻 翔 主编

社会学的想象力

[美] C. 赖特 · 米尔斯 著

李 康 译 / 李钧鹏 校

The Sociological Imagination

北京师范大学出版集团
BEIJING NORMAL UNIVERSITY PUBLISHING GROUP
北京师范大学出版社

总　序

1961年，在一篇向英国学界介绍美国社会学的论文中，30来岁却已是学界翘楚的李普塞特(Seymour Martin Lipset)和斯梅尔瑟(Neil Smelser)以轻蔑的语气对C. 赖特·米尔斯做出如是评价："[米尔斯先生]在当代美国社会学界无足轻重，虽然其著作在学术圈外颇为畅销，并在某些政治圈子里广为传阅。……由于占据了大众和商业媒体的重要发言平台，他影响了圈外人士对社会学的印象。他是在美国头号评论媒体《纽约时报书评》上对学界同行做出最多点评的社会学家。"李普塞特和斯梅尔瑟显然未能预见米尔斯对社会学的持久影响力。时至今日，米尔斯已成为社会学史上的传奇人物。1997年，国际社会学会选出了20世纪最具影响力的10部社会学著作，米尔斯的《社会学的想象力》高居第二，仅次于马克斯·韦伯的《经济与社会》。

米尔斯去世已超过半个世纪，当代中国社会和20世纪中叶的美国更是天差地别。我们今天读米尔斯，不在于书中的历史细节和政策是非，而在于他迫使我们反思一个核心问题：社会学家应如何想象？

首先，社会学家应直面时代的大问题。米尔斯认为，社会学家必须承担时代的文化责任，发挥相应的公共职能。他并不主张学者抛开研究，以社会活动为业，而是反对为学术而学术、为审美而审美的研究理念，反对狭隘的经验研究与科学主义。在他看来，社会学的技艺在于转译（translation）和赋权（empowerment）。社会学家有责任向一般读者阐明，他们的私人困扰并不只是个人命运的问题，而是和全社会的结构性问题密不可分；社会结构若不发生根本性转变，他们的私人境遇就不可能真正得到改善。米尔斯一方面炮轰空中楼阁的宏大理论建构，另一方面反对研究方法凌驾于实质议题之上的经验主义。时过境迁，米尔斯所批判的现象不但没有消失，反而变本加厉。再看中国，社会学重建 30 多年以来，成就有目共睹，尤其是涌现了一批才华横溢的青年学者。从理论到方法，从后现代到大数据，我们对西方学术前沿已不再陌生。然而，我们是不是让术语和数据掩盖了事实本身？有没有忘了自己投身学术最初的感动？社会总体结构如何？它在人类历史上的位置如何？这个社会中的获利者是谁？米尔斯敦促我们对这些问题做出正面回答。

其次，社会学研究不可脱离历史维度。对于马克思和韦伯等奠基人来说，社会学和历史学并无泾渭分明的边界，他们的研究既是横向的结构剖析，也是纵向的历史叙事。但随着行为主义和量化分析的崛起，历史学和社会学在20世纪初开始分家；历史学家对社会学家提炼一般化理论的尝试不屑一顾，社会学家则将历史学家视为提供史料的体力劳动者。米尔斯对这一现象持强烈的批判态度，明确指出“社会科学本身就属于历史学科……所有名副其实的社会学都是‘历史社会学’”。随着历史社会学20世纪70年代在美国的兴起，这一现象有了较大的改善，但社会学和历史学并未得到真正的有机融合。如果我们遵循米尔斯的建议，历史社会学就不是社会学的分支领域，而是一切社会学研究的题中应有之义。换言之，历史社会学不是研究历史的社会学，而是具有历史维度的社会学；它将时序性(temporality)置于核心地位，强调因果关系在时间上的异质性。具有想象力的社会学必然是具有历史穿透力的社会科学，因为社会结构是历史事件的产物。以转型期的中国为例，我们所处的社会和面临的社会现象从何而来，改革前和改革后的社会是什么关系，传统社会、转型前的社会主义社会和转型中的社会主义社会有何联系，这些都是值得我们思考的问题。

最后，社会学研究必须基于研究者自身的体验。米尔斯并不主张大而无当的无病呻吟，而强调“大”和“小”的辩证关系。在分析权力精英、核武器这些时代的大问题时，研究者必须学会利用个人体验。从小镇到大城市，从务农到白领，经典之作《白领》的灵感很大程度上正来自他本人的人生经历。对于未来的社会学家，米尔斯的建议是：先反思你的个人经历，再把个人经历同社会变迁结合起来。所谓“价值无涉”的学术研究，不仅回避了学者应有的社会担当，更抽离了学术灵感的重要来源。如果一个研究者对其所做的研究并无亲身体验，甚至没有个人兴趣，他又怎么能指望吸引甚至影响读者呢？对于中国的社会学者来说，我们最缺乏的并非事实，我们的普查和抽样数据已经不少；我们缺乏的是由小而大，大中见小的社会学想象力。

2016 年是米尔斯诞辰 100 周年，我们推出这套译丛，既是向这位社会学巨人的献礼，也是社会学想象力的真诚邀约。作为社会学研究者，我们理应感到庆幸，因为这个转型的大时代是学术研究和公共关怀相互促进的难得机遇。我们任重道远，但满怀期待。

李钧鹏　闻翔

2016 年 1 月 17 日

献给哈维(Harvey)与贝蒂(Bette)

目录

第一章　承诺

现如今，人们往往觉得，自己的私人生活就是一道 3
又一道的陷阱。在日常世界里，他们觉得自己无法克服这些困扰。而这种感觉往往还颇有道理：普通人直接意识到什么，又会努力做什么，都囿于自己生活其间的私人圈子。他们的眼界、他们的力量，都受限于工作、家庭、邻里那一亩三分地。而在别的情境下，他们的行止只能透过别人来感受，自己始终是个旁观者。对于超出他们切身所处的那些抱负和威胁，他们越是有所意识，无论这意识多么模糊，似乎就会感到陷得越深。

而支撑着这种陷阱感的，正是全世界各个社会的结构本身所发生的那些看似非个人性的变迁。当代历史的诸般史实，也正是芸芸众生胜负成败的故事。随着一个社会走向工业化，农民成了工人，而封建领主则被清除或成为商人；随着各个阶级的起伏兴衰，个人找到了岗位或丢了饭碗；随着投资回报的涨跌，人也会追加投资或宣告破产。战事一开，保险推销商扛起了火箭筒，商店员工操作起了雷达，妻子独自在家过日子，孩子的成长也没有了父亲的陪伴。无论是个体的生活，还是社会的历史，只有结合起来理解，才能对其有所体会。

不过，人们通常不从历史变迁和制度矛盾的角度出发，来界定自己所经历的困扰。他们只管享受安乐生活，一般不会将其归因于所处社会的大起大落。普通人
4 很少会意识到，自己生活的模式与世界历史的进程之间，有着错综复杂的关联。他们通常并不知道，这种关联如何影响到自己会变成哪种人，如何影响到自己可能参与怎样的历史塑造。要把握人与社会、人生与历史、自我与世界之间的相互作用，必须有特定的心智品质，而他们并不具备这样的品质。他们没有能力以特别的方式应对自己的私人困扰，以控制通常隐伏其后的那些结构转型。

当然，这也不足为奇。有那么多人如此彻底、如此迅疾地遭遇如此天翻地覆的变迁，那这是什么样的时代？而美国人之所以不了解这样的剧变，正如其他社会的众生男女所了解的那样，是因为一些正迅速变成“仅仅只是历史”的史实。如今影响着每一个人的历史是世界历史。置身于这个时代的这个舞台，仅仅经过一代人的工夫，人类的六分之一就从完全的封建落后状况，转变成现代、发达却又令人满怀忧惧的状况。政治上的殖民地获得了解放，但新型的、不那么显见的帝国主义形式却开始扎根。革命爆发了，人们却感受到新型权威的

严密掌控。极权主义社会兴起了，然后又被彻底摧垮，或者令人难以置信地大获成功。资本主义经历了 200 年的上升趋势，如今看来，只是让社会成为某种工业机器的一种方式。抱持了 200 年的企盼，人类也只有很少一部分获得了哪怕是形式上的民主。在欠发达世界，到处都能看到古老的生活方式被摧毁，朦朦胧胧的期待化作了迫不及待的要求。而在高度发达的世界，到处都能看到种种权威手段和暴力手段在范围上变成了总体性的手段，在形式上也变得具有科层性。人性本身现在就摆在我们面前，无论是哪一极的超级大国，都以惊人的协调能力和庞大的规模，竭力准备着第三次世界大战。

如今，历史的面貌可谓日新月异，让人们感到力不从心，难以基于往昔珍视的价值找寻方向。往昔珍视的是些什么价值？即使在尚未陷入恐慌的时候，人们也常常感到，老派的感觉和思维方式已经瓦解，新的萌芽却还暧昧不清，从而导致了道德上的阻障。普通人骤然面对那些更广阔的世界时，自觉无力应对；他们无法理解 5
所处的时代对于自己生活的意义；他们出于自我防御，在道德上越来越麻木，试图彻底成为私己的人，这些又有什么奇怪的呢？他们逐渐感到坠入陷阱，又有什么可惊奇的呢？

他们所需要的并不只是信息。在这个“事实的时代”，信息往往主宰了他们的注意力，并完全超出了他们的吸收能力。他们所需要的也不仅仅是理性思考的技能，尽管他们获得这些技能的努力往往耗尽了本来就有限的道德能量。

他们所需要的，以及他们感到他们所需要的，是一种特定的心智品质，这种心智品质能够有助于他们运用信息，发展理性，以求清晰地概括出周边世界正在发生什么，他们自己又会遭遇到什么。我的主张是，从记者到学者，从艺术家到公众，从科学家到编辑，都越来越期待具备这种心智品质，我们不妨称之为社会学的想象力。

一

具备社会学的想象力的人，就更有能力在理解更大的历史景观时，思考它对于形形色色的个体的内在生命与外在生涯的意义。社会学的想象力有助于他考虑，个体陷于一团混沌的日常体验时，如何常常对自己的社会位置产生虚假的意识。在这一团混沌中，人们可以探寻现代社会的框架，进而从此框架中梳理出各色男女的心理状态。由此便可将个体的那些个人不安转为明确困扰；而公众也不再漠然，转而关注公共论题。

这种想象力的第一项成果，即体现它的社会科学的第一个教益，就是让人们认识到：个体若想理解自己的体验，估测自己的命运，就必须将自己定位到所处的时

代；他要想知晓自己的生活机会，就必须搞清楚所有与自己境遇相同的个体的生活机会。这个教益往往会是痛
苦的一课，但又常常让人回味无穷。究竟是坚毅卓绝还 6
是自甘堕落，是沉郁痛苦还是轻松欢快，是乐享肆意放纵的快活还是品尝理性思考的醇美，对于人的能力的这些极限，我们并不知道。但如今我们开始明白，所谓"人性"的极端，其实天差地别，令人惊惧。我们开始明白，无论是哪一代人、哪一个人，都生活在某个社会当中；他活出了一场人生，而这场人生又是在某个历史序列中演绎出来的。话说回来，就算他是由社会塑造的，被其历史洪流裹挟推搡而行，单凭他活着这桩事实，他就为这个社会的形貌、为这个社会的历史进程出了一份力，无论这份力量是多么微不足道。

社会学的想象力使我们有能力把握历史，把握人生，也把握这两者在社会当中的关联。这就是社会学的想象力的任务和承诺。而经典社会分析家的标志就是接受这一任务和承诺。无论是言辞夸张、絮叨啰唆、无所不写的赫伯特·斯宾塞(Herbert Spencer)，还是风度优雅、寻根究底、善良正直的E. A. 罗斯(E. A. Rose)，无论是奥古斯特·孔德(Auguste Comte)，还是埃米尔·涂尔干(Émile Durkheim)，抑或是敏感纠结的卡尔·曼海姆(Karl Mannheim)，都具有这一特征。卡尔·马克思之所以在智识上秀出群伦，根本上在于这一品质；索尔斯坦·凡勃伦(Thorstein Veblen)之所以洞

见犀利、讽才卓异，约瑟夫·熊彼特(Joseph Schumpeter)之所以能从多种角度构建现实，关键皆在于这一品质。马克斯·韦伯(Max Weber)的深刻与明晰概源于此，W. E. H. 莱基(W. E. H. Lecky)的心理学视野同样建基于此。当代有关人和社会的研究，精华的标志正在于这一品质。

任何社会研究，如果没有回到有关人生、历史以及两者在社会中的相互关联的问题，都不算完成了智识探索的旅程。不管经典社会分析家的具体问题是什么，无论他们考察的社会现实多么局促或宽广，只要他们充满想象力地意识到自己工作的承诺，都会坚持不懈地追问三组问题：

(1)这个特定的社会作为整体的结构是什么？它的基本要素有哪些，彼此如何关联？它与其他社会秩序有何分别？在其内部，任一具体特征对该社会的维系和变迁具有什么意义？

(2)这个社会在人类历史上居于什么位置，是什么样的动力在推动着它不断变迁？在整个人类的发展中，
7 它居于什么位置，又具有什么意义？我们所考察的任一具体特征，是如何影响了它所属的历史时期，又是如何受后者影响的？至于这一历史时期，它具有哪些基本特点？它与其他时期有何差别？它塑造历史的方式有着怎样的特色？

(3)在这个社会、这个时期，男人和女人的主流类

型一般是什么样子？未来的趋势如何？他们是怎样被选择、被塑造、被解放或被压迫，又是怎样变得敏感或迟钝的？在这个社会、这个时期，我们观察到的行为和性格中，揭示出了哪些类型的“人性”？我们所考察的社会的方方面面，对于“人性”有着怎样的意义？

无论我们感兴趣的是一个强权大国，还是一种意境、一户家庭、一所监狱、一则教义，一流的社会分析家都要追问这些问题。它们是有关社会中的人的经典研究的学术支点，是任何具备社会学的想象力的头脑必然会提出的问题。因为所谓想象力，就是有能力从一种视角转换到另一种视角，例如，从政治视角转向心理视角，从对单个家庭的考察转向对全球各国预算的比较评估，从神学院转向军事机构，从石油工业转向当代诗坛。这种能力上及最为遥远、最非人化的转型，下至有关人的自我的最私密的特征，并且还能考察这两端之间的关系。在运用社会学的想象力时，应始终蕴含着一种冲动，要去探知置身于这个社会、这个时期，并被赋予其品质和存在的个体，在社会维度和历史维度上具有什么意义。

综上诸因，借助社会学的想象力，人们现在可以期望把握世事进展，理解自身遭遇，并视之为人生与历史在社会中的相互交织的细小节点。当下的人在看待自己时，就算不是作为永远的陌生人，至少也会自觉地把自己当成一个旁观者。这种立场在相当程度上有赖于人们

能深刻认识到社会的相互依存性，认识到历史的转型力
量。而这种自觉意识最富收益的形式，就是社会学的想
8 象力。运用这种想象力，原本心智活动范围狭隘的人往
往开始感到，自己仿佛在一座本该熟悉的房子里突然惊
醒。无论正确与否，他们往往开始觉得，自己现在可以
得出充分的概括、统合的评估、全面的定向。过去显得
理据充分的决定，现在来看，似乎成了无法解释的糊涂
脑袋的产物。他们感受惊奇的能力重焕生机。他们获得
了新的思维方式，经历了价值的重估。简言之，他们通
过冷静的反思和敏锐的感受，认识到了社会科学的文化
意义。

二

在运用社会学的想象力时，最富收益的区分或许就是“源于周遭情境的个人困扰”(the personal troubles of milieu)与“关乎社会结构的公共议题”(the public issues of social structure)。这种区分是社会学想象力的基本工具，也是社会科学中所有经典研究的共有特征。

困扰发生在个人的性格当中，发生在他与别人的直接关系当中；它们必然牵涉到他的自我，牵涉到社会生活中他直接地、切身地意识到的那些狭隘的领域。因此，这些困扰的表述和解决完全在于作为一个人生整体的个体，在于他的切身情境所及，而他的个人经历，以

及某种程度上他的有意活动，所能直接触及的就是这样的社会场景。困扰是一种私人事务：某个人觉得自己所珍视的价值受到了威胁。

而**议题**所涉及的事情，则必然会超出个体所置身的这些局部环境，超出他内在生活的范围。它们必然涉及许多这类情境是如何组合成作为整体的历史社会的各项制度，而各式各样的情境又是如何相互交叠，彼此渗透，以形成社会历史生活的更宏大的结构。议题是一种公共事务：公众觉得自己所珍视的某种价值受到了威胁。至于那种价值究竟是什么，威胁它的到底是什么，往往众说不一。这样的争论常常缺乏焦点，哪怕只是因为议题本质如此，不像困扰，甚至是广为蔓延的困扰， 9
它无法基于普通人切近的、日常的环境，对议题做出精准的界定。事实上，议题还往往牵扯到制度安排方面的某种危机，而且经常关乎马克思主义者所说的“矛盾”或“对立”。

我们不妨从这些角度来看看失业问题。在一座拥有10 万人口的城市中，如果只有一个人失业，那这就是他的个人困扰。要想施以救济，我们应该看看这人的性格，还有他的技能，看看他眼前有什么机会。但在一个拥有 5000 万就业人口的国度里，如果有 1500 万人失业，这就成了公共议题，我们不能指望在任何一个个人所面临的机会的范围内就能找到解决之道。因为机会的结构本身已经崩溃。要想正确地表述问题所在，并找出现实可行的解决办法，我们就必须考察整个社会的经济制度和政治制度，而不只是零散个体的个人处境和性格。

让我们再来看看战争。战争一旦爆发，相关的个人问题也许是如何保全生命或死得荣耀，如何趁机大捞一笔，如何在军队系统中爬得更高从而保全自己，或是如何为结束战争尽一份力。简言之，战争爆发后，要根据一个人所持有的价值，找到一套情境，在其中求得安全保命，或是让自己的牺牲在其中变得富有意义。但有关战争的结构性议题必须涉及它的起因，涉及它让什么类型的人仓促上位，发号施令，涉及它对经济制度、政治制度、家庭制度和宗教制度产生了什么影响，以及这个由民族国家组成的世界为何陷入散乱无序、无人负责。

让我们考虑一下婚姻。在一桩婚姻里，一个男人和一个女人可能会体验到个人困扰。但如果结婚头四年中的离婚率达到每 1000 对夫妻中有 250 对离婚，这就表明婚姻家庭制度以及影响它们的其他制度出现了某种结构性问题。

我们不妨再来看看大都市(metropolis)，也就是令人恐惧、美丑混杂、壮丽奢华肆意蔓延的大城市(the great city)。在许多上层阶级人士看来，对于“城市问
10 题”的个人解决办法，就是在市中心买套带私家车库的

公寓，而在40英里[①]开外，拥有一片方圆100英亩[②]的私有土地，里面有一座亨利·希尔(Henry Hill)设计的房子，附带有盖瑞特·埃克博(Garrett Eckbo)设计的园林。[③] 两处环境皆属可控，两边都有一小队服务人员，并由私人直升机交通往返。在这样的可控环境下，绝大多数人都能解决城市现状所导致的许多个人情境的问题。但无论这一切多么令人赞叹，也不能缓解城市的结构性现状所引发的公共议题。该如何对付这种令人惊叹的奇形怪状呢？把城市全部拆分成零散的单元区域，融合居住区与工作区？在现有区位上重新翻建？或者，彻底清空，炸毁干净，另择他地，重绘蓝图，筑造新城？那又该有怎样的新计划呢？不管决策如何，谁是决策者，谁又是执行者呢？这些议题都是结构性的。我们要直面这些议题，求得解决之道，就必须考虑那些影响着数不清的情境的政治经济议题。

只要经济安排不佳，导致疲软，失业的问题就不再是个人能解决的了。只要战争是民族国家体系和世界工业化进程不平衡的题中应有之义，普通人囿于逼仄情境，无论有没有心理援助，都不会有能力解决这种体系

① 1英里等于1609.34米。——编注

② 一英亩约为4046.86平方米。——编注

③ 亨利·希尔(1913—1984)，美国著名建筑设计师。盖瑞特·埃克博(1910—2000)，美国著名风景园林(景观)设计师。1950年盖瑞特出版《宜居景观》(*Landscape for Living*)一书，阐明花园的功能意义，说明怎样将市郊生活的日常必需设施如晒衣场、儿童游戏沙坑和烧烤野餐地等融入新花园设计。——译注

或者体系的匮乏强加给他的那些困扰。只要家庭作为一项制度，把女人变成形同奴隶的小宠物，把男人变成独挑大梁的供养者和断不了奶的依赖者，那么纯粹私人的办法就始终不能解决美满婚姻的问题。只要过度发达的都市圈（megalopolis）和过度发展的小汽车是一个过度发展的社会的固有特性，那么仅凭个人才智和私有财富就无法纾解都市生活的议题。

如前所述，我们在各式各样具体情境中的体验，往往是由结构性的变迁所导致的。有鉴于此，要想理解许多个人情境中的变迁，我们就必须有超出这些个人情境的眼光。而随着我们生活其间的这些制度涵盖面越来越广，彼此关联越来越复杂，这类结构性变迁也日渐增
11 多，愈益复杂。要想对社会结构的观念有清醒认识，并能敏锐运用它，就要有能力透过纷繁多样的情境捕捉到这类关联。如果能做到这一点，也就具备了社会学的想象力。

三

在我们这个时代，公众面临的主要议题是什么？私人经受的关键困扰又有哪些？我们要想梳理出这些议题和困扰，就必须搞清楚，在我们所处时期的标志性趋势下，有哪些价值备受珍视却遭受威胁，又有哪些价值备

受珍视同时也得到倡导。无论我们讨论的价值是遭受威胁还是得到倡导，我们都必须要问，这里可能牵涉到哪些突出的结构性矛盾?

当人们珍视某些价值，并且不觉得它们面临什么威胁时，就会体验到**安乐**(well-being)。而当他们珍视某些价值，但**的确**感到它们面临威胁时，就会体验到危机——危机要么限于个人困扰，要么成为公众议题。一旦他们所抱持的价值似乎无一幸免，他们就会觉得受到整体威胁而陷入恐慌。

但是，假如人们对自己珍视什么价值浑浑噩噩，又或者没有体验到任何威胁呢?这就是所谓**漠然**(indifference)的体验。而如果这种态度似乎波及所有价值，那就成了麻木(apathy)。最后，假如他们浑然不知自己珍视什么价值，但依然非常清楚威胁本身的存在呢?那就会体验到**不安**(uneasiness)，体验到焦虑(anxiety)，如果牵涉面足够广泛，就成了完全无法指明的不适(malaise)。

我们的时代弥漫着不安和漠然，但这种不安和漠然又还不能得到清楚阐明，并接受理性的分析和感性的体察。它们往往只限于模糊的不安造成的苦恼，而不是从价值和威胁的角度得到明确界定的困扰。它们往往只是沮丧的情绪，让人觉得一切都有些不对劲，却不能上升为明确的论题。人们既说不清面临威胁的价值是什么，也道不明究竟是什么在威胁着他们。一句话，它们还没到能让人做出决策的程度，更不用说被明确梳理成社会科学的问题了。

在 20 世纪 30 年代，人们基本没有什么怀疑，只有某些自欺欺人的工商界人士觉得经济议题也就是一堆个人困扰。在这些有关“资本主义的危机”的争论中，对马克思的梳理，以及许多未曾明言的对其著述的重新梳理，或许确立了这个议题的主导论调，有些人开始从这
12 些角度来理解自己的个人困扰。大家都很容易看到是哪些价值受到威胁并予以珍视，而威胁它们的结构性矛盾也似乎一目了然。人们对这两点都有广泛而深切的体验。那是一个讲政治的年代。

然而，对于第二次世界大战之后遭受威胁的这些价值，人们往往既没能广泛承认其为价值，也没能普遍感受到它们面临威胁。大量私人的不安就这么得不到梳理，大量公众的不适，以及众多极具结构相关性的决策，都从未成为公共议题。而对于接受理性和自由之类的传统价值的人来说，不安本身就是困扰，漠然本身就是议题。这种不安和漠然的境况，就是我们时代的标志性特征。

这一切是如此令人瞩目，以至于观察家们往往解释道，如今需要梳理的问题的类型本身已经有了变化。我们常常被告知，我们这十年的问题，甚至我们时代的危机，已经不再局限于经济这个外部领域，现在成了与个人生活质量有关的问题，这其中其实牵涉到这么一个问

题：是否不久之后就不再有什么可以被恰当地称为个人生活了。人们关注的焦点不再是童工，而是漫画；不再是贫困，而是大众休闲。不仅有许多私人困扰，而且有许多重大公共议题，都被从“精神病学”的角度来描述。这样的努力往往显得可悲，因为这是在回避现代社会的大议题、大问题。这样的表述似乎往往只依赖于一种狭隘的地方意识，只对西方社会感兴趣，甚至只对美国感兴趣，从而忽略了全人类其他三分之二的人口。它还常常武断地将个人生活与更大范围的制度相脱离；而人们的生活就是在那些制度中展开的，后者对于个人生活的影响，有时会比孩童时节的亲密环境更为严重。

比如，如果不考察工作，我们甚至无法表述休闲问题。要想把漫画书引发的家庭困扰这个问题梳理清楚，就不能不结合当代家庭与社会结构的新近制度之间的新关系，考察当代家庭所面临的困境。要是没有认识到不适与漠然如今已经在多么大的程度上构成了当代美国社会的社会风气和个人倾向，那么，无论是休闲，还是它那些令人萎靡不振的实际应用，都不会被视为问题。在 13
这样的风气和倾向下，如果没有认识到进取心作为在合作经济中工作的那些人的职业生涯的重要成分，也已遭遇危机，那就无法阐述更无法解决任何有关“私人生活”的问题。

精神分析学者反复指出，人们的确常常“愈益感到被自己内心无法确定的模糊力量所推动”，事实确实如此。欧内斯特·琼斯(Ernest Jones)曾有言曰:“人的主要敌人和危险就是他自己的桀骜本性,就是他心中被禁锢的黑暗力量。”然而,此言**谬矣**。正相反,现如今,“人的主要危险”乃在于当代社会本身桀骜难驯的力量,以及其令人异化的生产方式、严丝合缝的政治支配技术、国际范围内的无政府状态,简言之,即当代社会对人的所谓“本性”、对人的生活的境况与目标所进行的普遍渗透的改造。

现在,社会科学家在政治上和学术上——两个维度在此互相重合——的首要任务,就是厘清当代的不安与漠然都包括哪些成分。这是其他文化工作者——从自然科学家到艺术家,乃至于整个学术共同体,对他们提出的核心要求。我相信,正是由于这项任务和这些要求,社会科学将日渐成为我们这个文化时代的共同尺度,而社会学的想象力也将愈益成为我们最需要的心智品质。

四

在思想上的每一个时代,都会有某种思考风格趋于成为文化生活的共同尺度。不过,放眼当下,有许多思想时尚蔚为流行,却也只是各领风骚一两年,然后就被新的时尚所取代。这样的狂热或许会使文化这场戏更加有滋有味,但在思想上却只是轻浅无痕。而像“牛顿物理学”或“达尔文生物学”之类的思维方式则不是这样。这些思想世界个个影响深远，大大超出观念和意象的某一专门领域。无论是引领时尚的论家，还是籍籍无名的学者，都能基于这些思维方式的用语或从中衍生的用语，重新定位自己的观察，重新梳理自己的关切。 14

在现代西方社会，物理科学和生物科学已成为严肃思考与大众玄学的主要共同尺度。“实验室技术”成为普遍接受的程序模式和学术保障的源泉。这就是学术上的共同尺度这一观念的意义之一：人们可以基于它的用语陈述自己最牢固的信念；而其他用语、其他思考风格，似乎沦为回避问题和故弄玄虚的手段。

一种共同尺度大行其道，并不必然意味着不存在任何其他的思维风格或感受模式。不过它的确意味着，往往会有更加普遍的学术兴趣转向这一领域，在那里得到最明晰的梳理，一旦其得到如此梳理，就会在一定程度上被视为已经成功，即便不是成功找到解决之道，至少也是成功找到一种有益的推进方式。

我相信，社会学的想象力正成为我们文化生活主要的共同尺度，成为其标志性特征。这种心智品质体现于社会科学和心理科学中，但远远不限于我们目前所知的这些研究的范围。个体乃至整个文化共同体要获得社会学的想象力，乃需要点滴积累，往往也需要蹒跚摸索，然而许多社会科学家对这种品质缺乏自觉意识。他们似乎不知道，要做出他们可能做出的最佳研究，关键就在于运用这种想象力。他们也不明白，由于未能培养出这种想象力并加以应用，也就未能满足日渐赋予他们的文化期待，那原本是他们这几个学科的经典传统留下来的可用遗产。

不过，出于对事实与道德的关注，文学作品和政治分析通常要求具备这种想象力的品质。它们的具体表现形式虽然五花八门，但已经成为判定思想努力和文化感受的核心特征。一流的评论家和严肃的新闻记者都很好地展示出了这些品质。事实上，两者的工作往往都是从这些角度来评判的。流行的批评范畴，如高雅趣味、中级趣味和低俗趣味，在现在的社会学意味与美学意味至少可以说不相上下。小说家的严肃作品体现着对于人类现实流传最广泛的界定，其中往往就蕴含着这种想象

15 力，并努力满足相关的要求。借此，人们便可以寻求从历史的角度为当下定向。由于有关“人性”的意象变得更成问题，人们感到越来越需要更加密切地、更具想象力地关注那些社会惯例和社会巨变，因为它们在这个充满民间躁动和意识形态冲突的时代揭示着（并塑造着）人的性质。虽说时尚往往正是被应用时尚的尝试所揭示出来的，但社会学的想象力并不仅仅是一种时尚。它是一种特别的心智品质，似乎以极其令人瞩目的方式，承诺要结合更广泛的社会现实，来理解我们自身私密的现实。它并不只是一种与当代诸多文化感受力并立的普通的心智品质。**唯有这种**品质，它的应用更为宽广，更为灵

便，并会就此做出承诺：所有这类感受力，其实就是人的理性本身，将会在世间人事中扮演更重要的角色。

自然科学作为更传统的主要共同尺度，其文化意义越来越让人怀疑了。许多人开始觉得，作为一种思想风格的自然科学有些不够充分。科学风格的思维和情绪、想象与感受，其充分性当然从一开始就面临宗教上的质疑和神学上的争论。但我们的历代科学前辈们成功地平息了这类宗教质疑。目前的质疑是世俗的，是人本主义的，往往很让人困惑。自然科学晚近的发展固然在氢弹的发明及其环球运载手段方面达到了技术上的巅峰，却并未让人感到，对于更大的思想共同体和文化公众群体所广泛知悉并深切思虑的那些问题，它能就其中任何一个提出解决之道。人们认为这些发展是高度专业化的探究的结果，这没有问题，但要觉得它们是令人惊叹的奇迹，就有些不合适了。它们在思想上和道德上所引发的问题其实多于它们已经解决的问题，而它们所引发的问题则基本全部属于社会事务，而非自然问题。在高度发达的社会中的人看来，征服自然，克服稀缺，明显几近大功告成。如今在这些社会里，科学作为这种征服的首要工具，让人觉得肆无忌惮，漫无目标，有待重估。 16

现代社会对科学的敬重早已徒具其表，而时至今日，与科学维系一体的那种技术精神和工程想象与其说是充满希望与进步的情怀，不如说更可能是令人惊惧、形象模糊的事物。诚然，所谓“科学”，意涵并非尽在于此，但人们恐惧的是，这样的意涵会慢慢成为科学的全部。人们觉得需要对自然科学进行重估，就反映出需要找寻一种新的共同尺度。从科学的人文意义和社会角色，到其牵涉的军事议题和商业议题，乃至其政治意涵，都在经受着令人困惑的重估。军备方面的科学进展有可能导致世界政治重组的“必要性”，但人们并不觉得这种“必要性”仅凭自然科学本身就能解决。

有许多曾经被标榜为“科学”的东西，如今被人们视为模糊不定的哲学。有许多曾经被当成“真正的科学”的东西，也常常让人觉得只不过给出了人们生活其间的那些现实的一些令人困惑的碎片。人们普遍感到，科学家不再试图描述作为整体的现实，或者呈现有关人类命运的真实轮廓。不仅如此，在许多人看来，所谓“科学”与其说是一种创造精神、一种定向手段，不如说是一套“科学机器”，由技术专家操作，受商界和军界的人控制，而对于作为精神和取向的科学，这些人既无法体现，也无从理解。与此同时，以科学的名义发言的哲学家们又往往把科学变成“唯科学主义”，把科学的体验视同人的体验，宣称只有借助科学方法，才能解决人生问题。以上种种使许多文化工作者越来越觉得，所谓“科学”只是一种自命不凡的虚幻的弥赛亚，充其量不过是现代文明中一种相当暧昧的成分。

不过，借用C. P. 斯诺(C. P. Snow)的讲法，社会上存在着“两种文化”：科学的文化和人文的文化。无论是历史还是戏剧，是传记、诗歌还是小说，文学一直都是人文文化的精华。不过，人们现在也经常提出，严肃文学在许多方面已经成了一种无关紧要的艺术。如果真
是这样，那也并不只是因为大众群体的扩大、大众传媒 17
的发展，以及这一切给严肃文学生产带来的影响，还要看当代历史的性质如何，以及具备鉴赏力的人们觉得需要如何把握这种性质。

在当代政治事实和历史现实面前，有什么样的小说，什么样的新闻报道，什么样的艺术努力可以一争短长？在20世纪历次战争事件面前，又有什么戏剧中的地狱景象能够与之相称？对于置身原始积累创痛中的人们的那种道德麻木，又有什么样的道德斥责足以衡量深浅？这就是人们想要了解的社会历史现实，所以他们常常觉得，靠当代文学不足以洞彻真相。他们渴求事实，追寻事实的意义，希望获得可以相信的“全貌”，并在其中逐渐理解自身。他们还想获得助人定向的价值，培养适宜的情感方式、情绪风格和描述动机的词汇。但泰纳们并不容易在当代文学中找到这些东西。关键并不在于是不是**要**在那里找这些东西，而在于人们往往没能找到。

从前，文人们身兼评论家和史学家的身份，会在行走英格兰或远游美利坚时撰录见闻。他们努力概括作为

整体的社会的特征，并捕捉其间的道德意义。假如托克维尔（Tocqueville）或泰纳（Taine）重生当世，他们难道不会成为社会学家吗？《泰晤士报》的一位评论员就提出了这个有关泰纳的问题，他认为：

> 泰纳始终把人首先看作一种社会动物，把社会视为多个群体的组合。他的观察细致入微，是个孜孜不倦的田野工作者，又具备一种品质……特别有利于洞察社会现象之间的关联——这种品质就是生气勃勃。他过于关注当下，从而不能成为一名杰出的史家；他过于擅长理论分析，所以无法试手创作小说；他过于推重文学，视之为一个时代或一个国家的文化档案，故此无法成为第一流的评论家……他有关英国文学的研究与其说是在探讨英国文学，不如说是在评论英国社会的道德风尚，并被借来宣扬其实证主义。全面观之，他首先是一位社会理论家。①

但泰纳依然算是个“文人”，而不是“社会科学家”。
18 这或许证明，19世纪大部分的社会科学满心想的就是热忱追寻“法则”，据说这样的“法则”堪比想象中自然科学家发现的“法则”。由于缺乏充分确凿的社会科学，批评

---

① 《泰晤士报文学增刊》（*Times Literary Supplement*），1957年11月15日。

家与小说家，戏剧家与诗人，就都成了梳理私人困扰甚至公共议题的主要干将，而且往往独力担当梳理的任务。艺术的确表现出了诸如此类的情感，也能常常彰显它们，并以戏剧性的犀利见长，但仍然不具备思想上的明晰，而这是人们今天理解或缓解这些困扰和议题所必需的。现今的人们如果要克服自己的不安与漠然及其所导致的各种棘手苦恼，就必须直面这些困扰和议题，而艺术并没有也无法将这些情感梳理成涵盖它们的问题。事实上，艺术家对此往往也没有兴趣。不仅如此，严肃的艺术家本人就深陷困扰。在这方面，借助社会学的想象力而变得生气勃勃的社会科学有望在思想和文化上助上一臂之力。

五

我之所以写这本书，是要界定社会科学对于我们这个时代的文化使命所具有的意义。我想具体确定有哪些努力在背后推动着社会学的想象力的发展，点明这种想象力对于文化生活以及政治生活的连带意涵，或许还要就社会学的想象力的必备条件给出一些建议。我打算通过这些方面来揭示今日社会科学的性质与用途，并点到即止地谈谈它们在美国当前的境况。[①]

19 当然，无论何时，“社会科学”的内涵都包括名正言顺的社会科学家正从事的研究，但问题是他们绝没有人人都干同样的事情，事实上他们干的连同类事情都算不

---

① 有必要指出，我对“社会研究”(the social studies)这个词的喜爱程度远超过“社会科学”(the social sciences)。原因并不在于我不喜欢自然科学家(恰恰相反，我很喜欢)，而在于“科学”这个词已经获得了巨大声望，并且意涵相当模糊。我觉得实无必要强行倚仗其声望，或者把它用成一种哲学比喻，从而把意涵搞得更不清楚。不过，我也担心，如果我讨论“社会研究”，读者们想的可能只是高中公民课，而这正是所有人文学识领域中我最想摆脱干系的一块。至于所谓“行为科学”，根本就是空中楼阁。我猜想，人们捏造出它，只是一种宣传伎俩，用来从基金会和把“社会科学”与“社会主义”混为一谈的国会议员那里为社会研究谋取经费。最佳用语应该包括历史(以及心理学，只要它还关注人类)，应当尽可能不存争议，因为用语本身应当是我们进行争论的**手段**而不是**对象**。或许“人文学科”(the human disciplines)也行，这一点姑且不论。我只希望不要引起广泛误解，所以尊重习惯，选用更标准的“社会科学”。再有一点是：我希望我的同行会接受“社会学的想象力”这个用语。读过这部书稿的政治学家建议用“政治学的想象力”，而人类学家提议用“人类学的想象力”，如此等等。比用语更重要的是观念，我希望随着本书的展开，观念会逐渐清晰。当然，我之所以选这个用语，并不只是想指作为学院系科的“社会学”。它对于我的意味有许多根本不是由社会学家来表达的。比如，在英国，作为一门学院系科的社会学某种程度上依然位居边缘，但在英国的许多新闻报道和小说中，尤其是历史学中，社会学的想象力其实发展得非常好。法国的情况也大致相仿。第二次世界大战之后，法国的反思之所以既令人迷乱，又勇敢率直，就在于它对我们这个时代人的命运的社会学特征感受敏锐，但推动这些潮流的是文人，而不是职业社会学家。不过，我还是使用“社会学的想象力”，原因在于：第一，所谓三句话不离本行，无论如何，我是个社会学家；第二，我真的认为，回顾历史，还是经典社会学家比其他社会科学家更频繁也更鲜活地展示出了这种心智品质；第三，既然我打算批判性地考察许多令人费解的社会学流派，自己的用语就需要反其道而行之。

上。社会科学也在于过去的社会科学家已经做的研究，可是不同的学者会选择构建并诉诸自己学科中不同的传统。当我说“社会科学的承诺”时，我希望读者清楚，我指的是我看到的那种承诺。

就在当前，社会科学家对自己所选研究的可能走向也普遍感到不安，在学术意义上和道德意义上皆是如此。而在我看来，这种不安，连同那些产生不安的令人遗憾的趋势，都属于当代思想生活的一种整体不适。不过，社会科学家身上的这种不安或许更为刺痛，哪怕只是因为引领他们领域中的大部分早期研究的承诺更加宏大，他们所处理的主题性质特殊，以及今日的重要研究面临的需要相当急迫。

并非人人都有这种不安，只不过有些人对于承诺念兹在兹，心怀赤诚，足以承认当前许多努力外表矫饰，实质平庸；对他们来说，许多人并无不安这一事实本身，只会加剧他们的不安。坦率来讲，我希望加剧这种 20
不安，确定它的某些源泉，以便将其转变成一种具体的激励，去实现社会科学的承诺，清理场地，另起炉灶：简言之，我希望去指明眼前的一些任务，点出目前必须做的研究中可以利用的手段。

目前来说，我所倡导的社会科学观尚未占据上风。我的观念反对将社会科学当作一套科层技术，靠“方法论上的”矫揉造作来禁止社会探究，以晦涩玄虚的概念来充塞这类研究，或者只操心脱离具有公共相关性的议题的枝节问题，把研究搞得琐碎不堪。这些约束、晦涩和琐碎已经导致当今社会研究出现了危机，并且丝毫看不到摆脱危机的出路。

有些社会科学家强调需要有“技术专家研究小组”；另一些社会科学家则强调学者个人才是最重要的。有些人殚精竭虑，反复打磨调查方法和技术；另一些人则认为，学术巧匠的治学之道正在遭人遗弃，现在应当重振其活力。有些人的研究遵循着一套刻板的机械步骤；另一些人则力求培养、融入并应用社会学的想象力。有些人沉溺于所谓“理论”的高度形式主义，把一堆概念拼来拆去，这在另一些人看来属于过分雕琢。后面这类人只有在明显能扩大感受范围、增进推理所及的时候，才有冲动去详细阐发术语。有些人格局狭隘，只研究小规模的情境，指望能“逐步积累”，以发展成有关更大规模结构的观念；另一些人则直接考察社会结构，力求在其中“定位”许多较小的情境。有些人完全忽略比较研究，只考察一个社会一个时期的一个小共同体；而另一些人则基于充分的比较视角，直接研究全球各国的社会结构。有些人将自己的精细研究局限于时间序列上非常短暂的世间人事；另一些人则关注仅在长期历史视角下才能凸
21 显的议题。有些人根据学院系科来确立自己的专门化研究；另一些人则广为借鉴各个系科，根据话题或问题来确定研究，而不管它们在学院体系里位居何处。有些人

直面各式各样的人生、社会与历史，另一些人则不会这样。

诸如此类的对比，以及许多其他类似的对比，都不必然是真实确凿、非此即彼的二元抉择。虽说在如政客一般的激烈争吵中，或是在贪懒求安的专业化旗号下，它们往往被当成这样的抉择。在此我只想初步地谈谈，本书结束时我再回到这个问题。当然，我很希望能够呈现出自己所有的偏见，因为我认为，评判应当是坦诚的。但我也努力抛开自己的评判，阐述社会科学的文化意义与政治意义。当然，相比于我打算考察的那些人，我们的偏见程度可谓是半斤八两。就让那些不喜欢我的偏见的人拒绝我的偏见，以此让他们的偏见也像我一样，努力变得清楚明确、公开坦诚吧！这样一来，社会研究的道德问题，也就是社会科学作为一项公共议题的问题，就会被人认识到，讨论也就有可能展开了。如此，人们在各方面将更为自觉，这当然是作为整体的社会科学事业能够具备客观性的前提条件。

概言之，我相信，可以被称为经典社会分析的是一系列可以界定、可以利用的传统，其本质特征就在于关注历史中的社会结构，而其问题也直接关涉着紧迫的公共议题和挥之不去的人的困扰。我还相信，这一传统的赓续目前遇到了重大阻碍，无论是在社会科学内部，还是在其学院环境和政治环境方面，尽皆如此。但不管怎么说，构成该传统的心智品质正愈益成为我们整体文化生活的一个共同特性，无论其面目多么模糊不清，包装多么芜杂混乱，总归是越来越被人们视为不可或缺。

在我看来，许多实际从事社会科学的人，尤其是在美国的人，都谨小慎微，迟迟不愿应对当下摆在他们面前的挑战。事实上，许多人已经放弃了社会分析的学术任务和政治任务，还有些人无疑只是担不起他们仍然被
22 赋予的角色。他们有时显得几乎是特意故技重施，怯懦可谓变本加厉。然而，尽管如此迟疑，无论公共关注还是学术关注，现在都非常明显地聚焦在他们宣称要研究的那些社会世界上，所以必须承认，他们面临着独一无二的机遇。透过这种机遇，我们看到了社会科学的学术承诺，看到了社会学的想象力的文化用益，也看到了有关人与社会的研究的政治意义。

六

公开自称是社会学家的我一定会倍感尴尬，因为我在下文诸章中将会探讨的所有令人遗憾的趋势(或许只有一种例外)，都落入一般人们所认为的“社会学的领域”，虽说这些趋势所隐含的文化上和政治上的退弃，无疑也是其他社会科学的许多日常工作的特点。从政治学和经济学，到历史学和人类学，无论诸如此类的学科中实际情况怎样，显然在当今的美国，人们所知的“社会学”已经成为有关社会科学的反思的中心。它已经成

为对于方法的兴趣的中心，你可以从中找到对于“一般理论”的最狂热的兴趣。已经融入社会学传统的发展的学术研究可谓异彩纷呈，着实令人瞩目。要把这样多姿多彩的研究解释成“一种传统”，本身就很鲁莽。不过，人们或许大体会同意，现在被视为社会学研究的东西往往朝一到三个整体方向发展，其中每一个方向都有可能偏离正轨，乃至走火入魔。

趋势一：趋向一种历史理论。例如，在孔德笔下，就像在马克思、斯宾塞和韦伯那里一样，社会学是一种百科全书式的努力，关注人的整个社会生活。它既是历史性的，也是系统性的：所谓历史性，是因为它处理并运用过去的材料；所谓系统性，是因为它这么做是为了识别出历史进程的“各个阶段”，识别出社会生活的规律。

关于人类历史的理论一不小心就会被扭曲成一件跨历史的紧身衣，在这件紧身衣中，人类历史的各种素材 23
都会被强塞进去，有关未来的先知预言般的观点（往往还是阴郁的论调）则会被从中硬拽出来。阿诺德·汤因比（Arnold Toynbee）与奥斯瓦尔德·斯宾格勒（Oswald Spengler）的研究就是广为人知的例子。

趋势二：趋向一种有关“人与社会的本质”的系统理论。比如，在形式论者的研究中，尤其是在齐美尔

(Simmel)和冯·维泽(Von Wiese)的著述中，社会学开始处理一些特别的观念，旨在将所有社会关系逐一归类，并洞察它们据说普遍一致的特征。简言之，这种理论注重在非常高的概括层次上，以相当静态和抽象的眼光，来看待社会结构诸要素。

或许是为了回击趋势一里的歪曲，趋势二可以彻底舍弃历史：有关人和社会的本质的系统性理论，一不小心就会变成精致而乏味的形式论，其核心任务就是没完没了地对各个“概念”进行拆分与重组。在我所称的“宏大理论家”(Grand Theorists)当中，观念(conceptions)的确已经变成了概念(Concepts)。塔尔科特·帕森斯(Talcott Parsons)的研究就是美国社会学在当代最典型的例证。

趋势三：趋向针对当代社会事实和社会问题的经验研究。尽管在约 1914 年以前，孔德和斯宾塞一直是美国社会科学界的主流，并且来自德国的理论影响也清晰可见，但经验调查还是早早就在美国占据了核心地位。这在一定程度上是因为经济学和政治学早早取得了学院建制地位。有鉴于此，只要社会学被界定为对某个特定的社会领域的研究，就容易沦为社会科学中某种打零工的人，打工内容就是研究各种学术剩余的大杂烩。有的研究城市和家庭，有的研究种族关系和族裔关系，当然还有的研究“小群体”。我们将会看到，由此导致的大杂烩被转换成了一种思维风格，我下文的考察将其概括为“自由主义实用取向”(liberal practicality)。

有关当代事实的研究很容易沦为罗列有关情境的一系列事实，彼此互不关联，往往也无关紧要。美国社会学开设的许多课程就彰显出这个特点。或许社会解组(social disorganization)领域的教科书可为最佳例证。另一方面，社会学家往往会成为适用于几乎任何事物的 24
研究方法的专家，在他们那里，多样的方法(methods)已经变成了单一的“方法论”(Methodology)。乔治·伦德伯格(George Lundberg)、萨缪尔·斯托弗(Samuel Stouffer)、斯图亚特·多德(Stuart Dodd)、保罗·F. 拉扎斯菲尔德(Paul F. Lazarsfeld)等人的大部分研究都是当前的榜样，而他们的精神气质就更是如此。这些趋势各自的关注零零散散，又都为了方法而打磨方法，倒是同声相应，尽管并不一定同时出现。

我们可以把社会学的独特性理解为它的某种或多种传统趋势的偏离，但或许还得从这些趋势的角度来理解它的承诺。今日的美国呈现出某种希腊化一般的大融合(Hellenistic amalgamation)，体现出来自好几个西方社会的社会学的多种要素与宗旨。但危险在于，在这样的社会学繁荣当中，其他社会科学家也将变得急功近利，而社会学家也会匆忙赶着进行所谓“研究”，乃至于丢掉真正有价值的遗产。不过，在我们的境况中也存在着机遇：在社会学传统里面，包括了对作为整体的社会科学的充分承诺的最出色阐述，也有某些对于这种承诺的局部实现。社会学学者能在自己的传统中找到的诸般精义与启示难以被简单概括，但任何社会科学家只要将其掌握在手中，定能有丰厚的回报。把握了这些东西，就不难帮他在社会科学中为自己的研究确立新的取向。

我将先考察社会科学中一些久而成习的偏向(第二章到第六章)，然后再来探讨社会科学的各项承诺(第七章到第十章)。

第二章　宏大理论

我们不妨先来看看一个宏大理论的实例，摘自帕森 25
斯的《社会系统》，该书被广泛视为这种风格的代表人物的代表作之一。

> 所谓价值，就是共享符号系统的一个要素，充当着某种判据或标准，以便从某个情境中固有的开放可用的多个取向替换方案中做出选择。……不过，基于符号系统的角色，我们有必要在行动的总体性中，将其动机取向的面向与“价值取向”的面向区分开来。这个面向关注的不是期望中的事态对于行动者就其满足—剥夺平衡而言的意义，而是选择标准本身的内涵。所以，在这个意义上，价值取向这个概念就成了一种逻辑工具，用以梳理将各种文化传统融入行动系统的关联方式的一个核心面向。
>
> 依据上述规范取向的派生结果，依据上述价值在行动中扮演的角色，我们可以认为，所有价值都

> 涉及某种可称为社会参照的东西……行动系统有一个内在固有特性：用术语来说，行动是“规范性取向的”。如前所示，这一点系源于期待这个概念及其在行动理论中的位置，尤其是在行动者追求目标的“积极行动”阶段。因此，期待，再配上被称为互动过程的“双重偶变性”(double contingency)，就引发了一个绝对无法回避的秩序问题。这个秩序问题进而可以区分出两个面向，一是使沟通成为可能的符号系统中的秩序，二是动机取向与期待的规范性面向之间的契合所体现的秩序，即所谓“霍布斯式的”秩序问题。
>
> 所以说，秩序问题，因此也是社会互动的稳定
> 26 系统之整合的性质问题，也就是社会结构问题，关键就在于行动者的动机与规范性文化标准的整合，这些文化标准在我们的人际场合中整合着行动系统。用上一章所使用的术语来说，这些标准就是价值取向模式，并就此成为社会系统的文化传统中至关重要的组成部分。[①]

可能有的读者现在很想跳到下一章了，我希望他们不要放纵这种冲动。所谓“宏大理论”，也就是概念与概念之间的组合与拆解，值得深究一番。当然，它的影响

---

① Talcott Parsons, *The Social System*, Glencoe, Illinois, The Free Press, 1951, pp. 12, 36-37.

还不如下一章要考察的方法论上的约束那么重要，因为作为一种研究风格，它的传播还比较有限。事实上，它不那么容易理解，人们甚至怀疑它根本就不可理解。诚然，这也算是一种起到保护作用的优势，但如果它就是要通过公开声言（pronunciamentos）来影响社会科学家们的研究习惯，那就得说这是一种缺陷了。不开玩笑、实事求是地说，我们必须承认，宏大理论的产物已经被社会科学家们以如下一种或多种方式接受了：

至少对于某些声称理解并喜欢宏大理论的人来说，这是整个社会科学历史上最伟大的进展之一。

对于许多宣称理解但不喜欢宏大理论的人来说，它东拉西扯，笨拙生硬。（这类人其实很少，只是因为不喜欢、没耐心，许多人便不想努力求解其意。）

还有些人并不宣称理解，却非常喜欢宏大理论，这类人还不少。对他们来说，它是一座令人惊叹的迷宫；并且正因为时常令人眼花缭乱，难以索解，它才充满魅力。

更有些人既未宣称理解又不喜欢宏大理论，假如他们有勇气保留这份信念，他们就会觉得，其实它只是皇帝的新衣。

当然，还有许多人会有所保留。更多的人会耐心保持中立，静观宏大理论在学界的后果——如果真能有影
响的话。虽然这一思想可能令人生畏，但除了风言风 27
语，许多社会科学家甚至对其一无所知。

所有这些态度都戳中了一个痛处，即可理解性。当然，这一点并不限于宏大理论[①]，但既然宏大理论家们与此牵扯甚深，我们恐怕真的必须问一问：宏大理论究竟只是一堆胡乱堆砌的繁文冗词，还是终究有些深意蕴藏其间？我的答案是：确实有些干货，虽然埋藏颇深，但毕竟不乏洞见。所以问题就成了：扫除理解意涵的一切障碍，将有望理解的东西呈现出来后，宏大理论到底说了些什么？

一

要回答这样的问题，办法只有一个：我们必须转译一段最能代表这种思维风格的语例，然后来看看译文。前文已经举出了我选的语例。必须指出的是，我并不打算在此评判帕森斯整个研究的价值。如果我引述到了他的其他著述，那只是为了以经济有效的方式澄清他这本书里蕴含的某个论点。在把《社会系统》中的内容转译成英文时[②]，我也不想冒称自己的翻译很出色，只能说在翻译中没有丢失任何明确的含义。我保证，这段译文包含了原文中所有可以理解的东西。尤为值得一提的是，

---

① 参见附论第五节。

② 原文如此。传说哈佛大学社会学系研究生曾申请将晦涩难懂的“帕森斯语”作为学业要求的两种外语之一，又传闻担任英文教授的帕森斯父亲曾经拒绝接受儿子在著作中对自己的致敬，以表达对其文字的不满。——译注

我将努力从有关词汇的界定中，从有关词汇关系叠床架屋的界定当中，筛选出有实质内容的陈述。这两方面都很重要，混为一谈是对明晰性的致命打击。我首先来转译几段话，以彰显需要做的事情的类型；然后我将给出两段对整本书的简略译文。

先来转译本章开头引用的语例：人们常常共享标准，并彼此期望遵循标准；只要他们依此行事，所在社会便有望呈现出秩序感。(转译完毕)

帕森斯写道：

这种“契合”又有一种双重结构。首先，通过将
标准内化，遵从标准就会对自我产生个人性的、表 28
意性的和/或工具性的重要意义。其次，他我(alter)对自我的行动(action)做出反应(reactions)，作为约制(sanctions)，这些反应不断结构化，就是他对于标准的遵从的一项功能。因此，遵从作为满足他的需求倾向的一种直接模式，与遵从作为引发他人有利反应、避免他人不利反应的一项前提条件，往往两相契合。只要参照众多行动者的行动，遵从某种价值取向标准，就同时满足了这些要求，也就是从系统中任一给定行动者的视角来看，它既是满足自身需求倾向的一种模式，又是“优化”其他具有显著意义的行动者的反应的一项前提。那么，这个标准就可以说被“制度化”了。

这个意义上的价值模式始终会在某个**互**动(*in-teraction*)情境中被制度化。因此，与之相关的得到整合的期望系统始终存在双重面向。一方面，有些期望关注被视为参照点的行动者即自我的行为，并在一定程度上为该行为设定标准，这些期望就是他的“角色期望”。另一方面，从行动者的角度来看，还有一系列期望牵涉到他人(他我)具有偶变性可能的**反**应(*re*action)，这些期望可称为“约制”，并可根据是被自我感受为促进满足还是剥夺满足，进一步细分为正向约制与负向约制。角色期望与约制之间的关系显然是交互性的。对自我而言属于约制的东西，对于他我而言就是角色期望；反之亦然。

因此，在一个个体行动者的整体取向系统中，围绕与某个特定互动情境相关的期望组织起来的某个部分，就是角色。它与一套特定的价值标准相整合，这些价值标准主导着与彼此相契互补的一个或多个他我之间的互动。这些他我不一定是界定清晰的一组个体，而可以涉及任何他我，只要它与自我之间结成某种互补性互动关系，而这样的互动关系又牵涉到参照有关价值取向的共同标准，在多个期望之间达成交互性。

一套角色期望的制度化，以及相应的约制的制度化，显然存在程度深浅的问题。这个程度是两组变项的功能。一方面是那些影响价值取向模式的实

> 际共享程度的变项，另一方面是那些决定对于实现相关期望的动机取向或承诺的变项。我们会看到，有多种因素能够通过这些渠道影响制度化的程度。不过，还存在着与充分制度化对立的一极，即失范，也就是互动过程的结构化互补性的缺失；换言之，就是上述两种意义上的规范性秩序的彻底崩溃。不管怎么说，这个概念是有局限的，从来不能 29
> 描述一个具体的社会系统。正犹如制度化的程度有深有浅，失范的程度也是轻重有别。两者互为对立。
>
> 所谓**制度**，不妨说就是某些制度化角色整合的复合体，它对于所讨论的社会系统具有关联全局的结构性意义。制度应当被视为比角色更高一层的社会结构单元；事实上，它是由多种多样相互依赖的角色模式或其要素组成的。[①]

换言之：人们相互配合，针对彼此而展开行事。人人都会考虑他人的期望。当这类相互期望足够确定、足够持久时，我们就称其为标准。每个人也会期望他人将对自己之所为做出反应，我们称这些被期望的反应为约制。其中有些约制似乎很令人满足，另一些则不是。当人们受着标准和约制的引导，我们就可以说，他们是在

---

① Parsons, op. cit., pp. 38-39.

一起扮演着角色。这只是为了方便起见而打个比方，事实上，我们所称的制度或许最好被界定为一套相对比较稳定的角色。如果在某个制度里，或者在由这类制度构成的整个社会里，标准和约制都不再能约束人们，我们就可以遵照涂尔干的说法，称之为失范(anomie)。因此，一个极端是所有标准和约制都清晰有序的制度，另一个极端则是失范：如叶芝(Yeats)所言，中心再也保不住了。[1] 或者照我的讲法，规范性秩序已经崩溃。(转译完毕)

必须承认，这段转译并没有完全忠实于原文。我只是稍稍发挥了一些，因为这些都是很不错的观念。事实上，宏大理论家的许多观念一旦被转译，就是许多社会学教科书中可以看到的比较标准的讲法。不过，就“制度”而言，上文给出的定义并不很完备。对于译文，我们还必须加上：构成一项制度的那些角色往往并不只是一些“共享期望”的大范围“互补性”。你曾经在一支军队、一座工厂或者哪怕只是一个家庭中待过吗？对，这些都是制度。在这些制度中，有些人的期望似乎比其他
30 任何人的期望都更需要尽快得到满足。我们不妨说，这是因为他们的权力更大。或者用更有社会学味道的方式讲，一项制度就是以权威分等的一套角色，尽管这也不完全是社会学性质的说法。

---

① 出自叶芝名篇《第二次圣临》(*The Second Coming*)。——译注

帕森斯写道：

从动机的角度考虑，依附于共同价值就意味着行动者具有支持价值模式的共同“情感”。不妨对它这样界定：遵从相关期望本身被视为一件“好事”，相对独立于能从这种遵从中获得的任何具体的工具性“好处”，如避免负向约制。不仅如此，这种对于共同价值的依附尽管有可能切合行动者的直接满足性的需求，却也始终有着“道德性”的面向。也就是说，在某种程度上，这种遵从规定了行动者在自己所参与的更广泛的社会行动系统中的“责任”。显然，责任的具体焦点就是由特定的共同价值取向所构成的那个集合体。

最后，很显然，就其具体结构而言，支持这类共同价值的“情感”并不能常常展现出有机体的先天属性。它们一般都是习得的或者说后天获取的。不仅如此，它们在行动的定向中所发挥的作用，并不主要是像被认知并被参照“调适”的文化客体，而是像逐渐被内化的文化模式。它们构成了行动者人格系统本身的结构的一部分。因此，诸如此类的情感或所谓“价值态度”都是人格真正的需求倾向。只有通过制度化价值的内化，行为才能在社会结构中获得真正的动机整合，更加“深层”的动机层次才能得到驾驭，以实现角色期望。只有当这一切得到高度

> 实现，才有可能说一个社会系统得到了高度整合，也才有可能说，集合体的利益与组成该集合体的成员的私人利益达成了契合。①
>
> 一套共同价值模式与各成员人格的内化需求倾向结构之间达成这样的整合，正是社会系统的动力机制的核心表现。除了转瞬即逝的互动过程，任何社会系统的稳定性都有赖于一定程度的这种整合。
> 31 这一点可谓社会学的根本动力原理。任何分析若要宣称是社会过程的动态分析，都要以此为主要参照。②

换言之：当人们共享同样的价值时，往往会以他们彼此期望的方式行事。不仅如此，他们还往往把这种遵从当成很好的事情，哪怕看起来有悖于自己的直接利益。这些共享价值是后天习得的，而非先天传承，但这丝毫无损于它们对人的动机激发的重要性。恰恰相反，它们成了人格本身的组成部分。它们由此将社会维系一体，因为社会角度上的期望成了个体角度上的需求。这一点对于任何社会系统的稳定性都至关重要，所以我如果要分析某个自己持续关注的社会，就会以此作为首要

① 应当把精确契合看作罕例，就像著名的无摩擦机器。虽然在经验中找不到一个社会系统，其中的动机与充分协调的文化模式能达到完全整合，但在理论上，这种整合一体的社会系统的观念具有重要意义。（此处为帕森斯原文附注——米尔斯按）

② Parsons，op. cit.，pp. 41-42.

出发点。(转译完毕)

我估计，以此类推，可以把厚达 555 页的《社会系统》转译成 150 页左右的直白英语。其结果不会让人印象深刻，不过，它会以非常清晰的用语陈述原书的核心问题，以及书中对该问题给出的解答。当然，任何观念、任何书籍，都既可以言简意赅，一言以蔽之，也可以洋洋洒洒写二十大卷。问题在于，一个陈述需要多么充分来把某事说清楚，而这事情又有多么重要：它能让我们理解多少经验，能有助于我们解决或至少陈述多么广泛的问题。

例如，我们不妨用两三句话来表达帕森斯这本书："我们被问道：社会秩序何以可能？我们被给出的解答似乎是：共同接受的价值。"这就是全部了吗？当然不是，但这是主要论点。但这是不是不公平？什么书都能这么处理吗？当然可以。下面就对我自己的一本书如法炮制："说到底，谁在掌管美国？没人能独掌大局，但要说有什么群体在掌权，那就是权力精英。"①至于您手头这本书，则可以这么处理："社会科学都在说什么？它们应当讨论人与社会，并且有时确实如此。它们试图帮助我们理解人生与历史，以及二者在各式各样社会结 32

① 此即作者所著 *The Power Elite*，New York，Oxford University Press，1956；中译本见[美]C. 赖特·米尔斯：《权力精英》，许荣、王崑译，南京大学出版社 2004 年版。——译注

构中的关联方式。”

以下四段话，就是对帕森斯这部著作的转译：

我们不妨想象一下我们称为“社会系统”的某种东西，个体在其中参照彼此而行事。这些行动往往相当有序，因为系统中的个体共享价值标准，共享有关得体而实用的行事方式的标准。这些标准中有些我们可以称之为规范，那些遵循规范行事的人在类似的场合下往往也会有类似的行为。如果真是这样，我们就可以观察到往往非常持久的“社会规律性”。对于这类持久稳定的规律性，我称之为“结构性的”规律。不妨认为，在社会系统中，所有这些规律性会达成一种蔚为壮观、错综复杂的平衡。这只是个比方，不过我现在打算忘掉这一点，因为我想让你们把我的“社会均衡”(The social equilibrium)**概念**当成是确凿的实在。

要维持社会均衡，主要有两种方式，如果其中一种或两者都失效，就会导致失衡。第一种方式是“社会化”，指的是把一个新生个体塑造成社会人的所有方式。这种对于人的社会塑造部分在于让人获得动机，以采取他人所要求或期望的社会行动。第二种方式是“社会控制”，指的是让人循规蹈矩，以及他们使自己循规蹈矩的各种方式。当然，所谓“规矩”，我指的是社会系统通常期望和赞成的任何行动。

维持社会均衡的第一个问题，乃在于使人们主动想要做他们被要求和期望做的事情。一旦失败，第二个问题就在于采取其他方式让他们循规蹈矩。对于这些社会控制，最好的分类和定义是由马克斯·韦伯给出的，我没有什么补充。自他以后，像他说得那么好的论家倒也还能数出几位。

不过有一点的确让我有些困惑：鉴于这种社会均衡，以及装备它的种种社会化和控制，又怎么会有人不循规蹈矩呢？从我有关社会系统的“系统性、一般性的理论”(Systematic and General Theory)角度，我不能很好地说明这一点。还有一点也不像我希望的那样清楚：我该怎么解释社会变迁，或者说解释历史呢？对于这两 33
个问题，我的建议是，只要遇到相关问题，就去做经验研究吧。(转译完毕)

或许这就够了。当然，我们还能转译得更完整一些，但“更完整”并不一定意味着“更充分”。读者不妨亲自读一读《社会系统》，会有更多的体会。同时，我们还面临着三项任务：其一，概括宏大理论所代表的逻辑性思维风格的特点；其二，厘清这个具体语例中那种并非特例的含混；其三，点明如今绝大多数社会科学家是如何提出并解答帕森斯笔下的秩序问题的。总而言之，我的目的就在于帮助宏大理论家们走下华而不实的高坛。

二

社会科学家当中真正重要的差别，并不在于一拨人光看不想，另一拨人光想不看，而在于具体怎么想、怎么看，如果思考与观察之间有关联，又是怎样的关联。

宏大理论的根本原因是一开始就选择了特别一般化的思考层次，导致其践行者逻辑上无法下降到观察层次。他们作为宏大理论家，从来不曾从高远的一般性下降到具体历史背景和结构背景中的问题。如此缺乏对于真切问题的坚实把握，又会加剧他们行文当中显露无遗的那种不切实际。这就造成了一个特点，就是似乎任意武断且没完没了的细分辨析，既不能增进我们的理解，又不能彰显我们的体验。进而，这会表现为在一定程度上故意放弃努力，不打算平实晓畅地描述和说明人的行为和社会。

当我们考察一个词语代表什么意思时，我们处理的是它的**语义**(semantic)面向；而当我们结合其他词语来考察它时，我们就是在处理它的**句法**(syntactic)特性。[1]
34 我之所以引入这些简称，是因为它们以简明准确的方式让我们看到："宏大理论"沉溺于句法，却无视语义。它的践行者并不真的明白，当我们定义一个词语时，其实只是在邀请别人采取我们喜欢的用法来使用它。定义的

① 我们也结合其使用者来考察它，也就是它的语用(pragmatic)面向，不过在此我们无须细究。这就是三个"意义维度"，查尔斯·M. 莫里斯(Charles M. Morris)在其颇有教益的文章《符号理论基础》中做出了清晰的系统梳理。参见 Charles M. Morris，"Foundations of the Theory of Signs"，in *International Encyclopedia of United Science*，Vol. I，No. 2，Chicago，Illinois，University of Chicago Press，1938.

目的就在于让争辩聚焦于事实，而好的定义的适宜结果，就是把用语之争转换成事实之辩，从而把争辩推向进一步的探究。

宏大理论家们如此迷恋句法意义，对语义指涉如此缺乏想象力，如此刻板地局限在如此高的抽象层次上，导致他们攒出来的所谓“类型体系”，以及他们为此而做的研究，看着更像是枯燥乏味的“概念”游戏，而不是努力给出系统的定义，也就是清晰有序地界定要讨论的问题，并引导我们努力去解决这些问题。

在宏大理论家的著述中，这样的定义是系统性缺失的，由此我们可以吸取一点深刻教训：每一位自觉的思想家都必须随时意识到(也因此随时有能力控制)，自己正在怎样的抽象层次上进行研究。有能力自如并明确地来回穿梭于不同的抽象层次之间，正是思想家具备想象力和系统性的标志性特征。

围绕着“资本主义”“中产阶级”“科层制”“权力精英”或“极权主义民主”之类的术语，常常有些颇为夹缠而含混的隐含意义。若要使用这些术语，我们必须细究并控制这类隐含意义。围绕这类术语，常常有好几套“复合”的事实与关系，以及纯靠猜测的关联因素和观察结论。这些也都必须小心筛选，在下定义和应用时予以阐明。

要搞清楚这类观念的句法维度和语义维度，我们必须明白每一个观念下包含的特定性的等级层次，并有能力考察所有的层次。我们必须问，如果打算用“资本主

义”这个观念，我们想说的是什么意思？是单纯指所有生产工具都归私人所有这一事实呢，还是想在该术语下
35 包括进一步的观点，即有一个自由市场作为价格、工资和利润的决定机制？我们在何种程度上有权假定，根据定义，这个术语除了包括有关经济制度的主张，还意味着有关政治秩序的主张？

我觉得，这样的心智习性正是通向系统性思考的必经之道；一旦缺失，势必通向对“概念”的盲目崇拜。如果我们现在来更具体地考察帕森斯著作中一个重大的混淆之处，或许能更清楚地看到，这样的缺失会带来何种结果。

三

宏大理论家宣称要阐述“一般性社会学理论”时，其实是在阐述一个概念王国，他们从中排除了人类社会的许多结构性特征，而这些特征长久以来都被恰当地认可为对于理解人类社会来说是不可或缺的。表面看来，这样做用心良苦，旨在使社会学家的关切成为专业化的努力，并有别于经济学家和政治学家的关切。按照帕森斯的讲法，社会学必须处理“社会系统理论中的特定面向，即关注社会系统中价值取向模式的制度化现象，关注这种制度化的前提条件；关注模式的变化，关注遵从这类模式和偏离这类模式分别有哪些前提条件，关注所有这

些情况下牵涉的动机过程”[①]。就像任何定义应当做的那样，转译一下，把预设去掉，这句话就可读作：像我这样的社会学家会喜欢研究人们想要什么，珍视什么；我们也想搞清楚这类价值为何会多种多样，又为何会发生变化；一旦我们确实找到多少算是统合一体的一系列价值，我们会想搞清楚，为什么有些人会遵从它们，而另一些人却不会遵从。（转译完毕）

戴维·洛克伍德（David Lockwood）曾经指出[②]，这样的陈述使社会学家不再对“权力”以及经济与政治制度有任何关注。我的看法还不止于此。这样的陈述，实际上包括帕森斯的整部著作，与其说是在探讨某一种制度，不如说是在讨论传统的所谓“合法化”。我认为，这 36
样的结果就是根据定义，将所有制度性结构转换成某种道德领域，或者更准确地说，转换成所谓“符号领域”。[③]为了阐明这一点，我想首先说明有关这块领域的一些东西，然后讨论它的所谓自主性，之后再看看帕森斯的观念是如何把事情搞得非常困难，哪怕只是提出几个分析社会结构都要涉及的最重要的问题。

---

① Parsons, op. cit., p. 552.

② 参见其出色的论文“Some Remarks on ‘The Social System’”（《〈社会系统〉略论》）, *The British Journal of Sociology*, Vol. VII, 2 June 1956.

③ H. H. Gerth and C. Wright Mills, *Character and Social Structure*, New York, Harcourt, Brace, 1953, pp. 274-277. 本节以及下文第五小节会多加借引。

那些把持权威的人，为了使自己对于制度的统治正当化，会努力将其与被人广泛相信的道德符号、神圣象征和法律条文相联系，仿佛这种统治乃是顺理成章之事。这些核心观念或许指向一位或一组神，“服从多数”，“人民的意志”，“贤能至上或财富至上的贵族政体”，“天赋王权”，或是统治者本人自称的超凡的禀赋。社会科学家遵循韦伯的看法，称这类观念为“合法化”，有时也称之为“正当化符号”。

已经有各式各样的思想家用不同的术语来指称这些观念：莫斯卡（Mosca）的“政治程式”（political formula）或“宏大迷信”（great superstitions），洛克的“主权原则”，索雷尔（Sorel）的“统治神话”（ruling myth），杜鲁门·阿诺德（Thruman Arnold）的“民俗”（folklore），韦伯的“合法化”，涂尔干的“集体表征”，马克思的“支配观念”，卢梭的“公意”，拉斯韦尔（Lasswell）的“权威符号”（symbols of authority），曼海姆的“意识形态”，赫伯特·斯宾塞的“公共情感”（public sentiments）。以上种种，诸如此类，都证明主导符号在社会分析中占有核心位置。

与此类似，在心理学分析中，这类主导符号被私人接受后变得很重要，成为理由，往往还成为动机，引导人们进入角色，并制约他们对于角色的具体实施。比如，如果从这些角度对经济制度做出公开的正当化辩护，那么再要诉诸自利来为个体行为进行正当化辩护，也就可以接受了。但是，如果公众都觉得有必要从“公共服务与信任”的角度为这类制度提供正当化辩护，那么旧有的自利动机和理性就可能会在资本家当中引发罪疚感，至少也会引发不安的情绪。在公共层面上行之有 37
效的合法化，待时机成熟，往往作为私人动机也一样有效。

如此看来，帕森斯等宏大理论家所称的“价值取向”和“规范性结构”，主要处理的就是有关合法化的主导符号。事实上，这是一个有用且重要的主题。这类符号与制度性结构之间的关系是极为重要的社会科学问题。话说回来，这类符号并没有在一个社会中形成某种独立自在的王国，它们的社会相关性就在于能够用来证明或反对权力安排，以及有权有势的人在这种权力安排中的位置。这类符号的心理相关性在于它们其实成了遵循或对抗权力结构的基础。

我们或许不能单纯假定，**必然**会有某一系列的价值或合法化占据主流，以免社会结构瓦解。我们或许也不能假定，社会结构必然会被某个诸如此类的“规范性结构”塑造成统合一体。当然，我们更不能单纯假定，任何这类“规范性结构”无论多么主流，在这个词的什么意思上讲，真的是独立自在的。事实上，就现代西方社会而言，尤其是拿美国来说，有大量证据表明，上述所有假定的反面描述都更为准确。往往会有组织得非常好的对立符号，用来证明叛乱运动的正当性，揭露统治权威，虽说在第二次世界大战后的美国不是这样。美国政治系统在历史上只有一次受到内部暴力的威胁，这样的延续性其实相当罕见。这一事实或许也和其他一些因素一起，误导了帕森斯产生有关“价值取向的规范性结构”的意象。

“政府”并不一定像爱默生(Emerson)认为的那样，“在人的道德认同中扎下根源”。要相信政府真的是这样，就是将它的合法化与其致因混为一谈。这样的道德认同或许是因为事实上，制度统治者成功地垄断了甚至是强加了他们的主导符号。这种状况往往就像其他某个社会中的人那样，甚至比他们更为普遍。

38 有些人相信，符号领域是自我决定的，而诸如此类的“价值”或许真能支配历史。也就是说，为某种权威提供正当化辩护的符号，是与实施权威的实际的人或阶层相分离的。数百年前，人们已经基于这些人的假定，富有成效地讨论了这个话题。因此人们认为，进行统治的是“观念”，而不是使用观念的阶层或人。为了使这些符号的序列具备延续性，它们被呈现为以某种方式彼此关联。这样一来，符号就被视为“自我决定的”事物。为了使这个奇怪的观念更让人信服，人们往往将符号“人格化”或赋予其“自我意识”。由此，人们可以把它们设想为“关于历史的诸概念”，或一系列的“哲学家”，它们的思想决定了制度的动力机制。我们或许还能再补充一句，“规范性秩序”这个“概念”也可能被盲目崇拜。当然，我只是在转述马克思和恩格斯对于黑格尔的讲法而已。[①]

一个社会的“价值”，无论在各种私人情境下多么重要，如果没有为制度做出正当化辩护，没有给人们以动机激发，让他们履行制度角色，在历史学和社会学的角度上就是无关紧要的。当然，在提供正当化辩护的符号、制度性权威、遵从的个人之间，存在着相互作用。有时候，我们应当毫不犹豫地赋予主导符号以因果重要性，但不可误用这个观念，将其当成有关社会秩序或社会一体性的**唯一**理论。我们马上就会看到，还有更好的方式来建构一种“一体性”，通过这些方式来梳理与社会结构有关的重大问题会更加有用，也更加切近可观察的素材。

鉴于我们对“共同价值”感兴趣，要增进我们对这些
价值的理解，最好是先考察任何给定社会结构中每一个
制度性秩序的合法化过程，而不是径直试图把握这些价
值，并基于此“说明”社会是怎么组成和统一的。[②] 我认
为，当一个制度性秩序中相当多的成员已经接受了该秩 39
序的合法化，当人们从这样的合法化角度成功宣示了遵

① 参见 Karl Marx and Frederick Engels，*The German Ideology*，New York，International Publishers，1939，pp. 42 ff.

② 以美国商人为例，他们致力于倡扬那些价值，细致的经验阐述参见 Sutton，Harris，Kaysen and Tobin，*The American Business Creed*，Cambridge，Mass.，Harvard University Press，1956.

从，或者至少自以为是地确保了遵从，我们就可以谈“共同价值”。然后我们就可以用这样的符号来“界定”各式角色遇到的“情境”，并以此作为标尺来评估领导者与追随者。展示出这类普遍而核心的符号的社会结构，自然属于极端而“纯粹”的类型。

而在另一个极端，有些社会存在一套支配性制度，这些制度控制了整个社会，并通过暴力或暴力威胁来强加其价值。这并不一定会导致社会结构的崩溃，因为可以通过正式的纪律来有效调控人们；有时候，如果不接受制度性的纪律要求，人们将毫无谋生机会。

> 比如，一位训练有素的排字工受雇于一家立场保守的报纸，他可能只是为了谋生，保住饭碗而遵从雇主纪律的要求。但在他的内心，走出工作间后，他可能是个激进的鼓动家。许多德国社会主义者听任自己成为德皇旗下纪律严明的士兵，尽管他们的主观价值其实属于革命的马克思主义。从符号到行为并返诸符号的距离很长，并且也不是所有整合都建于符号之上。[①]

强调这样的价值冲突，并不是要否认“理性协调的力量”。言行不一往往是人的特点，但力求协调同样也

① Gerth and Mills, op. cit., p. 300.

是。我们不能基于所谓“人性”或“社会学原则”，或是在宏大理论的授权下，先验地确定在某个社会里何者居于支配地位。我们完全可以想象出一种社会的“纯粹类型”，拥有一套纪律完善的社会结构，其中受支配的人们出于形形色色的理由，无法放弃他们预定的角色，却并不共享支配者的任何价值，因此根本不相信秩序的合法性。这就像一艘配备着苦力船工的轮船，桨橹的划动纪律分明，将桨手化减为机器上的齿轮，只在罕见情况下需要执鞭的船主挥舞暴力。苦力船工甚至不需要意识到船往哪个方向去，尽管船头稍一偏转都会让船主暴怒 40
不已，他是这船上唯一一个能够看到前方的人。不过，或许我已经开始在描述而不是想象了。

在“共同价值系统”和强加的纪律这两种类型之间，还有五花八门的“社会整合”形式。绝大多数西方社会已经融合了纷繁多样的“价值取向”，它们的一体性包含着合法化与强制的形形色色的混合形态。当然，不仅是政治秩序和经济秩序，任何制度性秩序都有可能是这种情形。父亲要对自己的家庭施加要求，可以威胁收回继承权，也可以运用政治秩序或许允许他使用的暴力。即使是在家庭这样的神圣小群体里，“共同价值”的一体性也绝不是不可或缺的：不信任和憎恨倒可能恰恰是维系一个彼此关爱的家庭所需要的东西。同理，即使没有宏大理论家相信普遍存在的这种“规范性结构”，一个社会当然也可以获得相当充分的繁荣。

这里我并不想就秩序问题细致地阐发任何解决方案，而只想把问题提出来。这是因为，如果我们连这一点都做不到，就必然会遵照相当武断的定义要求，**假定**存在“规范性结构”。而根据帕森斯的想象，那正是“社会系统”的核心。

四

按照“权力”这个词在当代社会科学里的一般用法，有关人们生活其间的各种安排、有关构成所属时期历史的诸项事件，无论人们做出什么样的决策，都是它必然要处理的问题。超出人的决策范围的事件确实存在；社会安排也确有可能不经明确决策而发生变化。但只要做出了这样的决策（以及只要原本可以做出某些决策但其实没有），做（或不做）决策时都牵涉到谁这样的问题，就是有关权力的根本问题。

今天我们不能假定，对人的统治归根到底必须经过他们本人的同意。管理和操纵人对权力的赞同如今已跻身常见的权力手段。我们不知道这种权力的界限，虽说我们希望它确有界限。但这一点并不能抹杀如下事实：
41 当今许多权力的成功施行并没有受到遵从方的理性或良知的制约。

当然，如今我们无须争论就明白，归根结底，强制（coercion）就是权力的“终极”形式。但我们绝不是始终处在归根结底的状况。除了强制，我们还必须考虑权威（authority，即自愿遵从的一方所持的信念使之正当化的权力）和操纵（manipulation，即无权方在无所知晓的情形下对其行使的权力）。事实上，当我们思考权力的性质时，必须始终分辨这三种类型。

我想我们必须牢记，在现代世界，权力往往并不像它在中世纪时显示的那么有权威。统治者要想行使权力，其正当化不再显得那么不可或缺了。至少对于当今许多重大决策来说，尤其是那些国际性决策，大众“说服”已不再“不可或缺”，事就这样成了。不仅如此，有权方明明可以用许多意识形态，却往往既不采纳也不使用。通常是在权力遭到有效揭露时，意识形态才会被祭出以为应对。而在美国，诸如此类的对立晚近并没有强大有效到足以引发对于新型统治意识形态的明显需要。

当然，今天有许多人虽然脱离了通行的效忠关系，却还没有获得新的效忠关系，因此对任何政治关怀都漠不关心。他们既不激进，也不保守。他们只是漠然。如果我们接受希腊人对于白痴的定义，即彻底私己的人，那么我们就只能得出结论：许多社会里的许多公民其实就是白痴。这种境况，准确地说，这种精神境况，在我看来就是理解政治知识分子中许多现代不适的关键，也是理解现代社会里许多政治迷惘的关键。无论是对于统治者，还是对于被统治者，要让权力结构维持下去甚至日益壮大，并不一定需要思想“信条”和道德“信念”。可以肯定，就意识形态的角色而言，西方社会今日有两桩关键的政治事实：能吸引人的合法化往往缺失；大众漠然盛行于世。

无论做什么样的实质研究，持有上述权力观的人都
42 会遇到许多问题。但帕森斯那些误入歧途的假设对我们也毫无帮助。他只是假设，每个社会都存在他所想象的那种“价值等级秩序”。不仅如此，这种假设的引申之意会系统性地妨碍我们对关键问题的清晰梳理：

要接受他的图式，我们就需要从这幅图景中读出种种有关权力的事实，这事实其实是有关所有制度性结构，特别是经济、政治和军事方面的制度性结构的事实。可在这种奇怪的“一般性理论”里，诸如此类的支配结构却不见踪影。

在他提供的术语里，我们无法恰当地提出以下经验性问题：在任一给定情况下，制度在何等程度上，以何种方式得到合法化。宏大理论家们提出的规范性秩序观念，以及他们处理这个观念的方式，都引导我们假定，几乎所有的权力都得到了合法化。事实上，在社会系统里，“各种角色期望之间的互补性一旦确立，其维持就不成问题……不需要任何特别的机制来说明互补的互动取向如何维持”[①]。

---

① Parsons，op. cit.，p. 205.

在这些术语里，有关冲突的观念无法得到有效的梳理。结构性的对抗、大规模的反叛乃至革命，这些都是无法想象的。事实上，它假定“系统”一旦确立，就不仅是稳定的，而且本质上就是和谐的；用帕森斯的话来讲，混乱必然是被“引入系统”的。① 规范性秩序这个观念引导我们假定各种利益之间存在某种和谐，并将其视为一切社会的自然特性。在此体现出的这种观念和探讨自然秩序的那些18世纪哲人的观念颇为类似，都仿佛是一种形而上学的基点。②

魔术般地清除了冲突，奇迹般地达成了和谐，就从这种“系统性”“一般性”的理论中去除了处理社会变迁和历史问题的可能性。我们的时代充斥着受恐吓的大众的“集体行为”，充斥着被挑动的暴民、群众和运动，但在宏大理论家依循规范创造出来的社会结构当中，这些却都找不到一席之地。不仅如此，没有任何有关历史本身 43
是如何发生的、它的机制和过程如何的系统性理念，可以用于宏大理论中，帕森斯因此认为社会科学也同样如此：“这种理论产生之日，也就是社会科学的千禧年降临之时。我们这个时代是不会有这一天了，很可能永远

① Parsons，op. cit.，p. 262.

② 参见 Carl Becker，*The Heavenly City*；Lewis A. Coser，*Conflict*，Glencoe，Illinois，The Free Press，1956.

也不会有。"[①]当然，这个断言本身相当含糊。

以宏大理论的术语来讨论任何实质问题，几乎都不能得到清晰的陈述。更糟糕的是：它的陈述不仅老是被海绵一般语义笼统的词语弄得含混不清，而且往往负载着立场评判。比如，用"普遍主义—后天获致"(universalistic-achievement)这一"价值模式"(the value pattern)的术语来分析美国社会，却毫不提及成功在现代资本主义下所特有的那些变动不居的性质、意义与形式，或是资本主义本身结构的变迁；又比如，用"支配性价值系统"这个术语来分析美国的分层，却不考虑基于财产和收入水平差异而形成的已知的生活机会的统计分布，很难想象比这些更加徒劳无益的努力了。[②]

即使宏大理论家们本着现实主义的态度讨论问题，讨论所采取的词汇和角度也在宏大理论中找不到一席之地，并且往往与宏大理论产生矛盾。我觉得这么说并不为过。阿尔文·古尔德纳(Alvin Gouldner)尝言："事实上，帕森斯如此费力地从理论上和经验上分析变迁，不经意间诱导他列出了一堆马克思主义的概念和预设，让人困惑不已……这看着几乎像是保留了两套书，一套用来分析均衡，另一套用来探究变迁。"[③]古尔德纳继续评

---

① Parsons，转引自 Alvin W. Gouldner，"Some Observations on Systematic Theory，1945-55"，in *Sociology in the United States of America*，Paris，UNESCO，1956，p. 40.

② 参见 Lockwood，op. cit.，p. 138.

③ 参见 Gouldner，op. cit.，p. 41.

论道，帕森斯在讨论战败后的德国这一个案时，建议彻底摧毁容克贵族，视之为“排他性阶级特权的案例”，并从“征召新人的阶级基础”的角度来分析公务员考试制度。简言之，整个经济结构和职业结构突然就进入了视野，并且是从颇具马克思主义色彩的角度来理解的，而 44
不是从宏大理论所规划的那种规范性结构的角度来理解的。这倒使人产生了希望：宏大理论家还没有彻底丧失与历史现实之间的关联。

五

我现在回过头来谈谈秩序问题。用颇具霍布斯色彩的形式来表述的话，秩序似乎是帕森斯这本书里的主要问题。这方面可以简略带过，因为它在社会科学发展过程中已得到重新界定，至于其中最有用的陈述，现在不妨称之为社会整合问题。当然，后者需要给出可操作的有关社会结构和历史变迁的观念。我认为，与宏大理论家不同，绝大多数社会科学家都会给出类似如下的回答：

首先，是什么将一套社会结构维系一体，这个问题并不存在**唯一**的答案。之所以这么说，是因为社会结构的统合程度和统合类型千差万别。事实上，可以从不同整合模式的角度有效地领会社会结构的不同类型。一旦从宏大理论的层次下降到历史实在，我们马上就会认识到，宏大理论的那些大一统的**概念**无关痛痒。我们没法靠这些概念来思考人的多样性，思考 1936 年的纳粹德国、公元前 7 世纪的斯巴达、1836 年的美国、1866 年的日本、1950 年的英国、戴克里先(Diocletian)治下的罗马。[①] 我提及这样的多样性，无非就是想表明，无论这些社会可能有怎样的共性，都必须通过经验考察来揭示。如果超出空洞无比的形式范畴来对社会结构的历史跨度做出任何预测，就是把自己高谈阔论的能力错当成社会调研工作的全部意味。

人们可以从政治、亲属、军事、经济、宗教之类的制度性秩序的角度，有效地领会社会结构的不同类型。可以以特定的方式界定这些制度性秩序，以便能够在给定的历史社会中辨识出它们的轮廓，然后再问各个制度性秩序是如何彼此关联的，简言之，即它们如何组合成一套社会结构的。为方便起见，可以把这些答案弄成一

---

① 纳粹德国于 1936 年派兵进驻莱茵区，与意大利签订关于奥地利问题的协约，并与日本订立反共公约。斯巴达于公元前 7 世纪开始实行新法，加强国家军事化，以防奴隶起义。男孩自七岁起接受军事训练，至十八岁入伍，统一过军营集体生活。1836 年，得克萨斯区域的美国殖民者击败当地原有的墨西哥统治者，建立得克萨斯共和国，并投票决定并入美国，但为当时的杰克逊政府所拒绝。1866 年，日本长门、萨摩二藩结盟，德川幕府攻长门，互有胜负。德川家茂去世，天皇诏罢攻长门之师。同年派福泽谕吉使美，德川昭武出使法国。1950 年，工党在英国大选中获胜，同年宣布参加舒曼计划谈判(后逐步发展成欧洲煤钢联营和欧洲经济共同体)。戴克里先治下的罗马，即公元 284 年至 305 年，其时罗马从近乎无政府的状态中重建了有效率的帝国政府，改组了帝国财政、行政和军事机器，为拜占庭帝国奠定了基础，同时，戴克里先也是最后一位镇压基督教的罗马皇帝。——译注

组“操作模型”，用来让我们在考察特定时间的特定社会
时，更加清楚地意识到它们是靠哪些纽带“维系一 45
体”的。

要想象这样一种“模型”，不妨从每一个制度性秩序中提炼出类似的结构性原则。以托克维尔笔下的美国为例，在那个经典的自由主义社会里，每一个制度性秩序都被设想为是自主的，而其自由又需要其他秩序的协调。在经济领域中，通行的是自由放任政策；在宗教领域中，多种多样的教派和教会在救赎市场上公开竞争；在婚姻市场上，设立了多种亲属制度，个人也在这个市场上相互选择。在地位领域，占据上风的人不是靠门第显赫，而是靠自力更生。在政治秩序里，存在的是争取个人投票的政党竞争；甚至在军事领域里，招募国民自卫队时也有相当的自由，大体可言全民皆兵，这种意涵其实非常重要。所谓整合的原则，亦即这个社会的基本合法化渠道，就是在每一个制度性秩序中，占据主流的都是彼此竞争的独立的人的自由进取精神。正是透过这种契合的事实，我们可以理解一个经典的自由主义社会是如何统合一体的。

但这种“契合”(correspondence)只是一种类型，只是对于“秩序问题”的答案之一。统合还有其他的类型。比如，纳粹德国就是通过“协调”(co-ordination)整合起来的。这种整合的一般模型可以阐述如下：在经济秩序中，各项制度高度集中化，少数几个大集团差不多控制

了所有的经济运行；而在政治秩序中，分裂程度更大一些，许多政党相互竞争以影响国家，但其中没有任何一个拥有足够的力量以控制经济集中化的结果，后者的结果很多，其中之一便是与其他因素一起造成的萧条。在经济萧条中，纳粹运动成功利用了大众尤其是中下阶层里面弥漫的绝望情绪，使政治秩序、军事秩序和经济秩序形成密切的契合。一个政党垄断并重塑了政治秩序，废除或合并了可能拥有竞争权力的其他所有政党。要做
46 到这一点，就要求纳粹党找到它与经济秩序中的垄断集团之间、与军事秩序中某些精英群体之间在利益上的一致点。在这些主要秩序里，首先存在着相互契合的权力集中；其次，每个秩序都在获取权力的过程中保持一致，彼此合作。兴登堡(Hindenburg)总统的军队对捍卫魏玛共和国不感兴趣，也无意于镇压一个深得民心的主战党派的行进纵队。大工商集团乐于资助纳粹党，后者承诺颇多，特别是承诺要粉碎劳工运动。这三类精英结成往往不太和谐的联盟，以维持它们在各自秩序中的权力，并与社会其他秩序相协调。作为对手的政治党派要么惨遭镇压或被宣布为非法，要么自动解散。至于亲属制度和宗教制度，也和所有秩序内部及之间的一切组织一样，都受到侵蚀和协调干预，至少是被中立化了。

这三个占据支配地位的秩序中的高层角色，以极权主义式的政党国家为手段，协调自己的和其他的制度性秩序。这样的国家成了笼罩一切的“框架组织”，将目标

强加给所有制度性秩序，而不只是确保“法治政府”。政党自我扩张，借助各种“辅助组织”和“附属组织”四下蔓延。它要么无限分裂，要么肆意侵蚀，总之会逐渐控制所有类型的组织，就连家庭也不能幸免。

所有制度的符号领域都受到政党控制。宗教秩序稍有例外，其他领域中则不允许存在任何对于合法自主性的对抗诉求。政党还垄断了包括教育制度在内的正式交流渠道。所有符号都被重塑，以筑造协调一致的社会的基本合法化。在一套相当程度上由结党营私的网络维系起来的社会结构里，严格等级制下具备魔魅的绝对领导原则（即克里斯玛统治）得到广泛宣扬。[1]

不过，至此肯定足以表明我认为显而易见的一点结论：总而言之，没有任何“宏大理论”，没有任何普遍图式可供我们作为出发点，以理解社会结构的一体性；对 47
于老旧的社会秩序问题，并不存在唯一的答案。要想有效地探讨此类问题，就得依循多种操作模型，就像我刚才勾勒的那些一样。在使用这些模型时，也要立足经验，密切结合古往今来广泛多样的社会结构。

还可以把这类“整合模式”设想为有关历史变迁的操作模型，理解这一点很重要。比如，如果我们观察托克

---

① Franz Neumann，*Behemoth*，New York，Oxford，1942. 此书无愧典范，若要对某个历史社会做结构分析，理当效仿。有关上述阐述，参见 Gerth and Mills，op. cit.，pp. 363 ff.

维尔时代的美国社会，再看看 20 世纪中叶的美国社会，立刻就会看出，19 世纪结构的“维系”方式迥异于当前的整合模式。我们会问：它的各个制度性秩序是怎样变迁的？这些制度性秩序彼此之间的关系是怎样变迁的？这些结构性变迁的节奏即速率变化如何？在每种情况下，这些变迁的必要原因和充分原因分别是什么？当然，找寻充足的原因，通常要求除了历史的研究，至少还需要有些比较的研究。我们可以用总括的方式，概括这类社会变迁分析，并就此更经济地梳理一系列更广泛的问题，点明变迁导致了“整合模式”的转换。比如，最近 100 年的美国历史展现出，美国从大体上通过契合整合起来的社会结构，转换成了更多通过协调达成整合的社会结构。

历史理论的总体问题脱不开社会结构理论的总体问题。社会科学家在从事实际研究时，若以统合的方式理解这两个方面，则并不会遇到什么理论上的重大困难，我认为这一点是显而易见的。或许正因为如此，对于社会科学来说，一本《巨兽》的价值抵得上 20 部《社会系统》。

当然，我摆出这些观点，并不是要对秩序和变迁问题，也就是有关社会结构和历史的问题给出什么定论。我只是想勾勒这类问题的大致轮廓，点出一些已有的相
48 关研究。或许这些观点也可以用来进一步明确社会科学的承诺的某一特性。当然，我在这里提出这些观点，是

为了点明宏大理论家处理社会科学的这一重大问题时是多么不够完善。在《社会系统》中，帕森斯之所以未能踏实触及社会科学实际研究，是因为他满脑子想着自己已经构建出的社会秩序模型属于某种普遍模型，因为事实上他已经对自己的“概念”盲目崇拜了。这种宏大理论的所谓“系统性”，就在于它撇开了任何具体经验问题的方式。它并不用来更精确或更充分地阐述任何具备可辨识的重要意义的新问题。发展这样的理论，也不是有什么需要要暂时高飞，以便更清晰地察看社会世界中的什么东西，以解决某个可以从历史现实的角度陈述的问题，而人和制度在这样的历史实在中，自有其具体的存在。它提出的问题，它推进的过程，它给出的解答，都是宏大理论式的。

回撤到对于观念的系统性研究，应当只是社会科学工作中的一个形式环节。有必要提醒大家记住，在德国，这类形式研究的成果很快转向了百科全书式的、历史性的运用。那种运用笼罩在马克斯·韦伯的精神之下，是德国古典传统的巅峰体现。在相当程度上，促成这类研究的正是一大堆特别的社会学研究，它们有关社会的一般性概念与历史阐释有着密切关联。经典马克思主义对于现代社会学的发展可谓至关重要。马克斯·韦伯就像其他众多社会学家一样，在与卡尔·马克思的对话中推进了自己的许多研究。但我们始终得承认，美国学者是健忘的。在宏大理论中，我们现在碰到了另一场形式主义的回撤。同样，这本来也只该是一次暂歇，却似乎已经成了永恒。就像西班牙的那句谚语说的那样："许多人洗起牌来好花哨，玩起牌来太糟糕。"[①]

---

① 显然，从帕森斯的文本中可能挖掘出的那种社会观，有着相当直接的意识形态用途。从传统上说，这类观点当然与保守主义的思维风格分不开。宏大理论家并不经常陷入政治竞技场，当然，他们也不经常把自己的问题置于现代社会的政治情境之中。但这肯定不能使其作品免除意识形态意涵。我并不打算从这个角度分析帕森斯，因为一旦充分转译，《社会系统》的政治意涵是如此直露，我觉得便毫无必要再做进一步的揭示。宏大理论眼下并没有直接扮演任何科层角色，我也已经强调，它缺乏可理解性，也就限制了它原本可能赢得的公众偏爱。当然，这也可能是一笔财富：它的含混不清本身的确赋予其巨大的意识形态潜力。宏大理论的意识形态意涵往往会给予稳定的支配形式的合法化以强大支持。不过，只有当保守派群体非常需要精致的合法化时，宏大理论才有机会在政治上具备相关性。本章开头我就问道：像《社会系统》中体现出的这种宏大理论，是纯粹的陈词冗调还是亦有其深刻意涵？对此我的回答是：它只有50％的陈词冗调；40％是众所周知的教科书式社会学；剩下的10％，就像帕森斯或许会说的那样，我希望留待您自己去进行经验调查。而我自己的调查表明，剩下的10％可能有意识形态的用途，尽管是非常模糊的用途。

第三章　抽象经验主义

抽象经验主义和宏大理论一样，也是抓住研究过程 50
中的某个关节不放，任其支配头脑。两者都是在社会科学的任务面前的退缩。要完成我们的任务，有关方法和理论的考虑当然是不可或缺的。但在这两种风格下，这些考虑却成了障碍。相比于对于“概念”的盲目崇拜，方法论上的约束可谓不遑多让。

一

当然，我并不打算全盘概括抽象经验主义者所有的研究结果，而只是想揭示他们研究风格的总体特征及它的某些预设。公认的以这种风格进行的研究现在往往会陷入多少有些标准化的模式。新的学派在实际研究中，通常会对经过抽样程序选出的一系列个人进行多少属于固定套路的访谈，以作为其“数据”的基本来源。这些人的回答被逐一归类，并出于方便起见，被转制成霍勒里思代码卡片[1]，然后研究者用这些卡片进行统计，由此寻求变量关系。这样的事实，以及随之而来的任何一个才智平平者也能学会程序的那种轻松，无疑就是其魅力的主要原因。依照规范，结果会表现为统计判断：在最简单的层次上，这些具体的结果属于定比判断；而在较为复杂的层次上，对于多个问题的回答会被组合成往往很繁复的交叉分类，然后又以多种方式分解以形成等级
51 量表。要摆弄这类数据有好几种复杂的方式，但我们在此无须操心，因为无论复杂程度如何，它们也依然是对于已显示的那种资料的摆弄。

除了广告和传媒研究，这种风格的研究的绝大部分主题或许就是“舆论”[2]，虽说根本没想过重新阐述舆论和沟通的相关问题，视之为一块可明确理解的研究领域。这类研究的框架就是对于各种提问的简单分类：什么人在什么媒体上对什么人说了什么内容，有什么结果？对于核心术语的通行定义如下：

---

① 霍勒里思(Herman Hollerith，1860—1929)是美国发明家，在人口普查实践中感受到制表自动化的需求，并发明了记录统计资料的装置，即在卡片上用穿孔位置进行数字编码，并用电学方法判读和分检穿孔卡片。他成立的制表格机公司后来通过合并发展成了国际商业机器公司(IBM)。——译注

② 鉴于下文将分析具体概念界定，为方便起见，我们也把“public opinion”拆分为“舆”和“论”，对应译为“公共意见”，“公共”有时也变成名词形式的“公众”。——译注

> ……所谓“公共”，我指的是牵涉的广度，即大数量人群的非私己、非个人化的情感与反应。公共意见的这一特征使我们有必要运用抽样调查。而我的所谓“意见”，不仅包括通常意义上有关时事性、即时性、一般具政治性的议题的意见，还包括各种态度、感情、价值、信息乃至相关行动。要想以恰切的方式捕捉到这些东西，不仅需要运用问卷和访谈，而且需要运用投射法和量表法。①

这些断言有一种明显的倾向，即把有待研究的无论什么对象与建议用来研究它的一套方法混为一谈。可能的意思大体如下：我打算使用的“公共”这个词指的是任何具有相当规模的总体，因此可以进行统计学意义上的抽样；既然“意见”是由人所持有的，要了解这些你就必须和人交谈；但有时候他们不想或不能告诉你，那你就可能得试试“投射法和量表法”。

绝大多数舆论研究是在美国一个国家的社会结构里做出来的，当然，也只关注过去十年左右的时段。或许也正因为如此，它们既没有更准确地说明“公共意见”的意涵，也没有重新梳理该领域的重大问题。囿于为它们选出的历史范围和结构范围，它们无法很好地完成任

① Bernard Berelson, “The Study of Public Opinion”, in *The State of the Social Sciences*, edited by Leonard D. White, Chicago, Illinois, University of Chicago Press, 1956, p. 299.

务，哪怕只是初步的探讨。

52 西方社会里的“公众”问题，是伴随着中世纪社会里传统的、习俗的共识发生转型而出现的。而在大众(mass)社会的观念里，它达到了今日的高潮。18、19 世纪的所谓“公众”，现在正逐步转型为一个“大众”的社会。不仅如此，随着大多数人变成“大众人”，深陷相当无力的情境，公众在结构上的重要性也逐渐下降。诸如此类的情状或许暗示着，在针对公众、公共意见和大众沟通的研究的选择和设计方面，我们需要有怎样的框架。这还要求我们充分陈述民主社会的各个历史阶段，尤其是被称为“民主极权主义”或“极权主义民主”的社会。简言之，在这个领域，囿于目前践行的抽象经验主义的格局和术语，是无法陈述社会科学的有关问题的。

如果不结合某种结构背景，就无法充分陈述践行抽象经验主义的人的确在努力探讨的许多问题，如大众传媒的效果问题。如果你研究的人口/总体（population）“浸淫于”这些传媒只有差不多一代人的光景，那么无论研究有多么精确，又怎么能指望去理解这些传媒的效果？更不要说理解它们组合起来对于大众社会的发展的意义了。企图将“较多”和“较少”受到这种或那种传媒影响的个体筛分开来，可能是广告业非常关注的问题，但要发展一套有关大众传媒的社会意义的理论，却构不成充分的基础。

在这个学派有关政治生活的研究中，“选举行为”已经成为首要的主题。之所以选择这个，我想是因为它看起来很容易用作统计调查。所得结果直白单调，与研究方法的精致、实施过程的精心相映成趣。搞一项全面彻底的投票研究，却毫不提及“拉选票”的政党机器，甚或干脆不提任何政治制度，看着这样的研究，政治学家们想来一定很感兴趣。而这正是《人民的选择》(*The Peoples' Choice*)的境遇，这部赢得适当声名的著名研究著作考察了俄亥俄州伊利县(Erie County)1940 年的选情。我们从书中得知，富人、农村居民、新教徒更愿意投票 53
给共和党，而相反类型的选民则倾向于民主党，诸如此类。但对于美国政治的动力机制，我们所得甚少。

合法化是政治学的核心观念之一，当这门学科处理意见和意识形态方面的议题时，合法化就更是核心问题。如果认真思量“意见”这个词，美国的选举政治就是一种没有意见的政治；如果认真思量“政治意义”这个短语，美国的选举政治就是一种多少没有具备任何心理深度上的政治意义的投票行为。基于这样的怀疑，有关“政治意见”的研究就显得愈发怪异。但是，针对诸如此类的“政治研究”，我们无法提出任何这样的问题，我希望上述评论也只是作为问题。这种政治研究应当是怎样的？它们需要有一定的历史知识，需要有某种心理反思的风格，而这些都没有赢得抽象经验主义者的适当重视。事实上，绝大多数践行抽象经验主义的人也都接触不到这些。

过去20年左右的关键事件或许要算是第二次世界大战了。它的历史后果和心理后果限定了过去10年我们研究的绝大部分内容的框架。我们目前尚未拥有关于这场战争的起因的权威定论性研究，我觉得这一点有些奇怪；不过我们还是努力要把它概括成一种具有历史特定性的战争形式，确定为左右我们时代的核心，这样的尝试倒也取得了一定的成功。除了官方编撰的关于这场战争的史录，最详尽的研究或许要算是萨缪尔·斯托弗指导下对美军做的为期七年的研究。在我看来，这些研究证明，社会研究是有可能不关注社会科学的相关问题而具备行政管理上的用途的。当然，如果你希望理解美军士兵的有些战时表现，特别是要追问，怎么可能打了那么多胜仗的人却如此"士气低落"，那么对于这样的研究结果必定会感到失望。但要尝试解答这样的追问，会远远超出已获认可的那种风格的格局，而进入不足为据的"臆测"领域。

阿尔弗雷德·瓦格特(Alfred Vagt)的一卷本的《军
54 国主义史》(*History of Militarism*)，以及S. L. A. 马歇尔(S. L. A. Marshall)在其《浴血男儿》(*Men Under Fire*)中为贴近战场男儿所使用的令人赞叹的报道技术，要比斯托弗的四大卷著作有更大的实质价值。

根据新风格进行的分层研究迄今尚未提出任何新的概念。事实上，其他研究风格中可资利用的核心观念还没得到“转译”，“社会经济地位”方面那些相当笼统的“指标”通常也就够用了。“阶级意识”和“虚假意识”，与阶级相对的地位的观念，以及在统计上颇具挑战性的韦伯的“社会阶层”(social class)概念，这些相当棘手的问题在这种风格的研究者手下都没有什么进展。不仅如此，选择比较小型的城市作为研究的“抽样区”的做法仍然强有力地存在，许多方面极其糟糕，罔顾显而易见的事实：你不能把这类研究聚合加总，然后得出有关国家范围内阶级、地位和权力的结构的充分认识。

伯纳德·贝雷尔森(Bernard Berelson)在探讨舆论研究领域的变化时，给出了一段特别的陈述，我觉得适用于抽象经验主义路线的绝大多数研究：

> 综上所述，(25年前与今日相比的)这些差异呈现出舆论研究领域的一场革命性变迁：这块领域已经变得技术化、定量化、非理论化、条块化、特殊化、专门化、制度化、“现代化”和“群体化”，简言之，作为一种别具特色的行为科学，这块领域已经美国化了。25年前乃至更早前，作为对社会的性质和功能运行的总体关注的一部分，杰出的论家们以渊博的学识研究舆论，不是“就事论事”，而是置身

> 于宽广的历史、理论和哲学角度，并撰写著述。而今天，技术专家团队针对特定主题实施研究方案并报告结果。20 年前，舆论研究属于学术。而今天，它属于科学。①

上文简短地勾勒了抽象经验主义风格的研究的特
征。我并不只是说，“这些人没有研究我所感兴趣的那
些实质问题”，或是“他们没有研究绝大多数社会科学家
55 认为重要的问题”；我说的是：他们研究了抽象经验主
义的问题，但对于那些问题和回答的陈述都只是囿于任
意武断的认识论中那些奇怪地自行强加的限制。我觉得
自己并没有用词不慎：他们满脑子想的都是方法论上的
约束。凡此种种，意味着就结果而言，这些研究中堆砌
着细节，却对形式关注不够。事实上，除了排字工和装
订工提供的形式，往往也就别无其他形式了。而细节无
论多么众多，也不会说服我们相信任何值得相信的
东西。

二

抽象经验主义作为一种社会科学风格，其特征并不

---

① Bernard Berelson, “The Study of Public Opinion”, in *The State of the Social Sciences*, edited by Leonard D. White, Chicago, Illinois, University of Chicago Press, 1956, pp. 304-305.

在于什么实质性的命题或理论。它并不是基于什么有关社会或人的本质的新观念，也不是基于有关这些方面的什么具体事实。诚然，践行抽象经验主义的人一般都会选择研究某些类型的问题，也都会以某种方式进行研究，这都是可以辨识出来的特点。但这些研究肯定不是这种社会研究风格会享有如许赞赏的原因所在。

不过，就其本身而言，这个学派的实质结果的性质若如此，尚不足以构成据以评判的基础。作为一门学派，它是新的；作为一种方法，它的确有待时日检验；而作为一种研究风格，它现在还在逐步扩散到更全面的“问题领域”。

它最明显的特征(哪怕不一定是最重要的特征)，必然牵涉到它已经开始采用的行政管理机制，涉及它所征召和训练的学术工作者的类型。这套机制现在已经变得规模庞大，有许多迹象表明，它已愈益扩散，影响力也与日俱增。学术管理人员和研究技术专家都是崭新的职业人士类型，他们现在与更寻常的教授、学者展开了竞争。

但是，上述种种发展趋势，对于未来大学的品格，对于自由人文传统，对于或许已经在美国学术生活中占据主流的那些心智品质尽管可能非常重要，却并不构成据以评判这种社会研究风格的充足基础。这些发展趋势的确有助于说明，抽象经验主义这种风格为何会魅力十 56
足、声势日盛，其助益远超许多倡导该风格的人可能会承认的程度。就算没有别的作用，它们至少以前所未有的规模和方式，为半熟练的技术人员提供了就业机会；它们为这些人提供的职业生涯既享有老派学院生活的安定，却又不要求老派的个人成就。简言之，这种研究风格还伴生了一种行政大佬（administrative demiurge），对社会研究的未来及其可能的科层化都有重要影响。

不过，抽象经验主义的思想特征当中最有必要把握的一点，还是其践行者所持的科学哲学，以及他们奉行和应用这种哲学的方式。正是这样的哲学，既支撑了其所实施的那类实质研究，也支撑了它的行政机制和人事机制。无论是实际研究在实质内容上的单薄贫乏，还是这些机制表面上的需要，都能在这种特定的科学哲学中找到学术上重要的正当化辩护。

把这一点搞清楚是很重要的，因为你原本可能以为，既然一项事业如此高调地宣称要成为“科学”，哲学信条就不会在打造这项事业的过程中占据核心位置；也因为践行这种风格的研究者通常似乎不会意识到，他们据以立足的是一种哲学。或许没有哪位熟悉践行这种风格的研究者的人会介意否认，这些研究者中有许多人满脑子想着他们自己的科学地位，最受他们尊崇的职业上的自我形象就是自然科学家。他们对社会科学方面各式各样的哲学议题自有主张，而其中有一点始终如一：他们**都是**“自然科学家”，或者至少“代表着自然科学的观点”。而在更加精深的讨论中，或者在某个坦然微笑、备受称道的自然科学家面前，自我形象更有可能被简化成单纯的“科学家”。①

在研究实践当中，抽象经验主义者往往显得更关注 57
科学哲学，而不是社会研究本身。简言之，他们已经做的无非是倡导一套科学哲学，只是他们现在认为这就是所谓“科学方法”。这样的研究模式基本上属于一种认识论建构；在社会科学里，其最具决定性的结果就是方法论上的约束。我所说的方法论上的约束，指的是要提出什么样的问题、要用什么样的方式来梳理这些问题，都会受到“科学方法”相当严格的限制。一言以蔽之，方法论似乎决定了问题。不过，说到底，这种状况可谓正合预期。此处所设想的“科学方法”，并不源于通常的也是恰当的所谓社会科学研究经典路数，也不是对于这样的路数的概括。它基本上借鉴的是一种自然科学哲学，只是做了些为了方便起见的调整。

---

① 下文所举乃手头现成实例。乔治·A. 伦德伯格(George A. Lundberg)在讨论各种哲学议题，尤其是“心智”现象的性质，以及他这方面的观点对于认识论问题的意义时如此写道：“由于‘学派’的定义不好确定，更具体地说，由于‘实证主义’这个词在许多人脑子里会产生许多奇怪的联想，我始终更愿意把自己的立场概括为**自然科学**的立场，而不是试图归于传统哲学那些约定俗成的学派中的哪一个，实证主义就是其中一个，至少从孔德开始是这样。”他同时称：“我觉得多德与我都和其他所有自然科学家一样，确实是基于一定的预设：经验科学的素材在于以人类感觉为媒介而获得的符号化回应(即我们所有的反应，包括‘感官’的反应)。”他还写道：“我们与所有自然科学家一样，会明确反对以下观念……”见“The Natural Science Trend in Sociology”(《社会学中的自然科学趋势》)，*The American Journal of Sociology*，Vol. LXI，No. 3，November，1955，pp. 191 and 192.

大体而言，社会科学哲学似乎包括两类努力。第一类努力中，哲学家们可以尝试考察社会研究过程的实况，然后对那些看上去最富前景的探究步骤进行概括，并使之统贯一体。这是一项棘手的工作，很可能会一无所获。但如果每一位从事实际工作的社会科学家都对此有所努力，就会容易得多。而人人均应如此，也确实不无道理。迄今为止，这样的工作还少得可怜，并且也只是用于少数几种方法。第二类努力，我称之为抽象经验主义的社会研究的风格，往往像是在努力以特定的方式重述和搬用**自然**科学的**哲学**，由此为社会科学工作打造一套规划和典范。

所谓方法，就是人们试图理解或说明某事时所使用
58 的程序。而所谓方法论，就是对方法的研究。至于方法论所提供的理论，说的就是人们在自己实际研究时都做了些什么。既然可能存在许多种方法，那么方法论也往往需要具备相当的一般性，因此通常也不会提供具体的程序供人们进行实际研究，虽说它当然可以提供这些程序。而认识论比方法论的一般性程度还要高，因为做认识论的人操心的就是“知识”的理据和限制，简言之，就是“知识”的性质。当代认识论学者往往奉他们所认为的现代物理学方法为圭臬。他们往往会从自己对于这门科学的理解的角度出发，就有关知识的一般性问题做出问答。实际上，他们成了物理哲学家。有些自然科学家看起来对这种哲学工作抱有兴趣，但有些就似乎只是看个

乐子。有些自然科学家赞成绝大多数哲学家所接受的当前的模型，而有些则持有异议，但我们怀疑，其实有很多从事一线工作的科学家对此一片茫然。

我们被告知，物理学已经发展到如此状况，可以从严密的、数学化的理论中，推演出严密的、精准的实验问题。而它之所以能够实现这种状况，并不是因为认识论学者在自己建构的探究模式中设置了这样的相互作用。次序似乎恰恰与此相反：科学的认识论依附于物理学家——无论是理论物理学家还是实验物理学家——所使用的方法。

诺贝尔物理学奖得主波利卡普·库什（Polykarp Kusch）已经公开表示，根本没有什么“科学方法”，叫这个名字的那些方法都可以用几个非常简单的问题来概括。[①] 另一位诺贝尔奖得主珀西·布里奇曼（Percy Bridgman）的立场甚至更进一步：“根本没有什么科学方法，科学家的操作步骤的关键特征无非是最大限度地调用头脑，**不受任何拘限**。”威廉·S. 贝克（William

---

① 波利卡普·库什（1911—1993），美国物理学家，因为精确测定电子磁矩，对量子电动力学做出重大修正，1955 年获诺贝尔物理学奖。珀西·布里奇曼（1882—1961），美国实验物理学家，以高温高压下的物质研究著称，1946 年获诺贝尔物理学奖。他在研究过程中自己发明了许多实验装置。因对科学概念定义固有的含混不清深有感触，他在 1927 年出版的《现代物理学的逻辑》一书中论述了“操作”的哲学思路来接近概念的科学含义。——译注

S. Beck)则指出："发现的机制尚不清楚……我认为，创造的过程与一个人的情绪结构关系如此密切……以至于……要谈概括实在是个糟糕的话题。"①

三

59 方法方面的专家也往往会成为某一类社会哲学领域的专家。有关这些人的重要之处，就今日的社会学而言，并不在于他们是专家，而在于其专业性的一项后果，就是推进作为整体的社会科学内部的专业化过程。不仅如此，他们在推进时，还配合着方法论上的约束以及可能体现这种约束的研究机构。他们的专业化设想，并不是依据"可以理解的研究领域"，或对于社会结构相关问题的某种观念而制订出的什么论题专业化方案。他们提出的专业化，单纯基于对"方法"的运用，而不管内容、问题或领域。这些并不是我的零碎印象，而很容易找到文档为证。

有关抽象经验主义作为一种研究风格，以及抽象经验主义者在社会科学中应当扮演的角色，迄今最直白的陈述出自保罗·F. 拉扎斯菲尔德，他也属于该学派较

---

① 参见 William S. Beck，*Modern Science and the Nature of Life*，New York，Harcourt，Brace，1957.

有资历的代言人。[①]

拉扎斯菲尔德把“社会学”界定为一块专门领域，但不是基于什么独具的方法，而是出于它在方法论上的专门性。由此观之，社会学家就成了所有社会科学的方法论专家。

> “因此，我们可以非常明确地说，这是社会学家的首要职能。当世间人事中一块崭新的领域即将成为经验科学的调查对象，他也将成为社会科学家的先遣军中的**探路者**。迈出最初步伐的正是社会学家。一方是社会哲学家、个体观察者和评论家，另一方是经验调查者和分析者的有组织的团队工作，而社会学家就是架通两方的桥梁。……所以，从历史的角度来看，我们必须区分出看待社会研究主题
> 的三种主要方式：个体观察者践行的社会分析，组 60
> 织完备的经验科学，以及一个过渡阶段，我们称之为有关社会行为某个特定领域的社会学。……行文至此，似有必要插叙几句，谈谈从社会哲学到经验

① 参见“What Is Sociology?”(《何谓社会学?》)，Universitets Studentkontor，Skrivemaskinstua，Oslo，September，1948(油印本)。撰写并宣读该文的目标人群正为了创立一家研究机构而寻求总体指导。因此，它非常适合我此处的宗旨，简洁清晰，颇具权威。当然，我们还能找到更为精详雅致的陈述，如 *The Language of Social Research*(《社会研究的语言》)，edited by Lazarsfeld and Rosenberg，Glencoe，Illinois，The Free Press，1955.

社会学的这种过渡期间正在发生些什么。”①

请注意，这里“个体观察者”被奇怪地与“社会哲学家”并举。还要注意，这个陈述讲的不单单是某项学术规划，而且是一套行政计划：“人类行为的某些领域已经成为有组织的社会科学的研究对象，有其专门的名称、机构、预算、数据、职员等。其他领域在这方面尚未开发。”任何领域都可以被开发或“社会学化”。比如，“事实上，对于一门会关注人口总体的幸福的社会科学，我们甚至还无以名之。但没有什么能阻挡这样一种科学成为可能。相比于搜集有关收入、储蓄和价格的数据，搜集幸福等级得分并不更困难，甚至不会更费钱”。

所以，社会学作为一系列专门化的“社会科学”的助产士，处在两方之间：一方是尚未成为“方法”的研究对象的任何话题领域，另一方则是“充分发展的社会科学”。什么叫“充分发展的社会科学”，我们尚不完全清楚，不过这里的意思似乎是说，只有人口学和经济学够格：“没有人会再怀疑有必要也有可能以科学的方式处理世间人事。百余年来，我们已经有了像经济学和人口学这样充分发展的科学，它们处理了人类行为的多个领域。”在这篇长达 20 页的文章里，我没有发现其他有关

① “What Is Sociology?”, Universitets Studentkontor, Skrivemaskinstua, Oslo, September, 1948, pp. 4-5.

“充分发展的社会科学”的具体陈述。

如果社会学被指派了负责将哲学转换成科学的任务，等于是假定或暗指“方法”的天赋才力如斯，并不需要对有待转换的领域具备什么传统学术知识。当然，掌握这类知识所需要的时间会比这个陈述中暗示的多一些。或许有关政治科学的一句不经意评论能点明个中况
味：“……希腊人有一门叫政治学(politics)的科学，德 61
国人谈国家学说(Staatslehr)，英美人则说政治科学(political science)。[①] 直到现在，也没人做过出色的内容分析，让人能真的搞明白该领域的书都在说些什么……”[②]

如此一来，一边是充分发展的经验社会科学家组织有序的团队，另一边是缺乏组织的个体社会哲学家。作为“方法论专家”，社会学家将后者转换成了前者。简言之，他是科学缔造者，学术与管理双肩挑，更准确地说，是“科学”与管理双肩挑。

“这场转变(从‘社会哲学家’和‘个体观察者’到‘组织有序、充分发展的经验科学’)通常的标志是有关学人的工作中的四种转向”：

---

① 全书除此处外，基本都使用的是“political science”，但为了行文方便并照顾通译，还是把“政治科学”译成了“政治学”。——译注

② “What Is Sociology?”, Universitets Studentkontor, Skrivemaskinstua, Oslo, September, 1948, p. 5. “要对一套材料进行内容分析，本质上就在于依循某些预设的范畴，将文献的小单元(词语、句子、主题)逐一归类。”见 Peter H. Rossi, “Methods of Social Research, 1945-55”, in *Sociology in the United States of America*, edited by Hans L. Zetterberg, Paris, France, UNESCO, 1956, p. 33.

(1)“首先，是从注重制度史和观念史转向注重人的具体行为。”但这并不是那么简单。我们将会在第六章看到，抽象经验主义并不是日常经验主义。“人的具体行为”可不是它的研究单位。这里我只点明，实践当中，牵涉到的选择往往会暴露出其明显偏向于所谓“心理主义”，不仅如此，还暴露出其始终在回避有关结构的问题，而偏好有关情境的问题。

(2)拉扎斯菲尔德继续写道：“其次，不是趋向于单单研究世间人事的某一领域，而是将其关联到其他领域。”这一点我以为并不属实。你只需要比较一下马克思、斯宾塞或韦伯的著述与任何一位抽象经验主义者的成果，就能看出并非如此。话说回来，这句话可能是什么意思，就看“关联”的特定意义：它仅限于统计学角度。

(3)“再次，是偏重于研究那些反复重现而非昙花一现的社会情境和社会问题。”我们不妨认为这是试图指向结构性考虑，因为社会生活的“重现”或“规律”当然会附着于既定的结构。正因为这样，比如，你要想理解美国
62 的政治选战，就需要理解政党的结构、政党在经济中的角色，等等。但这并不是拉扎斯菲尔德的本意。他是想说，选举需要有许多人投入一桩相仿的事情，而选举本身则反复再现，故此，可以用统计的方式对个体的投票行为进行研究、研究、再研究。

(4)“最后，越来越强调当代的而非历史上的社会事

件……”这种非历史性的强调源于认识论上的偏好：“……社会学家因此倾向于主要探讨同时代的事件，因为他较有可能获得自己所需的那种数据……”这样的认识论偏向，相较于以梳理实质问题作为社会科学研究的指导取向，可谓截然相反。①

在深入探讨这些观点之前，我必须完整引述有关社会学的这段陈述，据说它还有另外两项任务：

> ……社会学研究还要把科学步骤应用于新的领域。它们(拉扎斯菲尔德的看法)的设计宗旨就在于大致概括从社会哲学到经验性社会研究的转变中可能盛行的基调。……如果一位社会学家着手研究世间人事的新的领域，他必须自行搜集自己所需的所有数据。……社会学家的第二项主要职能就是结合这样的情境发展出来的。当此之时，他成了为其他社会科学**制造工具的人**。社会科学家不得不搜集自己所需数据时会遇到许多问题，我不妨提醒你们注意其中几点。他必须经常去探问人们，他们做了什么，看到什么，想要什么。而被问的人往往不太容易都记得起来，或者犹豫要不要告诉我们，又或者搞不太清楚我们想要知道些什么。如此便发展出重

① 上文诸段皆引自 Lazarsfeld，op. cit.，pp. 5-6.

> 要而难以精通的访谈技艺。……
>
> ……但是，从历史的角度来看，(社会学家)还有第三项职能，即作为**解释者**……有必要区分对于社会关系的描述和解释(interpretations)。在解释的层面上，我们主要会提日常语言用“为什么”来涵盖的那些问题。人们现在生孩子为什么比以前少了？他们为什么想从乡下迁到城里？选举为什么会赢或会输？……
>
> 63 要找出诸如此类的说明(explanations)，基本的技术就是统计性的。我们必须比较多子家庭与少子家庭，比较常不上班的工人与按时到班的工人。但我们应当比较他们的**哪些方面**呢？[①]

社会学家似乎突然摆出一副真正无所不涉的姿态：社会科学的各个分支都包括解释和理论，但我们在此被告知，“解释”和“理论”本身就是社会学家的领地。一旦我们意识到，其他那些解释都还不是科学性的，这里的意味也就明了了。社会学家在将哲学转换成科学时所使用的那些“解释”，其实属于统计调查中很有用的“解释变量”。不仅如此，请注意在上述引文的紧接下来的一段中，倾向于将社会学的现实化减为心理变量：“我们必须假定，在人们的人格、经验和态度中存在某些东

---

① Lazarsfeld, op. cit., pp. 7-8, 12-13.

西，使他们会在由外观之一般无二的情境下有不同的行事方式。我们需要的是可以通过经验研究检验的说明性的观点和观念……”

而所谓“社会理论”，作为一个整体，就成了诸如此类的概念的系统辑录，也就是系统地搜集解释统计结果时有用的变量：

> 我们确实称这些概念是社会学性质的概念，**因为**它们适用于多种多样的社会行为……我们指派给社会学家的任务就是搜集并分析这些概念，它们都有助于解释特定领域中发现的经验结果，如分析价格、犯罪、自杀或投票统计数据。有时候，社会理论这个术语也用来指系统地呈现这类概念及其相互关联。[1]

必须顺带提醒一句，我们并不完全清楚，这段陈述
整体观之，究竟是属于有关社会学家实际已经扮演的历
史角色的理论，还是说它只不过是一个提议，建议社会
学家应当成为助产士式的技术专家，成为万事万物的解
释的监管人。如果是前者，它肯定是有欠缺的。而如果
是后者，当然，任何社会学家都有自由侧重自己考虑的 64
实质问题的利益而拒绝这样的邀请。但它到底是事实还

① Lazarsfeld, op. cit., p. 17.

是规诫，是陈述还是规划？

或许，它就是对于技术哲学的宣传，就是对于管理效能的崇拜，只是乔装成有关科学的自然史的组成部分。

有关研究的整体风格和社会学家，我所知最清晰的陈述就是：社会学家就该作为科学制造者、工具制造者、解释监管者，安居于研究机构。这就牵扯出我马上要更系统地讨论的几个问题。

四

对于抽象经验主义，目前流行两种辩护。如果我们接受这两种辩护，就意味着这种风格的结果的单薄贫乏，与其归咎于“方法”本身的内在特性，不如怪罪到“次要的”原因，也就是资金缺少、时间不够。

首先，人们可能会说，由于这类研究通常耗费巨资，要对提供经费的利益集团所关心的问题给予一定的关注，必然会受此影响；不仅如此，这些利益集团拢在一起，问题可谓零散细碎。因此，研究者在选择问题时，还不能够实现结果的真正积累，也就是说，以更具显著意义的方式汇总结果。他们已经尽力而为，只是无法关注能够带来成果的一系列实质问题，这样就不得不专注于发展方法，无论实质议题是什么，都可以付诸研究。

简言之，求取真理的经济学，即研究的成本，与求取真理的政治学，即通过研究来阐明具有重要意义的议题，并使政治论争更贴近现实，两者之间似乎相互抵触。结论是：只要社会研究机构在国家科学基金总量中占有一定份额，如四分之一，只要它们可以如其所愿地自由支配这笔钱，那情况就会大有好转。必须承认，我也不知道这算不算一种合理的期待。但其他人也不知道，虽说对于我们当中那些行政管理型的知识分子来说，他们坦然地为了造势上位，放弃了社会科学的研究，想必持有上述的信念。不过，如果**单单揪住这个**话题，会使思想批判无法切中要害。不仅如此，还有一样 65
事情是非常清楚的：由于“方法”耗费昂贵，其践行者往往会涉足自己研究的商业性和科层性运用，这的确会影响研究的风格。

其次，人们可能会想，批评者只是缺乏耐心，但我明白，所谓“科学的要求”的管理话语可不是最近几十年来才有的，而是存在了数百年。你可以说，只要“循序渐进”，这类研究自然会积累起来，使我们有可能概括出有关社会的具有显著意义的结果。在我看来，从这种思路来给出正当化辩护，等于假定把社会科学的发展看作一项奇特的筑砖成墙的努力。它假定，究其本质而言，诸如此类的研究能够作为“基本单元”，在未来的某个时节被“加总”或“接合”，从而“构筑”有关某个整体的可信赖并可验证的形象。但这并不单纯是一种预设，而是一项明确的政策。拉扎斯菲尔德断言："经验科学必须研究具体的问题，将众多琐碎、细致、耗时的调查的结果汇总起来，构筑更为广泛的知识。有更多的学人转向社会科学，这当然值得赞赏，但并不是因为这种趋势会在一夜之间拯救世界，而是因为这会在某种程度上加快最终发展出一门整合性社会科学的艰难任务的进程，而这样的科学能有助于我们理解并控制社会事务。"[①]

这里提出的规划在政治上的含混暂且按下不表，它是要假设，研究的结果能够被"汇总"，并进而成为"一门整合性社会科学"，从而将研究局限在"琐碎"的调查上。要说明这种看法为何有欠缺，我不能只谈这些研究者所获的结果为何如此单薄贫乏的外部原因，而必须转向他们的风格和规划所内在固有的某些原因。

我的第一个观点必须探讨理论和研究之间的关系，
66 探讨社会科学家考虑问题时应当采取的策略：较为宏大的观念与可以细致阐发的领域，孰先孰后？

当然，在社会科学的各个流派里，所谓没有理论指导的经验数据就是茫然无绪，而没有数据支撑的理论就是空谈无物，当然都是泛泛之论。但我们还要比哲学层面上的花样文章更进一步，要考察研究实践及其结果。这正是我在此的努力所在。在像拉扎斯菲尔德之类的比

① Lazarsfeld，op. cit.，p. 20.

较直白的陈述里，“理论”和“经验数据”这样的操作观念意思非常明确：“理论”成了解释统计结果时有用的那些变量；而被强烈建议并在实践中被清楚表明的所谓“经验数据”，仅限于那些能够在统计上确定的事实与关系，也就是为数众多的、可以重复的、可以测量的事实与关系。鉴于理论和数据都是十分有局限的，再看有关它们之间相互作用的观点的那种豪气，似乎就削减成了单纯的口惠，事实上，根本就没什么可认可的了。如前所示，这样严格限定这些术语，并没有任何哲学理据，在社会科学的研究中当然也没有任何理据。

要核查和重塑一个宽泛的观念，就必须给出细致的阐发，但细致的阐发并不一定就能汇总一处，构成一个宽泛的观念。你应当挑选哪些内容来进行细致的阐发？选择的标准是什么？“汇总”又是什么意思？人们认为，用语轻松寻常，使任务也显得机械照办就好，其实并非如此。我们谈宽泛的观念与具体的信息(也就是理论与研究)之间的相互作用，但我们还必须谈问题。在陈述社会科学的问题时所诉诸的观念，通常关联着社会历史结构。如果我们认为这类问题是实实在在的，那么对小范围领域进行任何细致研究，就确实显得不明智，除非我们事先有充分理由相信，无论结果如何，这样的研究都将使我们有可能得出有用的推断，便于解决或澄清具备结构意义的问题。如果我们只是预设一种视角，把所有的问题都看作针对零散细碎的个体及其零散细碎的情境，以统计方式或其他方式，产生零散细碎的信息，进行零散细碎的探寻，这可算不上“转译”具备结构意义的问题。

就观念而言，你从任何真正细节性的研究中得出的
67 观念，在极少情况下能多过你融入这些研究中的观念。你从经验研究本身中得到的就是信息，而你能用这样的信息做些什么，在相当程度上要看你在研究过程中，是否选择了你手头具体的经验研究作为更大的理论构筑的暂停检验节点。当科学制造者忙着将社会哲学转变成经验科学，并建立起研究机构以容身其中，也就炮制出了大量的研究。事实上，没有任何原则或理论在指导他们如何选择这些研究的主题。我们已经看到，“幸福”可能是一个主题，市场行为也可能算一个。人们径直假设，只要使用了“方法”，零散地分布在埃尔迈拉、萨格勒布[①]和上海的研究的结果就可以加总，最终汇成有关人和社会的“充分发展、组织有序的”科学。与此同时，实践活动又推进到下一项研究。

我主张，这些研究或许不能以“加总”的方式得出更具重要意义的结果。我这么说，是考虑到了抽象经验主义实质上偏向的那种有关社会的理论。任何风格的经验主义都涉及某种形而上学的选择，选择什么是最真切实

① 埃尔迈拉(Elmira)位于美国纽约州，萨格勒布(Zagreb)位于欧洲克罗地亚。——译注

在的。现在我们必须来看看，这种特定的风格究竟要求怎样的选择。我认为，有一点颇具说服力，可以用来声言，这些研究往往例证了人们所知的那种心理主义。[①]这个主张可能基于以下事实：它们的根本信息来源乃是对个体的抽样。这些研究中所问的问题是从个体的心理反应的角度来提出的。这就要求我们预设，社会的制度
性结构，至少就以这种方式来研究的制度性结构而言， 68
是能够经由有关个体的这类数据得到理解的。

要想弄清楚有关结构的问题，弄清楚它们对于说明即便是个体行为的重要意义，就需要有一种视野远为开阔的经验主义风格。比如，在哪怕是美国社会的结构中，尤其是某一时间的某个美国城镇(通常这就是所谓“抽样区”)，也会存在如此众多的社会维度和心理维度上的共同特性，以至于社会科学家必须纳入考虑的行为多样性完全无法获得。只有当我们拓宽视野，涵盖比较性、历史性的多种社会结构时，才能获得那种多样性，并由此正确地梳理问题。但抽象经验主义者由于抱守认识论上的教条，系统性地采取了非历史、非比较的视

---

① “心理主义”指的是试图从有关个体的性格的事实与理论出发，来说明社会现象。从历史上看，心理主义作为一种学说，其基础在于从形而上学的层面上，明确否认社会结构的实在性。另一些时候，倡导这种学说的人可能会提出一种结构观，就给出的说明而言，将结构化减为一套情境。而在更一般性的意义上，与我们对于社会科学现行研究政策的关注有更直接关联的是，心理主义的理据在于，如果我们研究一系列的个体及其所处情境，研究的结果能以某种方式加总为有关社会结构的知识。

野。他们探讨小范围的区域，偏向于心理主义。他们无论是界定自己的问题，还是说明自己的微观发现，都不会对历史性社会结构的基本观念有任何切实的运用。

即便是作为对于周遭情境的研究，也不能指望这类研究具有深刻的洞察。根据定义，也基于自己的研究，我们知道，处在特定情境中的人们(受访者)对于所处情境中的许多变迁的原因往往是不知晓的，只有从结构转型的角度才能理解这些变迁。当然，这种总体视野与心理主义正好构成两极对立。它对于我们的方法会产生什么样的影响，似乎是一目了然的：细节性研究所选择的情境，应当切合具有结构性意义的问题。在情境中被分离出来并被加以观测的“变量”，应当是我们考察结构后已经发现的很重要的那些类型。当然，针对情境的研究和针对结构的研究之间，应该有双向互动。如果认为社会科学的发展就像是分散自处的一群妇女，各自缀补一床大被的一小部分，可不是什么高明的想法。这些小碎片无论多么精确设定，都不会如此机械、外在地关联一体。

69 但在抽象经验主义的实践中，通过多少标准化的统计分析，“拿到数据”，“跑一下数据”，通常由那些半熟练的分析员来做，这根本不算什么稀奇之事。然后一位社会学家，甚至是一组社会学家就会被雇用，“真的来分析它”。这就引出了我的下一个论点。

在抽象经验主义者当中，晚近有一种趋势，就是在经验研究之前，先来上那么一两章为序，概述“问题的相关文献”。这当然是个好兆头，我觉得是在一定程度上回应来自既有社会的研究学科的批评。但在实际操作中，这项工作几乎都是在数据已经收集并“成文”后再来做的。不仅如此，既然这项工作耗时颇费，又磨人耐性，在有一堆事儿的研究机构里，就往往转交给同样有一堆事儿的助手来做。然后，他搞出来的备忘摘录会被重新打磨，努力使经验研究披上“理论”的包装，并“赋予其意义”，或者，如同人们常说的，“从经验研究中攒出个更好的故事”。即便只是这样，或许也聊胜于无。但这的确会经常误导局外人，后者可能贸然认定，这项具体的经验研究经过了谨慎选择、细致设计、精心实施，在经验上足以检验更为宽广的观念或假设。

我不相信通常做法就该这样。事实上，那些认真对待社会科学的“文献”的人，会基于“文献”本身的角度，花费足够的时间，去把握其所包含的观念、理论和问题，只有经过这些人的手，才能确定什么是通常做法。只有到那时人们才能领会，可以不用丢弃这些研究的问题和观念，而把它们的意义转译到适宜于“方法”的更为具体、范围更小的问题上。当然，所有从事实际研究的社会科学家在做的就是这类转译，尽管按照他们的理解，“经验的”这个术语并不局限在有关一系列同时代个体的抽象的统计信息，而“理论”也不只是汇集“解释变量”。

在这样的讨论中，颇有一些耐人寻味的把戏。如果从逻辑的角度来分析，我所考察的这类研究揭示出，用来解释和说明“数据”的那些“耐人寻味的概念”，几乎总是指向：(1)高于访谈所利用的层面的结构性、历史性
70 “因素”；(2)低于访谈者所能了解的深度的心理“因素”。但是关键在于，无论是结构的概念，还是心理深度的概念，一般都不是用来梳理研究、搜集“数据”的用语。这些用语也许会约略指向其中某个方向，但并不属于这种研究风格通常确认的那些特指的、“清洁的”变量。

之所以如此，主要原因似乎很明显：在实践中，作为基本信息源，多少是被框定的访谈通常需要有一种奇怪的社会行为主义。鉴于研究在管理上和财务上的实情，这种状况几乎无法避免。这是因为，充其量不过是半熟练的访谈员，通过短短 20 分钟，甚或是持续一整天的访谈，也是无法获取我们所知道的那种深度材料的，那得靠训练够多、耗时够长的访谈才能得到，这难道不是显而易见的吗？[①]而我们所知的适当从以历史为导向的研究中可以获取的那种有关结构的信息，也是不可

---

① 必须顺带指出：这些堆砌事实的研究之所以徒具形式，单薄贫乏，甚至空洞无物，原因之一就在于，研究中很少甚至根本没有来自负责研究的人的直接观察。所谓“经验事实”，就是科层机构指导下组织的一群通常只受过半吊子训练的人搜集的事实。人们已经忘记了社会观察要求高超的训练和敏锐的感受，而发现往往就出现在具备想象力的心智融入社会现实之时。

能从寻常的抽样调查中得到的。

然而，有关结构和深度心理的观念还是被生硬地搬用到抽象经验主义风格的研究中。它们诉诸一般性的观念来说明特定的观察。一般性观念被用来阐述结构或心理方面的问题，作为一项研究的“成文”的“起首”。

在有些研究行话里，当细节性的事实或关系被宽泛的假设颇具说服力地“说明”时，有时会使用“聪明”(bright)这个词。当细碎的变量的意义被拓展，用来说明宽泛的问题时，结果就可能被指为“漂亮”(cute)。我之所以提这个，是要表明，正在兴起一套“行话”，来遮掩我说的这些步骤。

凡此种种，等于是用统计结果来刻画一般性论点， 71
又用一般性论点来刻画统计结果。一般性论点既没有得到检验，也没有变得具体。它们只是被调整以适应数据，就像数据被安排调整以适应它们。一般性论点和说明可以结合其他数据使用，而数据也可以结合其他一般性论点使用。借助运用这些逻辑把戏，研究被赋予了结构性、历史性和心理性的意义，而那些研究就其抽象处理的风格本身而言，恰恰消除了诸如此类的意义。照着以上所示的方式，以及其他一些方式，就有可能既抱守“方法”，又试图掩盖其结果的琐屑。

在给定章节的起首段落，在所谓“概述”章节，有时在某个“承上启下”的“解释性”章节，诸如此类的步骤的运用实例比比皆是。在此我并不打算细致考察给定的研究，只希望提醒读者，便于他自己更敏锐地审察这些研究。

我要说的其实就是：任何类型的社会研究都是靠观念推进的，事实对它只起到了约束作用。无论是对于有关“人们为何像这样投票”的抽象经验主义的调查，还是对于历史学家有关19世纪俄国知识分子的所处位置与所持立场的阐述，这一点都同样适用。前者遵循严格步骤，往往更加精致烦琐，当然也更加矫揉造作。但两者的结果在逻辑上的地位并无二致。

最后，对于抽象经验主义所获结果为何通常显得单薄贫乏，还有一种说明，或许最好表述成一个问题：那些真实但并不重要的东西，与那些重要但并不一定真实的东西，两者之间是否必然存在张力？这个问题更好的问法是：社会科学领域里的工作者应当乐于解决哪一个层次上的证明？我们当然有可能变得如此一丝不苟，乃至于必然只剩下巨细靡遗的阐发，除此无他；我们也有可能变得非常模糊含混，最终只剩下一些大而无当的概念。

那些囿于方法论上的约束的人，往往不愿意谈论任
72 何有关现代社会的事情，除非经过“统计仪式”(The Statistical Ritual)的精致打磨。常听有人说，他们搞出来的东西就算无足轻重，至少真实无误。我对此不能苟同，更愈益怀疑其究竟有多么真实。我好奇的是，这里

面有多少精确甚或是伪精确与“真实”混为一谈，而抽象经验主义又在多大程度上被当成唯一“经验性”的研究方式。如果你曾经有过那么一两年认真研究过千把小时的访谈，做过仔细的编码和打孔，就会逐渐看到，“事实”的领域其实可塑性非常强。不仅如此，就“重要性”而言，当我们当中某些充满能量的头脑殚精竭虑地研究细节时，只因为他们奉为圭臬的那个“方法”不允许他们研究别的，那当然它会是重要的。现在我确信，这类研究中的大多数已经沦为单纯的遵循仪式，这仪式刚好能获得商业价值和基金价值，而不是像其代言人声称的那样，“坚守科学的强硬要求”。

精确并不是方法选择的唯一标准；诚然，精确不应当像经常发生的那样，被与“经验的”或“真实的”混为一谈。我们在研究与切身相关的问题时，应当尽可能精确。但不存在任何方法凭其本身就应当被用来限定我们要着手研究什么问题，哪怕我这么说的唯一理由就在于，那些最耐人寻味、最棘手的有关**方法**的议题，常常起于既定技术无法应用之处。

如果当切实的问题从历史中浮现出来时，我们能对其有所感受，那么有关何为真实和重要意义的追问也就往往不言而喻了：我们应当尽可能细致而精确地研究这类问题。无论过去还是现在，社会科学领域里的重要研究通常都是精心阐发的假设，在关键论点上凭借更翔实的信息详加论述。事实上，要应对那些被广泛认可为重要的话题和主题，并无他法，至少迄今尚未出现。

我们的研究必须关注重要的问题，或者更常见的讲法是，要关注具有重要意义的问题，这样的要求究竟意味着什么呢？对什么而言具有重要意义？行文至此，必须指出，我的意思并不只是说，它们必须具备政治上、实践上或道德上的含义，无论这类术语可能被赋予什么
73 样的意思。我们首先应当表明的意思在于：它们应当与我们有关社会结构的观念，与这套社会结构中所发生的事情具备真正的相关性。所谓"真正的相关性"，我指的是我们的研究应当与这类观念具备逻辑上的关联，而所谓"逻辑上的关联"，我说的是在我们研究的设问阶段和说明阶段，在更为宽泛的阐发与更具细节性的信息之间，应当有公开而清晰的相互融贯。关于"具有重要意义"的政治含义，我稍后会来谈。与此同时，显而易见的是，像抽象经验主义这样谨慎和刻板的一种经验主义，却在探究中清除了我们时代重大的社会问题和人性话题。所以，想要理解这些问题、探索这些议题的人，就会转向其他阐述信念的方式以获得启蒙。

五

在对于许多问题的研究中，与哲学截然有别的经验主义的特定方法显然是方便合用的。我也看不出任何人能够合乎情理地反对这样来使用这些方法。当然，通过

适当的抽象，我们能够精确地谈论任何事情。没有什么东西本质上是排斥测量的。

如果你所研究的那些问题很适宜于统计程序，那就应当坚持尝试使用。比如，要摸索一套有关精英的理论，我们需要知道一群将军的社会出身，自然会努力找出来自不同社会阶层的比例。如果我们需要了解白领人群的实际收入从 1900 年以来上涨或下降的程度，就会做个按行业区分的收入的时间序列，并以某种价格指数作为控制。不过，一旦一般化，谁都不需要接受这样的程序作为唯一可用的程序。当然，也没有人需要接受这个模式作为总体上的典范。这并不是唯一的一种经验方式。

我们应当依照对于整体的不那么精确的看法，选择特定的、细碎的特性，进行深入而精确的研究，以便解决与结构性整体相关的问题。这种选择的做出依据的是我们的问题的要求，而不是遵照某种认识论教条得出的 74
“必要性”。

我并不假定什么人有权利反对就微小问题进行细节性研究。这类研究所要求的局部聚焦或许属于可敬的对于精确与确定的追求，可能也算学术分工的一部分，同样属于任何人都不该反对的专业化的一部分。但我们当然也有权问一句：如果这些研究属于某种分工，而作为整体的劳动构成了社会科学事业，那么这些研究所属的整体中其他分工在哪里？将诸如此类的研究纳入某个更大图景的那个“分工”又在哪里？

应当指出，几乎所有研究风格的践行者都往往使用类似的口号。今天每个点算屋外附属设施的人（这个老梗绝不仅仅是个笑话）都非常清楚自己这么做在概念上的含义；而每个详尽阐发区分特性的人（许多人还只干这档子事儿）也都对“经验验证范式”一清二楚。人们普遍认识到，任何系统性的理解尝试，都涉及（经验）吸收（intake）与（理论）吸收（assimilation）之间的某种相互轮替，也就是说，应当用概念和观念来指导事实调查，而细节性调查又应当被用来核查及重塑观念。

在方法论的约束之下，人们束手束脚，与其说被困于经验吸收，不如说囿于本质上属于认识论层面的方法问题。其中许多人，尤其是年轻一些的人，并不很熟悉认识论，有鉴于此，他们往往会对支配他们的那套典范抱持相当教条的态度。

而在对“概念”的盲目崇拜之下，人们则被困于相当高的概括层次上，后者通常具有句法性质，人们因此无法触及事实。在社会科学的操作过程中，这两种趋向或学派在本该消停的地方依然存在并且十分兴盛。但我不妨直言，本该消停不做讨论的地方，却被这两方搞成了通向徒劳无获的入口。

从学术上来看，这些学派代表着放弃经典社会科
75 学。而承载它们的放弃的载体，却是矫揉造作、过度精

细地阐发“方法”和“理论”。究其原因，主要是因为它们都缺乏与实质问题的牢固关联。如果各种教义和方法的盛衰起落完全出于彼此之间的某种纯粹学术性的竞争(更充分、更富收益的胜出，而较多欠缺、较少收益的落败退出)，那么宏大理论和抽象经验主义就都不会获得它们享有的如许优势地位了。宏大理论将只是哲学家当中的一股次要趋势，或许只是年轻学人需要通读的东西；而抽象经验主义将会是科学哲学家当中的一种理论，同时是社会研究的几种方法里面一种有用的附属。

假如别无他物，只有这两种东西高高在上，比肩而立，我们的境况就实在是很惨。不妨把作为实践的它们理解为确保我们对人和社会不会了解太多，前者靠的是讲究形式但云山雾罩的隐晦艰涩，而后者靠的则是讲究形式但空洞无物的天真精巧。

第四章　各种实用取向

76 社会科学中的混乱既是“科学性的”，也是道德性的；既是学术上的，也是政治上的。而试图对这一事实视若不见，正是这种混乱挥之不去的原因之一。要想对社会科学中各式各样流派的问题与方法做出评判，不仅需要对大量学术议题做出判断，还必须对众多政治价值做出取舍，因为我们要是不知道问题**对谁而言**是问题，也就无法很好地阐述任何问题。对于某人来说是问题，对于另一个人而言可能根本不算问题，这取决于两个人关注的分别是什么，也取决于他们对自己的兴趣有多了解。不仅如此，这里还有一项棘手的伦理议题：人们并不总是对符合自己利益(interests)的东西感兴趣(interested in)。并不是每一个人都能像社会科学家往往自认的那么理性。凡此种种，意味着所有研究人与社会的学者都会在自己的研究中假设和暗示一些道德与政治上的决策。

一

社会科学研究始终面临评估问题。这些科学的传统包含了一长串往往带有教条意味的问题解法，煞费苦心的两面骑墙，以及一批推理缜密、合乎情理的观点。人们往往根本没有直接面对问题，只是假定或采纳了零散细碎的答案，可供雇用的技术专家型研究人员所做的应用社会学就是如此。这样的实践者并不会依据他的技术所称的中立性来摆脱这个问题，事实上，他会让其他类型的人替他来解决问题。但学术巧匠（intellectual craftsman）肯定会在努力做自己研究的同时，意识到个 77
中的预设和意涵，尤其是对于其研究所在的社会，对于他在那个社会中所扮演的角色，具有什么道德意义和政治意义。

现在人们已经有了足够广泛的共识，从而让以下观念成为常识之见：不能从事实陈述或观念界定中推出价值判断。但这并不意味着诸如此类的陈述和界定与判断毫不相关。不难看出，绝大多数社会议题牵涉到的一大堆扯不清的乱麻里面，都是既有事实方面的谬误和观念方面的模糊，也有评估方面的偏见。只有从逻辑角度解开这团乱麻，才有可能了解这些议题是否真的牵涉到不同价值之间的冲突。

要确定是否真的存在这种冲突，并在冲突存在时将事实与价值相分离，当然是社会科学家经常承担的一项首要任务。这样的分解有时容易导致用特别的方式重新陈述议题，以开放求解，因为它可能揭示出同样的利益集团所持的价值却不一致。如果陈旧的价值不被牺牲，新兴的价值就不能落实，因此，利益相关方要想有所行事，就必须明确最珍视的是哪一种价值。

但是，如果真正彼此冲突的利益集团如此顽固地抱持某些价值，乃至于无法通过逻辑分析和事实考察来解决这样的冲突，那么理性在这等世间人事中扮演的角色就似乎宣告终结了。诚然，我们可以阐明各种价值的意义和后果，可以使它们彼此协调，可以确定它们实际的优劣缓急，可以用事实来支撑它们，但到最后，我们也可能被降格为单纯的断言与反断言，只能进行辩护或说服。最终，如果能坚持到最后，道德问题就成了权力问题；最后一招如果用得上的话，权力的终极形式就是强制。

休谟的名言说得好，我们不能基于自己的信念，推出我们该如何作为。我们也不能从我们相信自己应当如何作为中推出其他人应当如何作为。最终，如果要拼到最后，我们只好与不同意我们的人大斗一场。且让我们期望这样的结局不常发生吧。与此同时，要想尽可能通情达理，我们无论怎样也应该以理相争。

78 我们选择研究哪些问题，涉及价值；我们使用哪些核心观念来阐述这些问题，涉及价值；而解答这些问题的过程，也受到价值的影响。就观念而言，目标应当是尽可能多地使用“价值中立”的术语，自觉意识到残存的价值意涵，并主动加以阐明。而就问题来说，目标同样应当是清楚了解选择问题时秉持的价值，然后尽可能避免在解答问题时怀有评价偏见，无论这个解答把人引向何方，也不管它可能具有怎样的道德意涵或政治意涵。

顺便说一句，某些类型的论家在评价社会科学里的研究时，看的是它的结论属于悲观还是乐观，是否定性的还是建设性的。这些乐天的道德家要的是激情燃烧，至少最后他们能如此；研究如果能坚执一份热诚的乐观主义小情调，并使我们由此走向生机灿烂，就会让他们很开心。但我们力求理解的世界并不总能让我们所有人都在政治上满怀期望，在道德上饱含自信，也就是说，社会科学家有时会发现难以扮演傻乐白痴的角色。就我个人而言，我碰巧是个非常乐观的人，但我必须承认，自己从来没有能力依据一样东西是否能让人欢天喜地来下定论。首先，你要力求澄清事实，充分陈述。如果悲观阴郁，那很糟糕；如果引向希望，那很不错。但与此同时，吁求“建设性方案”和“满怀希望的调子”，往往意味着没有能力直面事实，哪怕这些事实无疑令人不快，那也与是真理还是谬误无关，与评判严格意义上的社会科学研究无关。

有些社会科学家的治学虽然用力于小范围情境的细

节，但也没有把他们的研究置于其所处时代的政治冲突和力量之外，而是“接受了”他们所在的社会的框架，至少间接地、在实质效果上“接受了”。但是，任何人只要接受社会科学全面的学术任务，就不能单纯设定这种结
79 构。事实上，他的工作就是要阐明这一结构，并将其作为一个整体进行研究。着手做这项工作，**本身就是**他的一项重要判断。由于美国社会有那么多的可证伪之处，单纯以中立的方式描述它，往往会被视为“野蛮的自然主义”(savage naturalism)。当然，要隐藏社会科学家可能设定、接受或蕴含的这些价值，其实并不很难。我们都明白，手头就有一个做这种事情的不太上得了台面的机制：社会科学尤其是社会学中的许多行话，就是因为对毫无实质担当而片面追求精致形式抱有奇怪的热情。

任何人只要献身于研究社会并公开发表成果，无论他是否愿意，也不管他是否清楚意识到，他的所作所为**就**都带着道德的意味，往往也带着政治的意味。问题在于他是直面这一境况并明确心意，还是自欺欺人，在道德上放任自流。在今日的美国，许多社会科学家，不妨说大多数社会科学家，都是或坦然或不安的自由派。他们顺从于普遍蔓延的对于任何深切担当的恐惧。当这类人抱怨要“做出价值判断”时，他们真正想要的是**这种顺从**，而不是什么“科学的客观性”。

还有教学，顺便说一句，我不觉得它和写作是一回事。当你出版了一本书，它就成了公共财产。作者对其

读者公众即使有责任，唯一的责任就在于尽可能把书写好，他是最终评判者。但教师还有进一步的责任。从某种程度上说，学生是被俘获的听众，在一定程度上依赖其教师，后者在他们眼里成了某种榜样。教师的首要工作就在于尽可能充分地向学生揭示，一个据说充满自律的头脑究竟是如何运转的。教学的艺术很大程度上就是大声说出来而可以被理解的思考艺术。在书里，作者常常试图说服别人接受其思考的结论；而在教室里，教师则应当努力向别人展示一个人是怎样思考的，同时也展示出，当他思考颇有所得时，感觉有多美妙。因此，在我看来，教师应当把各种预设、事实、方法和判断都说得非常明确，不应当有任何隐瞒，而应当循序渐进，随时反复揭启所有可能的道德方案，然后才给出他自己的
选择。但如果是这么写作，会非常枯燥乏味，也不可能 80
保持自我清醒。精彩的讲课之所以成书后往往不会大卖，原因之一正在于此。

像肯尼思·博尔丁(Kenneth Boulding)那样乐观是很难的，他写道："尽管我们的实证主义者千方百计要使研究人的科学去人性化，它也依然是一门道德科学。"但要对莱昂内尔·罗宾斯(Lionel Robbins)提出异议甚至更加困难，他写道："可以并不夸张地说，今天文明面临的主要危险之一，就是受自然科学训练的心智没有

能力洞察经济范畴与技术范畴之间的差异。”[①]

二

凡此种种，本身并不会让人烦乱。它就算不被直面，也已是广为人知。今日的社会研究往往会直接服务于军队将领、社会工作者、公司经理和监狱管理者等。诸如此类的**科层应用**还在与日俱增，并且无疑还将持续下去。而无论是社会科学家还是其他人等，也都在以**具备意识形态意味的方式**在使用这些研究。事实上，社会科学也是作为社会事实存在的，就此而言，它在意识形态上的相关性是内在固有的。每个社会都持有标明其自身属性的意象，尤其是那些为其权力体制和有权势者的做派提供正当性辩护的意象和口号。社会科学家搞出来的意象和观念与这些通行意象可能契合，也可能抵触，但总会与后者产生连带意涵。一旦这些连带意涵为人所知晓，往往会陷入争论，并被付诸应用：

这些意象和观念为权力的安排和有权势者的支配地位提供正当化辩护，就此将权力转换成权威。

它们批评或揭露通行的安排和统治者，就此剥夺其权威。

它们转移对于权力和权威话题的关注，就此转移对

① 这两段引文转引自 Barzun and Graff，*The Modern Researcher*（《现代研究者》），New York，Harcourt，Brace，1957，p. 217.

于社会本身结构性现实的关注。

诸如此类的应用并不一定是社会科学家有意为之。 81
事实或许就是这样，但社会科学家一般也都会意识到自己所做研究的政治意涵。在这个意识形态的时代，就算他们当中的这一位不清楚，那一位也很可能清楚。

对于明确的意识形态正当化辩护的需求已经大大增长，哪怕只是因为把持大权的新型制度/机构(institutions)虽然已经兴起，却尚未获得合法化，而旧有的权力曾经的保障已经过时失效。比如，现代企业的权力并不是由 18 世纪传承下来的自由主义学说自动给出正当化辩护的，而在美国，这样的学说正是合法权威的主线。所有利益及权力、全部激情和偏见、一切憎恨与希望，都倾向于获得某种意识形态机制，赖以和其他利益集团的口号、符号、学说和诉求一竞高下。随着公共沟通(public communication)日益扩张，不断加速，其效力也在不断重复之下变得愈益减损。因此，对于新的口号、信念和意识形态的需求是持续不懈的。置身这等大众传播(mass communication)和深度公关(intensive public relations)的情境，社会研究要是还能免于为意识形态提供装备的需求，的确是很奇怪的事情，而社会研究者如果不能提供这种装备，那就更奇怪了。

但无论社会科学家是否意识到这一点，单凭作为一名社会科学家展开工作这一点，他就在一定程度上扮演着科层制度或意识形态性质的角色。不仅如此，任何一端的角色都很容易滑向另一端。运用出于科层目的的极为形式化的研究技术，也很容易滑向为可能基于这类研究而做出的决策提供正当化辩护。反之，带有意识形态意味地运用社会科学的发现，也很容易成为科层制运作的组成部分。今天人们诸般尝试，将权力合法化，让特定的政策受人欢迎，其实这些尝试往往在相当程度上属于“人事管理”和“公共关系”。

回观历史，人们运用社会科学的意识形态方式多过科层管理方式。即便现在，可能也还是如此，尽管双方
82 均势似乎经常发生变化。在某种程度上，意识形态的运用乃是因为，绝大多数的现代社会科学其实都是其与马克思的研究之间往往不被承认的论争，也是对社会主义思潮和共产主义政党的挑战的反思。

古典经济学一直是作为一种权力体制的资本主义的主要意识形态。就此而言，它往往遭到“富有成果的误解”，甚至像今天苏联政论作者使用马克思的作品一样。经济学中的历史学派和制度学派已经对古典主义学说和新古典主义学说发起了批判，清楚揭示了经济学家是如何抱守自然法的形而上学和功利主义的道德哲学的。但要理解这些学派本身，只能诉诸保守主义、自由主义或激进主义的“社会哲学”。尤其是 20 世纪 30 年代以来，经济学家已经成为政府和企业的顾问，提出各种管理技术，为政策公开声言，并确立了细节性经济报告的规

矩。上述种种都同时涉及科层管理的用途和意识形态的用途，尽管并不始终直白表露，却是非常积极主动。

经济学目前这种混淆一团的状况，既涉及有关方法和观点的问题，也包括有关政策的问题。同样是杰出的经济学家，公开发表的观点却大相径庭。比如，加迪纳·C. 米恩斯(Gardiner C. Means)就抨击他的同行们抱守原子化企业这种“18 世纪”的意象，并呼吁建立新的经济模型，其中的巨型企业可以制定并控制价格。另一方面，瓦西里·列昂惕夫(Wassily Leontief)则批评同行们分裂成纯粹理论玩家和只管攫取事实的人，呼吁探索投入与产出关系的复杂图式。但科林·克拉克(Colin Clark)却认为，这类图式属于“巨细靡遗、漫无重点、徒耗时间的分析”，号召经济学家们思考如何增进“人类的物质福祉”，并要求减税。而约翰·K. 加尔布雷思(John K. Galbraith)则断言，经济学家应当停止一味关注增加物质福祉，美国已经富得流油，还要进一步增加产出是很愚蠢的。他呼吁同行们要求增加公共服务，以及增加税收(其实只是销售税)。[①]

即使是人口学这样颇具统计学意味的专业，也已经 83
被深深卷入了由托马斯·马尔萨斯(Thomas Malthus)最初挑起的事实争议和政策冲突。这些议题中有许多现在聚焦于前殖民地区，我们在那些地方发现，文化人类学

① 比较《商业周刊》上有关经济学家的报道，见 *Business Week*，2 August 1958，p. 48。

从几个方面入手，深入关注殖民主义的相关事实与精神。从自由主义者或激进主义者的立场来看，这些国家的经济问题与政治问题可以大体界定为经济快速增长的需要，尤其是工业化及其全部相关发展的需要。而人类学家在参与讨论时，一般都会带有几分谨慎，就像老殖民强权的那些担忧，似乎是要回避今天在不发达地区几乎必然伴随变迁而来的那些动荡和张力。文化人类学的内容与历史当然不是靠什么殖民主义的事实来“说明”的，尽管诸如此类的事实也不能说与之毫无关系。文化人类学还服务于自由主义乃至激进主义的宗旨，尤其是它坚持认为简单社会的人民淳朴正直，主张人的性格具有社会相对性，并在西方人当中展开反本位偏狭立场的宣传。

有些历史学家似乎热衷于重写过去，但只能被视为服务于当下的意识形态宗旨。眼下就有一例，美国要“重估”南北战争结束后的企业生活和其他工商生活。仔细检视最近几十年的大部分美国历史，我们不得不承认，无论历史是什么或应该是什么，它都很容易变成不堪其负地被重新塑造的各种国族神话和阶级神话。随着社会科学的新型科层管理用途渐渐成势，也出现了新的尝试，即要倡扬“美国的历史意义”，第二次世界大战以来尤其如此。而在这股倡扬之风中，有些历史学家已经使历史有益于保守主义的思想倾向，并被这种倾向在精神上和物质上的受益者所用。

我们肯定不能指责政治学家，特别是探讨第二次世界大战以来国际关系的政治学家，他们满怀某种对抗的心气考察美国政策。尼尔·霍顿(Neal Houghton)教授甚至断言：“一向被错当作政治学学术的许多东西，其 84
实不过是为这些政策做些合理化注脚并叫卖推销。”[①]或许他的话失之偏颇，但对于他揭露出来的状况，却必须详尽考察，而不能弃置一旁。无独有偶，要回答阿诺德·罗戈夫(Arnold Rogow)教授的提问，即“那些重大话题究竟出了什么问题”[②]，就必须认识到，晚近的政治学大多已经无关乎理解重要的政治现实，却和从科学的角度对官方政策和疏失的鼓吹脱不开干系。

我提及这几种实际用途和连带意涵，既不是为了批评，也不是试图证明存在偏见。我之所以如此，只是想提请读者注意，社会科学必然牵涉到科层惯例和意识形态话题，而今日社会科学之所以纷繁多样，混乱一团，也与这种相关性有关。所以，对于它们的政治意涵，清楚阐明总好过遮遮掩掩。

三

在 19 世纪下半叶，美国的社会科学与改革思潮和

① 1958 年 4 月 12 日在美西政治学会(Western Political Science Association)上的讲演。

② *American Political Science Review*，September，1957.

改良活动有着直接的关联。人们所知的“社会科学运动”——在 1865 年组建成“美国社会科学学会”(the American Social Science Association)——就属于 19 世纪晚期的这类尝试，它们要“运用科学”来研究社会问题，而不求助于直露的政治策略。简单来说，这股运动的成员寻求将下层民众的困扰转变成中产阶层公众的议题。到了 20 世纪的头几十年，这场运动已经走完了它的历程。它已经不再承载着什么有关改革的中产阶层激进意识形态。它对于整体福祉的格局宽广的迫切要求，已经变成对于社会工作、合作慈善、儿童福利、狱政改革之类问题的范围有限的关注。不过，除了“美国社会科学学会”，社会科学中还兴起了几个专业学会，并适时出现了几种学院里的系科。

因此，早先中产阶层有关改革的社会学就出现了分
85 裂，一方面发展成为学院里的专业，另一方面发展成为更具体化、制度化的福利活动。不过，这样的分裂并不意味着学院专业变得在道德角度上保持中立，在科学角度上客观漠然。

在美国，自由主义已经成了几乎所有社会研究在政治上的共同尺度，也是几乎一切公共修辞和意识形态的思想源泉。人们普遍认为，这是因为众所周知的历史条件，或许首先是由于缺乏封建制，因此也就缺乏反资本主义精英和知识分子的贵族制基础。古典经济学的自由

主义依然塑造着工商精英中的重要群体的视野，仍有其政治上的用途。即便是在最老辣精妙的经济学描述中，平衡或均衡观念的地位也依然坚不可摧。

自由主义也已经影响到了社会学和政治学，只是方式更为弥散。美国社会学家与其欧洲前辈截然不同，强烈倾向于一次研究一个经验性细节、一种情境问题。一句话，他们的关注点往往是细碎散落的。他们遵循“民主的知识理论”，设定所有事实生而平等。不仅如此，他们还主张，任何一项社会现象，都必然存在大量细微的原因。这种所谓“多元主义因果关系”(pluralistic causation)，非常有利于“渐进式”改革的自由主义政治。事实上，认为社会事件的原因必然是为数众多，细碎散落，这样的观念很容易陷入不妨称为自由主义实用取向(liberal practicality)的视角。[①]

如果说美国社会科学的历史中蕴含有什么取向脉络的话，显然是偏向于细碎散落的研究，偏向于事实性的调查，以及与此相伴的信条：多元主义立场下的多因混融观。这些就是作为一种社会研究风格的自由主义实用取向的基本特征。因为如果一切都是由难以计数的“因素”导致的，那么我们不管从事什么实际行动，最好都要非常小心。我们必须处理许多细节，因此建议先改革某个细微部分，看看后果如何，再改革下一个细微部

---

① 参见 Mills，“The Professional Ideology of Social Pathologists”，*American Journal of Sociology*，September，1943.

86 分。当然，我们最好不要如此教条，也不要好高骛远，行动计划过于庞大。我们在进入一切皆流变不居、彼此关联的潮流之前，必须放宽心态，清楚知道自己对于所有发挥作用的多重原因，很可能尚不知晓，也或许永远不会知晓。作为研究情境的社会科学家，我们必须察觉到许多微小的原因；而作为投身实践的人，要想行事明智，我们必须对情境进行渐进式的改革，循序积微。

让我们且慢展开，想必有人曾经说过，事情并不如此简单。如果我们把一个社会分解成许多微小的“因素”，接下来自然就需要其中大量的因素来阐述一样事情，而我们永远无法确知自己是否已经全面把握了它们。单纯从形式上强调“有机整体”，加上未能考虑到往往是结构性的充分的原因，再加上被迫只能一次考察一个情境，诸如此类的观念的确使人们难以理解现状的结构。为了平衡起见，或许我们应当提醒自己别忘了还有其他的观点：

首先，“有原则的多元主义”也可能像“有原则的一元主义”一样教条化，这难道不是显而易见的吗？其次，难道不可能既研究各种原因又不完全湮没其中吗？事实上，这难道不是社会科学家在考察社会结构时应当做的吗？通过这类研究，我们当然是在力求找出某样事情的充分原因，一旦找到，又要讲清楚怎样看待那些具有战略意义的关键因素，它们作为政治行动和管理行动的目标，让人们有机会在塑造世间人事时用上理性。

然而，在自由主义实用取向的“有机”形而上学里，只要是倾向于和谐平衡的因素，就有可能得到强调。如果把一切都看成是“持续的过程”，就看不到作为我们时代鲜明特征的节奏的突变、定位的颠覆，即使它们未被忽略，也只是被当作“病态”“调适不良”的迹象。“民德”(the mores)或“社会”这类看似简单无害的用语，蕴含着形式性和据称的统合性，降低了我们看清现代社会结构全貌的可能性。

自由主义实用取向这种片段零碎的特点的原因何在？为什么会出现这种研究零散情境的社会学？学院系 87
科的奇怪分割或许帮助社会科学家把自己的问题搞得四分五裂。尤其是社会学家，他们似乎往往觉得，那些更老旧的社会科学的代表不愿意承认社会学应有其一席之地。就像奥古斯特·孔德、塔尔科特·帕森斯那样的宏大理论家一样，社会学家或许想要某种属于他们自己的东西，与经济学和政治学泾渭分明。但我认为，学院争斗中对于各门系科的限制，或者是总体能力不够，并不能完全充分地说明自由主义实用取向为何抽象层次低，及与此相伴的其追随者无法考虑社会结构的相关问题。

我们不妨来看看作为众多社会学书籍写作对象的公众：这门学科中绝大多数的“系统性”或“理论性”研究，都是由教师们出于课堂教学目的而在教科书里展开的。请记住，社会学往往要对抗其他系科而赢得其在学院中的生存权利，这一事实可能使教科书变得更有必要。如今的教科书是要组织编排各种事实，以便年轻人可以接触利用，而不是以研究和发现的增长点为核心。有鉴于此，教科书很容易变成颇为机械地搜集事实，以描绘多少已是定论的观念。而在将不断积累的细节纳入某种教科书秩序时，新观念在研究上的可能性、观念与事实之间的相互作用，通常不会被视为是至关重要的。旧的观念与新的事实往往比新的观念重要得多，人们经常觉得后者很危险，因而会限制一本教材被“采纳”用于课堂教学的销量。教授们是否采用一个文本，就对其做出了评判，因此也就决定了是什么意味着它的成功。说到底，我们别忘了，要撰写新教案，确实需要花些时间。

但是，作为撰写这些书的对象的学生又是哪些人呢？他们主要是中产阶级的年轻人，其中有许多出身农场主或小商人家庭，中西部院校尤其如此。他们努力拼搏，要成为专业人士和低级主管。为他们写作，也就是为一群颇为特别的人写作：不断向上爬的中产阶级公众。作者和公众，教师与学生，社会经验其实是相似的。
88 他们来源相仿，去向类似，可能遇到的阻碍也差不多。

在先前研究情境的实践社会学中，对于政治方面问题的考察很少会是持激进立场的。自由主义实用取向往往回避政治性，或者渴求某种民主机会主义。它的奉行者触及某些政治性的东西时，通常会以“反社会”或“腐败”之类的术语来陈述其“病态”特性。在其他场合，“政治性”似乎被视同为政治现状的功能的恰当运作，也很容易被视同为法律或行政管理。政治秩序本身却很少得到考察，而只是被设定为一套颇为固定、与己无关的框架。

自由主义实用取向特别适合某些人，他们借助自己的社会位置，处理一系列的个案，通常还具备一定程度的权威。法官、社会工作者、精神卫生专家、教师和地方改革家往往会从“情境”的角度来考虑问题。他们的视野往往囿于既存的标准，而他们的专业工作又倾向于培养他们养成某种职业无能，使他们无法超越一系列的“个案”层面。他们的个人阅历，还有他们各自看待社会的视角，都太类似，太同质化，无法促成观念的竞争和意见的争执，担心会带来试图建构整体的结果。自由主义实用取向就是一种道德化的情境社会学。

“文化滞后”(cultural lag)的观念在相当程度上就属于这种“乌托邦式”的和进步主义的思想风格。这个观念意味着需要改变某种东西，以“适应”日益进步的技术状况。不管被视为“滞后”的东西是什么，它存在于当下，但形成的原因却被视为存在于过去。评判就这样被装扮成了有关某种时序的陈述。文化滞后作为对失衡“进步”的评估性断言，对秉持自由主义和祈愿情怀的人非常有用。它告诉他们该“吁求”哪些变迁，又有哪些变迁“应该”发生却尚未发生。它告诉他们哪些地方已经取得进步，又有哪些地方他们还做得不够好。当然，对于某种
89 病态“滞后”的审察，会在一定程度上被其呈现出的历史伪装、被十分粗鲁地塞入“吁求”之类貌似客观的用语的小规划弄得更加复杂。

从文化滞后的角度来陈述问题，等于在掩饰评价，但更重要的问题在于：自由主义实用派更容易采用哪些类型的评价？整体而言的“制度”滞后于整体而言的“科技”，这是个非常流行的观点。它对“科学”，对循序进步的变迁，抱持积极正面的评价。简言之，这是启蒙运动在自由主义角度上的延续，它满怀理性主义；对于自然科学抱持弥赛亚性质的、如今在政治上看来天真幼稚的崇拜，不仅把自然科学看作思考的典范，**而且**视之为行动的榜样，还将其尊奉为进步的时间观。把这种进步观带进美国的院校的，是曾经风行的苏格兰道德哲学。从南北战争结束后，直到仅仅约莫一代人之前，从某种程度上说，构成美国城市中产阶级的还是生意日益扩张中的人，他们不仅掌握了生产工具，**还**获得了政治权力，也赢取了社会声望。老一代社会学家中，许多学院人士要么来自这些上升阶层，要么积极与之融合。而他们的学生，也就是他们思想的受众，则是这类阶层的产物。屡屡有人指出，有关进步的观念通常适合那些正在收入和位置的层级上节节攀升的人们。

那些运用文化滞后观念的人，一般不会考察某些利益群体和决策者的位置，而他们可能正是造成一个社会的不同领域“变迁速率”各不相同的背后因素。你也可以说，就文化各部分**可能**运动的变迁速率而言，往往倒是技术在“滞后”。(20 世纪)30 年代的情况肯定就是这样，时至今日，在家用技术和人员交通之类的领域，情况依然大抵如此。

与许多社会学家对于“滞后”的用法相反，索尔斯坦·凡勃伦的用语是“滞后、裂缝和摩擦”(lag，leak and friction)，并由此通向有关“工业与商业之对比”的结构性分析。他问道：“滞后”在什么地方产生了不适？他试图揭示商人们是如何恪守企业规范而行事，培养起消极无为的习性，从而导致有效地侵害了生产和生产力。他 90
还在一定程度上认识到利润创造在私有制体系内的作用，但并不特别关心“去工匠化的结果”(unworkmanlike results)。不过，重要的是他揭示了“滞后”的结构机制。但许多社会科学家在使用“文化滞后”这个观念时，洗白了它的政治意涵，从而也丧失了任何具体的、结构性的附着。他们将这个观念给一般化了，以求用于一切，但始终是散碎凌乱的。

四

要探究实践中的问题，势必会做出评价。被自由主义实用派当成“问题”的，往往属于以下情况：(1)偏离中产阶级和小城镇习惯的生活方式；(2)不遵从追求稳定和秩序的乡村原则；(3)与“文化滞后”的乐观主义进步观口号不合拍；(4) 不切合适当的“社会进步”。不过，(5)“调适”(adjustment)及其对立面“失调”(maladjustment)的观念也从许多方面揭示了自由主义实用取向的关键所在。

这个观念往往很空洞，没什么具体内容；但一般来说，它的内容其实就是宣传要遵从理念上与小城镇中产阶级相维系的那些规范与特性。但“适应”(adaptation)这个术语所蕴含的生物学比喻却遮掩了这些社会道德内涵。事实上，与这个术语相伴而来的，是“存在”(existence)和“维存”(survival)这类在社会维度上殊无意义的术语。“调适”这一“概念”借助生物学比喻，变得形式化、普遍化。但这个术语的实际运用却往往表明，用者接受了所处小共同体情境的那些目的和手段。许多论者建议使用据信比其他选择较少引起干扰的技术，以求实现既定目标。但他们通常并不会考虑，如果不对作为整体的制度框架做些调整，那些困于不利情境的特定群体或个体是否有可能实现这些目标。

调适的观念似乎可以径直用于这样一种社会舞台，台上一方面有“社会”，另一方面有“个体移民”。然后移民必须针对社会做出“调适”。“移民问题”很早就属于社
91 会学家的关注核心，用来陈述这个问题的那些观念也很

可能融入梳理一切“问题”的一般模型。

如果细致考察有关失调的具体描述，我们不难推出，都是什么类型的人会被评判为已经实现了理想意义上的“调适”：

对于上一代的社会学家，乃至整体上的自由主义实用派而言，理想的人就是“社会化了的”人。这种理念往往意味着他在伦理上是“自私”的对立面。作为社会化的人，他考虑着别人并友善待之。他不会兀自冥想或闷闷不乐，相反，他颇为外向，渴望“参与”所在共同体的日常活动，帮助这个共同体以可调适的匀整节奏“进步”。他参加许多共同体组织，并以它们为归属和目标。就算不是一个毫无保留的“成员”，他肯定也十分积极。他乐于遵从传统道德，顺应传统动机。他还乐于参与可敬制度的不断进步。他的父母从未离婚，他的家庭从未遭受无情破裂。他是“成功的”，至少是低调的成功，因为他满怀抱负却保持低调。可他不会琢磨太超出自己能力的事情，以免自己变成“空想家”。作为一名正经妥当的小人物，他并不奢望发大财。他的有些品质过于寻常，乃至于我们无法说出个中的意味。但他也有些品质颇为特别，我们由此可知，这个人身处局地情境，已经求得调适，他的品质符合某些人所期待的规范，这些人一般是住在美国小城镇里的中产阶级，眼界局促，独立自处，亦步亦趋地活出新教徒的理念。

我倒是乐意接受这种令人安逸的自由主义实用取向

的小世界，它想必存在于某个地方，否则也一定会被创造出来。而就创造它来讲，似乎没有什么人群在理念上比上一代美国社会学家的寻常成员更合适，也没有什么观念比自由主义实用取向更有助于这项任务。

五

过去数十年来，除了旧有的实用取向，又冒出来新的一种，事实上，是好几种新类型。自由主义已经变得
92 越来越不再是一种改良思潮，而是福利国家中对于各项社会服务的管理。社会学已经丧失了它的改良动力，愈益偏重于支离破碎的问题，趋向于零散的因果关系，从而转向保守主义，为企业、军队和国家所用。随着这类科层机构日益主宰了经济、政治和军事诸秩序，“实用的”意思也发生了转换。人们认为，只有服务于这些大制度大机构的宗旨才能称得上“实用的”宗旨。①

或许我们能够用“工厂人际关系”学派来便捷地示例

---

① “社会问题”原本是自由主义实用取向在学院里的主要落脚点，但就连这个专业方向也已经体现出实用取向的新旧类型的转换。“社会解组”课程已不再维持原状。到了 1958 年，践行这类价值的人对于自己秉持的价值有了更为成熟的自觉意识。从政治上说，这块领域已经在一定程度上融入了整体意识形态，成为福利国家中的关键压力群体和行政辅助中的一员。

新型的非自由主义实用取向(*illiberal practicality*)。[1]如果我们看看这种风格的“文献”中指涉管理者和工人的所有用语，就会发现，谈论管理者时，基本都是沿循“聪明—不聪明”“合理—不合理”“有见识—没见识”这样的路数，而提到工人时，基本都是沿循“快活—不快活”“有效率—没效率”“士气高—士气低”这样的路数。

这些学者提出的建议，无论是直截了当还是间接默含，大多可以精确概括为如下简单公式：要让工人快活、高效、合作，我们只需要让管理者聪明、合理、有见识。这就是有关工厂人际关系的政治公式吗？如果不是，那还包括什么？如果是，结合实际地讲，这个公式难道不是把工厂关系的有关问题给“心理学化”了吗？它所依赖的基础，难道不就是有关各种利益之间的自然和谐的古典公式吗？只是现在这些公式令人遗憾地掺杂了人际关系的脆弱性，体现为管理者的不聪明，工人的不快活、不理性。基于这些研究而概括出的建议，能在多大程度上让人 93
事管理者通过增进对于雇员的理解，抵消他们针对管理方的非正式团结，放松自己自恃权威的做派，放宽对于雇员的操控，以此确保更为宽松、顺畅、有效的管理？上述种种，在士气(morale)这个“概念”中凸显无遗。

---

① 有关“梅奥学派”(The Mayo School)的详细描述，参见 Mills，“The Contributions of Sociology to Studies of Industrial Relations”(《社会学对工业关系研究的贡献》)，in *Proceedings of First Annual Meeting of Industrial Relations Research Association*，Cleveland，Ohio，1948.

在现代工厂工作，就是在等级制下工作：这其中有一条权威的脉络，因此自下观之，就存在一条服从的脉络。大量的工作是准例行化的，这意味着为了提高产出，每一位工人的操作都是条块细分，模式固定。如果我们把工厂结构的等级制性质和大部分工作的准例行化特征这两桩事实结合起来，就会清楚看到，现代工厂中的工作包含着纪律：迅速地、相当模式化地服从权威。所以，人际关系专家如此遮遮掩掩地处理的权力因素，其实对于充分理解士气问题可谓至关重要。

说到底，工厂既是实施工作的场所，也是形成社会关系的场所。有鉴于此，要界定士气何谓，我们就必须同时考虑客观标准与主观标准。**从主观角度上说**，士气似乎意味着愿意去做手头的工作，高高兴兴去做，甚至享受做的过程。而**从客观角度上讲**，士气好像是说工作做得富有效率，以最短的时间、最少的麻烦、最小的开支，完成最多的工作。因此，现代美国工厂中的士气必然涉及工人这一方的乐于服从，其结果是工人富有效率地执行手头工作，而这当然是由管理方来评判。

任何有关“士气”的观念要想明晰，都要求阐明用作标准的价值。似乎存在着两种相关价值，一种是工人的快活或满足，另一种是他有何等权力决定自己工作生活的进程。如果我们稍稍扩展一下思维，就会记起，有一种“士气”是自我管理的工匠所特有的，他参与决定自己的工作，也乐于这样做。这是亚当·斯密和杰斐逊式的未被异化的人，或惠特曼(Whitman)笔下“自然生长的人”(man in the open air)。我们还会想起，由于引入了 94
大规模等级制的工作组织，要设想这样一种人所需要的全部预设都已经变得十分荒谬。事实上，单单引入这一项因素，就可以基于颇为严格的逻辑，从经典自由主义中演绎出经典社会主义。如此一来，从所谓“工人控制”的经典观念中，就可以构想出第二类“士气”，事实上这类士气也已经构想出来了。而想象这种形式时，针对的就是处在大规模集体工作的客观条件下未被异化的人。

与人际关系专家眼中的这两类“士气”相反的是无权无势却还乐呵呵的工人的士气。当然，被归入这一类的人也是五花八门，但关键在于，如果不改变权力结构，就不可能有任何集体性的工匠之道或自我指导。“人际关系”专家所构想出的士气属于这样一些人，他们已经被异化，但服从于被管理的或合惯例的对于“士气”的期待。“人际关系”专家设定现存的工厂框架不可变异，设定管理者的目标就是所有人的目标，就不会考察现代工厂的权威结构，不会考察工人在里面扮演的角色。他们对于士气问题的界定非常狭隘，并通过运用其技术，力求向他们的管理方客户揭示，该如何在现存的权力框架内提升雇员士气。他们的努力本身就是操控性的。他们会允许雇员“宣泄减压”(blow off steam)，而不改变他在其中活过自己工作生涯的那个结构。他们业已获得的“发现”如下：(1)在现代工厂(所谓“正式组织”)的权威结构内部，存在地位组合(status formations)(所谓“非正式组织”)；(2)这些地位组合会抵抗权威，发挥作用，保护工人对权威的对抗；(3)因此，管理方要想提高效率，防御“不合作”趋势(工会和工人团结)，就不应该试图拆散这些组合，而应当设法为己所用(“为了整个组织的集体宗旨”)；(4)承认并研究这些组合，就有可能实现上述任务，以便操控其中涉及的工人，而不是保持一
95 味发号施令的权威做派。换言之，人际关系专家已经延伸了现代社会的整体趋向，即以明智的方式将其合理化，服务于管理精英。①

---

① 当然，也不能就设定，社会科学家在这块研究领域里的表现丝毫不比研究工厂人际关系的这个学派高明。正相反，已经有了许多出色的研究作品问世，而更多的研究目前还在进行，如下列学者的作品：查尔斯·E. 林德布罗姆(Charles E. Lindblom)、约翰·T. 邓拉普(John T. Dunlap)、威廉·福姆(William Form)、德尔伯特·米勒(Delbert Miller)、V. L. 艾伦(V. L. Allen)、西摩·李普塞特(Seymour Lipset)、罗斯·斯塔格纳(Ross Stagner)、阿瑟·科恩豪泽(Arthur Kornhauser)、威廉·H. 怀特(William H. Whyte)、罗伯特·迪宾(Robert Dubin)、阿瑟·M. 罗斯(Arthur M. Ross)……就聊举数例吧。19世纪社会科学的重大论题之一，就是在现代资本主义的演进过程中，人们被结构性变迁推动着，陷入缺权少力的境况，同时又在心理维度上变得躁动不安，索求过度。据此可以构想出历史发展的核心脉络：随着理性自觉和知识的扩散，工人们会以新的集体联合的方式觉醒，摆脱异化，发展成胜利的无产阶级的士气。卡尔·马克思有关结构性变迁的讨论大多非常正确，只是对于变迁的心理后果，他看走了眼，也不够充分。在士气这个观念中，工厂社会学的理论问题达到了学术上和政治上的极致，同时也成了要去探讨异化和士气的几种类型的问题，当我们系统地考察权力的结构，考察其对于工人的个体生活具有的意义时，就会碰到这样的问题。它要求我们考察心理性转换会在多大程度上相伴结构性转换而来，两者各自的起因又何在。正是在这类方向上，蕴含着有关现代人的工作生涯的社会科学的承诺。

六

新的实用取向带来了社会科学的新形象，也带来了社会科学家的新形象。新的机构出现了，包括工业关系中心，大学的研究部门，企业、空军和政府中的新设研发分支，安置了这种非自由主义的实用取向。它们并不关注生活在社会底层的那些饱尝打击的人们，如惹是生非的坏小子、有失检点的烂女人、居无定所的流动工、尚未归化的移民。恰恰相反，无论在事实上还是在幻想中，它们都关联着社会的顶层，尤其是那些通晓事理的工商经理和掌握大笔预算的军队将领。社会科学家们和远超福利机构和县府农业家政顾问[①]的高层级公私权力结成了 96
专业上的关系，这在其各自的学科发展史上都是头一遭。

他们自己的定位从学院转向科层，他们面向的公众从改良运动转到决策集团，他们研究的问题从自己的选择转为新主顾的要求。学者自己在思想上的叛逆对抗往往趋于和缓，更加迎合行政管理的实用考虑。他们大体接受了体制现状，倾向于从管理者相信自己面对的那些困扰和议题中梳理出问题。我们已经看到，他们研究的是不安现状、缺乏士气的工人，考察的是“不理解”管理人际关系艺术的管理者。他们还兢兢业业地服务于传媒

---

① “county agent”，是美国联邦政府和州政府联合聘用，为各县农民提供农业和家政方面的咨询指导的人。——译注

广告业的商企目的。

对于处理“人际关系”的管理技术专家，和给作为权力体制的工商企业提供的新的正当性辩护而言，需求都大大增加了，而新型实用取向就是学院对此趋势的回应。对于人员和意识形态的这些新需求之所以出现，是因为美国社会里的一些具体变迁，如工会兴起成为竞夺效忠的核心，以及萧条期间公众对于工商业的厌憎；也因为现代企业权力的规模庞大，高度集中；还因为福利国家愈益扩张，得到公众接受，并加强了对于经济事务的干预。诸如此类的发展趋势也都体现在商界高层的转化中，他们从所谓经济上讲求实用的保守主义，转向了政治上老于世故的保守主义。

实用保守主义者还带有乌托邦式资本主义的自由放任意象，从未真正接受工会是政治经济体制的必要属性或有用属性。一俟可能，他们就会敦促解散工会或对工会加以限制。在这里，就现在，实用保守主义者的公开目标一向是争取私人获利的自由。这种直言不讳的观点依然盛行于许多小型企业圈，尤其是零售商，但在大型企业那里也是如此。其中最大的几家企业，如通用汽车公司和美国钢铁公司，相较于其他大企业而言，往往更
97 明显地体现出它们所称的保守主义的那种“实用取向”。
纵观历史，实用保守主义有赖于一点：事实上，商人从未觉得需要有什么新创的或更老于世故的意识形态，他

们的意识形态的内容与广泛流传、不受质疑的公共观念的内容可谓水乳交融。

当新的权力核心尚未合法化，尚无能力用既有的权威符号来掩饰自己，却已逐渐兴起时，就需要有新的意识形态来给出正当化辩护。老于世故的保守主义者的特点，就在于用着自由主义的符号，却是为了保守主义的目的。他们的源起至少可以回溯到19世纪末20世纪初，当时的工商业正受到专注揭露丑闻的调查人员和一意清除积弊的新闻记者的攻击。在大萧条的氛围之下，加之通过了《瓦格纳法案》[①]，他们再度得到发展。而在第二次世界大战期间及战后，他们开始占据支配地位。

与右翼实用主义者的普通成员截然相反，老于世故的保守主义者非常敏锐地捕捉到了赢取利润所面临的新的政治条件：在当下的经济体系里，强有力的工会与强有力的工商联盟针锋相对，共处于不断膨胀的自由主义国家的管理框架中。他们迅速看出，在这个时代，当工会和政府彼此竞夺工人和公民们的忠诚时，就需要有新的符号来为自己的权力提供正当化辩护。

---

① 《瓦格纳法案》(*Wagner Act*)，正式名称是《国家劳工关系法案》(*National Labor Relations Act*)，为美国在20世纪通过的最重要的劳工立法。来自纽约的参议员、民主党人罗伯特·瓦格纳(Robert Wagner)提出法案，规定联邦政府是劳资关系的管理者，也是最终仲裁者。法案设立常设的全国劳工关系局，保护工人组织自己选择的工会的权利，并鼓励集体谈判，禁止雇主推动建立内部独立工会和解雇或歧视组织或参加工会的工人。——译注

在新型实用取向下，工商业者的关注点通常显得一目了然。但教授们呢？他们的关注点是什么呢？与工商业代言人不同，他们首要关注的并不在于实用取向的赢利性、管理性或政治性等方面的意义。对他们来说，诸如此类的结果基本只是通向其他目的的手段。我认为，其他目的最终汇聚在他们自己的“生涯”上。诚然，有了新的研究活动、新的咨询业务，自己的薪酬也可能有些许增长，教授们肯定也会欢迎的。他们不一定满足于帮助管理者在管理其工厂的时候，挣的钱更多，惹的麻烦更少。他们帮着为既存的工商权力打造更可接受的新型意识形态，自己的权力也不一定会大幅提升。只要他们还是学者，那些学术之外的目标就不一定聚焦在这样的满足感上。

98 工商业和政府总体规模得到扩张，也愈显科层特征，企业、政府和工会之间也出现了新的制度关系，这两点趋势都促生了新的工作机会。在一定程度上，学者们的参与就是对此做出的回应。这些发展趋势意味着对专家的需求不断增长，与此相应，职业生涯不仅在大学内部，也在大学外部开启了。为了回应这些外部需求，高等学术中心愈益倾向于生产看似不涉足政治的技术专家。

即使那些留在学院中的人，也已经可以选取一种新式的职业生涯，不同于旧式的教授。我们不妨称之为“新式企业家”的生涯。这类雄心勃勃的顾问，通过确保大学外部的声望乃至小规模的权力，也能推动其在大学

内部的职业生涯。最重要的是，他能够在校园内设立一所财源可观的研究与教学机构，将学术共同体带入与现世人事的鲜活接触。这群新式企业家置身自己那些更固守书斋的同事中，往往可能成为大学校务的领导者。

我想我们必须承认，美国的学术职业常常不能够使那些雄心勃勃的人满足于单纯的学术生涯。这门职业的声望尚不能抵消往往连带着的经济上的牺牲。许多学者所得的薪酬以及由此铸就的生活方式常常颇为凄惨，再加上他们意识到，相比于已经赢得其他领域里可以获取的权力与声望的那些人，自己往往聪明得多，这就更加剧了他们的不满。在这些闷闷不乐的教授看来，社会科学的管理应用方面的新发展提供了能让人满足的机会，这么说吧，可以不必当上院系老大，去当经理好了。

不过，即使在愈发急切的年青一代里面，也时不时有证据表明，这些新式的职业生涯能把教授们拖出学院陈规，也完全可以把他们丢进至少同样令人不快的某种境地。无论如何，这一切令人担忧，新式学院企业家常常显得并不清楚自己的新目标究竟是什么。事实上，就连可以从哪些方面界定成功实现了这些模糊目的，他们也往往显得心里没谱。这不正是导致他们深陷心烦意 99
乱、焦躁不安的心境的根源所在吗?

美国的学术共同体作为整体，在道德上是对自己已然涉足其间的新型实用取向开放的。无论大学内外，处在学术中心的人们都成了行政管理机器里的专家。这无疑使他们的关注，使他们原本可能有的政治思考格局趋于狭隘。美国的社会科学家们作为一个群体大规模地参与政治，这种事情就算曾有，也是相当罕见的。而转向技术专家角色的趋势更加固了他们与政治无涉的姿态，减少了(就算可能有)他们的政治涉入，由于弃之不用，他们就连把握政治问题的能力也往往弱化了。你经常会碰到一些新闻记者，相比起社会学家、经济学家，甚至我要遗憾地说，相比起政治学家，他们在政治上都要更为敏感，更有见识。之所以如此，上述趋势也是原因之一。美国的大学体制就算能提供政治教育，也是非常少见的，它很少教学生如何评估现代社会中整体权力斗争的事态。对于共同体中叛逆反抗的这些部分，绝大多数社会科学家很少甚或毫无持久接触。不存在一家左翼出版社，能让一位普通的学术从业者在其职业生涯当中，与之结成相互教育的关系。不存在一股运动，能为政治知识分子提供支持，赋予声望，更不要说给份工作了。而在劳工团体中，学术共同体即使有什么根基，也是微乎其微的。

凡此种种，意味着美国学者的处境如斯，使其有可能不经过任何意识形态的切换，不背负任何政治上的愧疚，就欣然承纳新型实用取向。因此，要是说什么人在“出卖自己”，未免既欠妥当，也太天真。要知道，只有当真有什么东西在出卖的时候，使用这类尖刻的言辞才是恰如其分的。

第五章　科层制气质

在过去25年间，社会科学的管理用途和政治意涵 100
发生了决定性的转变。“社会问题”在早前的那种自由主义实用取向依然还在起作用，但已经在更新近的管理型、操控型保守主义用途面前相形见绌。这种非自由主义的新型实用取向形式多样，但称得上是一种影响整个人文学科的总体趋势。要讨论它的气质，不妨首先以反映其显著合理化的例证作为导引。“对于那些计划成为一位社会学家的学生，最后需要告诫一句，”保罗·拉扎斯菲尔德如此写道：

> 他可能会担忧世界局势。战端重启的危险、社会体制之间的冲突，还有迅猛的社会变迁，他在自己国家观察到的这一切或许让他觉得，有关社会事务的研究可谓当务之急。危险在于，他可能指望自己就钻研社会学那么几年，然后就有能力解决所有现行问题。不幸的是，实情并非如此。他将学习更

> 好地理解周遭事态。偶尔他也会找到展开成功的社会行动的指引。但社会学尚未发展到如许阶段，能**为社会工程**提供**安稳的基础**。……从伽利略到工业革命开始，自然科学花了大约250年，才能对世界历史产生重大影响。而经验性社会研究的历史只有三四十年。指望从后者那里求取快捷答案以解决重大世界问题，一味要求它给出直接实用的结论，只会破坏它的自然发展进程。①

近些年来人们所称的“新社会科学”，不仅指抽象经
101 验主义，也包括非自由主义的新型实用取向。这一说法兼指方法和用途，并且完全可以成立：因为抽象经验主义的技术及其科层用途如今一般都融为一体。我认为，如此融为一体，就会导致科层式社会科学的发展。

就目前人们践行的抽象经验主义而言，其存在本身及影响的方方面面特征都呈现出一种“科层式”的发展。(1)抽象经验主义风格的学术操作努力要把社会研究的每一个阶段都变得标准化、合理化，就此越来越变得“科层式”。(2)这些操作如此做派，使得有关人的研究往往变得集体化、系统化。只要抽象经验主义被妥当贯彻了，那些研究机构和政府机构就会发展出各种惯例，和任何企业的财务部门一样讲求合理性，不是为了别的

① Paul Lazarsfeld，op. cit.，pp. 19-20. 黑体为引者所加。

目的，就是为了提高效率。(3)而这两种发展趋势又在很大程度上关系到在学校教职员工中筛选和塑造新型心智品质，这些品质既有思想上的，也有政治上的。(4)当“新社会科学”被用于工商业，尤其是广告业的沟通部门，被用于军队，以及愈益增多地被用于大学，也就开始服务于其科层主顾可能持有的任何目标。那些倡导并践行这种研究风格的人，很容易从其科层主顾和头领的政治视角看问题。而采取这样的视角，往往也就顺其自然地接受了它。(5)诸如此类的研究努力确实能卓有成效地达成它们所宣称的实践目标，因此有助于提高现代社会中科层形式的支配的效率，增进其声名，到一定程度也会促进这类支配的流行。但无论是否有效地达成了这些公开宣示的目标(这个问题有待商榷)，这些研究努力的确有助于将科层制气质传播到文化生活、道德生活和思想生活的其他领域。

一

恰恰是这些最急切地想要摸索出道德上冷静客观的方法的人，却最深入地参与了“应用性社会科学”和“人类工程”，这似乎颇为讽刺。既然抽象经验主义做派的研究耗资不菲，那就只有大型机构才能轻松负担，其中 102
包括企业、军队、政府，以及它们的分支机构，尤其是广告、推销和公关部门。基金会同样也能负担，但是掌管基金会的人员做起事情来，往往倾向于遵照实用取向的新典范，也就是说，从科层角度来看是适宜的新典范。其结果是，这种风格就已经逐步体现在确定的机构核心中：(20 世纪)20 年代以后的广告和市场部门，30 年代开始进入企业和综合民调机构，40 年代以后蔓延到学术生活，特别是一些研究机构，而到第二次世界大战期间，扩展到了联邦政府的研究部门。机构模式目前还在不断扩张，但上述这些依然是其坚强堡垒。

这些所费不赀的技术颇具形式主义，这倒使它们特别有助于为那些有能力并乐意掏钱的人提供他们所需要的那类信息。新的应用研究的焦点一般会落在具体的问题上，旨在针对实际的举措，也就是资金和管理方面的举措，搞清楚存在哪些可行方案。都说只有发现了"一般原则"，社会科学才能提供"可靠的实践指导"，但事实绝非如此。管理者往往需要了解某些细节性事实和关系，但他需要了解或想要了解的也就只限于此。践行抽象经验主义的人往往不太在意要设定自己的实质问题，所以他们非常乐意改变自己对于具体问题的选择。

从事应用性社会研究的社会学家通常不会以"公众"作为自己的受众。他有自己特定的客户，后者各自有其利益(interests)和难局(perplexities)。从公众转向客户，显然破坏了漠然超然的客观性(objectivity-as-aloofness)这一理念，该理念或许有赖于对缺乏焦点的模糊压力做出回应，所以更取决于研究者的个人兴趣(interests)，而后者可能不经意间分散多处，因此难以操纵。

对于学院人士的职业生涯来说，任何“思想流派”都是有意义的。要界定什么是“好的研究”，就是看它如何契合于特定的流派，因此学术上的成功往往有赖于主动接受占据支配地位的流派的信条。只要还存在许多个或 103
至少几个各持异见的“流派”，这种要求就并不需要强加给任何人，在一个不断扩张的职业市场上就更是这样。

在从事社会科学研究的个体治学者和第一流的研究之间，除了他自己的个体局限，并没有多少别的阻碍。但这样一种无所依附的人并没有能力去做规模相称的抽象经验研究，因为要想实施那类研究，必须有某个研究部门充分发展起来，提供相应的材料，或许我应当说是相应的工作流程。要践行抽象经验主义，就要求有一家研究机构，从学术角度上讲，还需要有大笔的资金支持。随着研究成本的增长，随着研究团队的形成，随着研究风格本身变得耗资庞大，对于分工的企业化控制也就随之而来。过去认为，大学就是一群职业同侪的圈子，他们各授其徒，各行其艺。这种旧观念慢慢被新的观念所取代，即认为大学是一套从事研究的科层组织，各自包含一组精详的分工，因此也就各自容纳一群知识技术专家。即便没有别的理由，就为了有效地利用这些技术专家，也越来越有必要系统地编撰程序步骤，以便人们学习掌握。

研究机构也很像是一种培训中心。它和其他机构一样，挑选某些类型的心智，并通过提供酬报，对某些心智品质的培育发展给予鼓励。在这些机构中，除了比较老派的学者和研究者外，还出现了两类对于学术舞台来说颇为新鲜的人。

其一是学术管理者和研究推销者，对于他们，我感觉自己已经说不出什么学术圈里还不熟悉的事情了。他们的学术声望有赖于他们的学术权力，他们是“委员会”的成员，他们跻身“董事会”，他们能给你工作岗位、旅费报销、研究资助。他们是一群奇特的新型官僚。他们是心智经理人，是专司基金会的公关人员。对他们和任何地方的推销者与经理人来说，备忘录正在取代书本。
104 他们可以极富效率地创立另一项研究规划或机构，也能管理“书本”的生产。他们谈论起自己的研究来，时间单位是“天文数字一般的技术劳动工时”。与此同时，我们也不能指望会有多少实质性的知识：首先必然会有许多方法论探究，它们探究方法，探究探究本身，因此整个探究必然都是“前导性研究”(pilot studies)。许多基金会管理者喜欢把钱拨给某些类型的规划：相比于数量更多的个体手艺型规划，那些规划规模较大，从而也较好“管理”；那些规划的“科学性”(Scientific)带有大写的“S”，往往只是意味着由于只处理琐碎话题从而比较“安全”(safe)，因为它们并不希望被弄成政治关注的对象。有鉴于此，大型基金会往往会鼓励对小规模问题进行大规模的科层式研究，并寻找能够胜任此项工作的学术管理者。

其二，还有一批比较年轻的新入行者，与其说他们是社会科学家，不如将他们描述成研究技术专家。我也明白，这个讲法有些横扫一片，但我会谨慎使用。要理解一种思想风格的社会意涵，我们必须始终分清领导者与追随者，分清锐意创新的人和墨守成规的人，分清创建它的“第一代”和贯彻它的第二代、第三代。所有的流派，如果取得了成功，都会包括这两类人，因为这恰恰是判断一个流派的“成功”的标准之一。它还是把握成功在学术上的后果的一条重要线索。

寻常追随者与创新者、奠基者各自特有的心智品质往往会有差别。在这一点上，思想流派之间的差异是非常深层的。这些差异在相当程度上取决于每个流派的研究风格允许或鼓励什么类型的社会组织。至少我们这里考察的风格的一些创新者和管理者的心智都是非常有教养的。他们在年轻的时候，在这种风格尚未繁荣的时候，就吸收了西方社会数一数二的那些思维模式。这样的人有着多年的思想文化阅历。他们都是货真价实受过教育的人，富有想象力，清楚自己的感受，有能力不断增进自我修养。

但要说到第二代，那些年轻人来自美国高中这种思 105
想贫乏的背景，使他们在阅历上无法与奠基者比拟，我想大家会同意这么说。他们在大学里的功课多半有所欠缺，虽说我并不能确定，但至少有理由怀疑，这类研究机构能选到的学生算不上特别聪明。

一旦仔细打量这些年轻人，我很少看到其中有哪一位处在真真切切的思想困惑境况中。我也从未看到有谁对某个重大问题抱有由衷的好奇，而正是这种好奇推动着心智任意驰骋，千方百计在有必要的时候重塑自身，以求**有所发现**。在这些年轻人身上，有条不紊多过焦虑不安，沉稳耐心多过富于想象，最关键的是，他们都很教条，无论从这个词的哪一种历史意涵和神学意涵来说都是如此。当然，其中某些只不过是如今美国大专院校里众多学生令人遗憾的思想境况的局部表现，但我的确相信，在践行抽象经验主义的研究技术专家里面，这种状况尤其显著。

他们选择社会研究作为职业生涯，早早进入非常狭隘的专业分工，并对所谓“社会哲学”养成了一种漠然乃至蔑视，认为它意味着“从其他书本里攒出书来”，或“无非是些玄想思辨”。听听他们彼此之间的交谈，试试掂量一下他们那份好奇的品质，你会发现其心智的局限简直要命。社会世界让如此众多的学人感到奥妙难解，却不会让这些人生发困惑。

科层式社会科学在宣传上的力量大多源于它在哲学上诉求的是所谓“科学方法”；而它吸纳新人的力量则大多在于，对个体进行培训，并送他们步入一段有未来的职业生涯开始工作，相对比较容易。在这两种情况下，有编码明晰的方法，有方便接触的技术专家，就是获得成功的主要诀窍。在有些奠基者那里，经验研究技术是为想象力服务的，诚然，想象力往往奇怪地遭到抑制，但你总会觉得它在那里。当你和一位奠基者交谈时，你总是在和一个独立的心智打交道。而一旦一位年轻人在这种事情上耗了三四年光景，你其实无法和他讨论有关如何研究现代社会的问题。他的立场和职业生涯、他的 106
野心和那份自尊，在很大程度上就只是基于这一种视角，这一组词汇，这一套技术。说实话，除此之外，他一无所知。

在这类学生中，有些人身上的智力本身往往与人格相脱离，而这在他们看来，正是一种训练有素的小把戏，他们希望能成功推销开去。他们属于人文素养贫乏的人，生活中参照的价值排斥了任何源自对于人类理性的尊重的东西。他们属于充满干劲、野心勃勃的技术专家，教育成规有缺陷，所怀需求也令人败坏，这些都使得他们无法养成社会学的想象力。你只能指望，当这些年轻人中有足够多的人爬到了他们职业生涯中的副教授层级时，会出于某种思想转变，意识到其实他们再也不依赖那些没穿衣服的皇帝了。

抽象经验主义的做派，它所维持的方法论上的约束，它的实用取向关注的焦点，它的机构倾向于选择和培训的心智品质——这些发展趋势都使得有关社会科学的社会政策的问题愈发紧迫。这种科层风格及其机构体现都符合现代社会结构及其特有的思维类型所呈现出的主流趋势。我认为，如果不认识到这一点，就无法说明其原因，甚至不能充分理解它。事实上，这些社会趋势，影响的不仅是社会科学，也是美国整个的思想生活，实际上还影响到了理性在今日世间人事中所扮演的角色本身。

争议的焦点似乎一目了然：如果社会科学并不独立自主，就不可能成为一项对公众负责的事业。由于研究的手段变得越来越规模庞大、耗资不菲，研究也就往往被“征用”了。有鉴于此，只有当社会科学家以某种集体性的方式，对这些研究手段实施完整的控制，这种风格的社会科学才能真正实现独立自主；只要社会科学家个体的研究依赖于科层机构，就会逐渐丧失其个体自主；
107 只要社会科学由科层式研究组成，就会逐渐丧失其社会维度和政治维度的自主性。我的确是想强调“只要”，因为显然我这里讨论的并不是我们所面临的全部事态，而是一种趋势，尽管是一种主要的趋势。

二

我们要想搞明白某个思想文化工作领域的发展现状，就必须弄懂它直接所处的社会背景。因此，现在我必须岔开去，简单谈谈学院派系。当然，如果一个观念生机强韧，意义显著，那么任何特定的大佬或者派系都无非是其风靡一时的符号，事实也的确如此。不过，“派系”（cliques）、“大佬”（personalities）、“学派”（schools）的整体情况要比这复杂得多。它们对于塑造社会科学发展态势发挥着重要作用，值得引起我们更多的警醒。任何文化活动都要求得到某种资金支持，同时，也得有某种公众通过批评来帮助该活动，就冲这个原因，我们就必须直面它们。无论是提供金钱还是提出批评，都不是仅仅基于客观的价值的评判，更何况对于评判本身的客观性也好，对于价值也好，通常都存有争议。

学院派系的功用不单在于调控竞争，还在于确立竞争规则，并随时依照这些规则为所做的工作分配酬报。派系在思想上最重要的特征，就是据以评判人物、批评工作的那些标准（canons）。我前文已经谈了科层式社会科学的“技术专家气质”，谈了它们的心智品质，谈了它们如何影响到声望的打造，以及由此影响到社会科学中的主导时尚，影响到通行的评判标准，这里只需要再补充谈谈派系通过哪些手段完成内部任务，包括给予新进后学以善意指点，提供工作岗位，推荐晋升机会，把著作呈交给受人敬仰的评论人，乐意接受文章发表和著作
出版，分拨研究经费，在专业协会和专业期刊编委会里 108
安排或游说体面的职位。这些手段等于是在分派学者个人的声望，而这又会在相当程度上决定他的学术生涯，

就此而言，它们既影响到他在职业上的声望，又影响到他在经济上的前景。

曾几何时，人们一般预期学术声望乃是基于著作、研究、专论的发表，总之是基于观念和学术作品的发表，基于学术同行和头脑清楚的票友对于这些作品的评判。至于社会科学和人文学科中情况为何如此，原因之一在于，过去的学术界里在能力方面并没有什么享有特权的位置，一个人是否具备能力，可以接受核查。对于像公司老总这样的人，他声称的能力究竟是来自其个人才干，还是源于他借助其位置而能获得的权力和便利，却很难搞清楚。但由于老派的教授们像工匠那样进行研究，这种对于学者研究的怀疑毫无立足之地。

然而，新式的学术活动家(academic statesman)就像工商经理和军事首领，借助其声望特权而获得展示能力的手段，而这样的能力必须与其个人能力相区别，可在其声望笼罩之下，两者却又不是那么容易分辨。常任专业秘书，来往图书馆跑腿的文书，电动打字机，听写设备，油印机，或许还有每年三四千美元的用来买书订杂志的小笔经费，如此等等——就连这些不起眼的办公设备和职员配备都会大大增进任何学人的能力外观。这些人事财物配备在任何工商经理看来，都会觉得微不足道，一笑置之，但学院教授们却不会这么看。很少有教授，哪怕是高产的教授，能够高枕无虞地拥有这类便利。但这些配备却是充实资格能力、增进职业生涯的手段，而安定的派系成员有资格得到这些的机会，远胜于保持无所依附的学人身份的人。派系的声望增加了获得这些配备的机会，而拥有这些配备又会增加制造声望的机会。

因此，我认为，这种状况有助于说明人们如何有可 109
能获得可观的声望，但说实话却不曾有多少产出。对于这种人，一位在意身后之事的同事最近以颇为客气的口吻谈道：“只要他还活着，他就是所在领域最显赫的人，而死后半个月，就没人会记得他了。”这种说法如此尖刻，或许也证明，活动家们在其学院派系倾轧的世界里必然常常深陷焦虑，困苦不堪。

如果在某个研究领域，几个派系之间相互竞争，那么几位竞争者之间的相对位置往往会决定派系策略。居首的派系自然会期望规模较小、不被重视的派系玩一阵就该退出江湖了。后者的成员会被忽视、击败或拒弃，最终淡出舞台，没能培养出接班人。我们始终要记住，派系的一项重要功用，就是培养学术上的接班人。说一个派系无关紧要，等于是说它在这种培养方面不会有多少声音。但假如说有两个领头的学派，各自的领军人物都很有权力，也都得享尊荣，那么这两个学派之间的关系往往会变成合并的问题，会变成打造一个更大的联盟的问题。当然，如果一个学派遭到外人或其他派系的有力攻击，最先采取的防御策略之一就是否认真的有什么派系乃至学派。正是在这类场合下，活动家们(statesmen)回归了他们政客(statesmen)的本色。

对派系来说重要的任务，往往会与对于学派的实际工作具有重要性的任务混淆一处。在新进后学当中，这一点会影响到他们职业生涯的机会；而对资历较老的人来说，派系会额外奖赏管理、推销、政治和交际等方面的一技之长。尤其是这些前辈，他们的声望基础因此可能变得非常暧昧。外人或许会问，这个人声望这么高，究竟是因为实际完成的工作的学术价值，还是出于他在派系中的位置?

110 我们一旦考察派系之间的关系，立刻就会遇到有些特别的人，他们不是哪一个派系的代言人，而是整个“领域”的代言人。他们并不只是一家企业的经理，而是整个行业的代言人。如果某人很想扮演代表整个领域的活动家的角色，通常就必须切实否认，在比如说某领域的两个领头派系之间，学术上并不存在什么真正的差异。实际上，他作为它们的联合代言人，学术上的首要任务就是揭示出“它们的工作其实是致力于同一目标”。他开始充当每个派系都宣称自己所特有的声望的象征，也充当它们“实际上”或至少是最终会达成的统一性的象征。他从每个派系那里借取声望，又将声望转授予它们。他就像是个经纪人，处理各方的声望调配。

比如，假定在某个研究领域里，有两个领头的学派，一个叫“理论”，一个叫“经验研究”。成功的活动家在两端之间忙碌穿梭。他在人们眼里，既像是兼在两者之中，又像是居于两者之间。他靠着自己的声望，似乎承诺“理论”和“经验研究”不仅可以相容，而且同属于作为整体的社会科学中某个整合一体的研究模式。而他自己就是这一承诺的象征。该承诺并非基于他实际写的什么书或做的什么研究，实情乃是：在所有为人称道的“经验研究”工作中，活动家寻求“理论”，其方式是完全碰运气的，而结果无一例外都能找到。而在任何值得称道的“理论”工作中，活动家也会寻求“经验研究”，同样，他们也以完全碰运气的方式，找到了它。这些“发现”相当于长篇书评，与其说是考察研究本身，不如说是在把声望分派给各人。这样完成的研究，真正把“理论”和“经验研究”展示为一体，如我前文所言，相当于一项承诺，一种象征。与此同时，活动家的声望也不依赖于任何这种研究，事实上，它几乎根本不依赖于任何研究。

我认为，所有这类活动家角色中，都含有一桩不幸的事实。扮演这类角色的人常常有着一流的心智，事实上，平庸之辈没有能力真正扮演这样的角色，虽说当然也有不少人竞相仿效，但只是徒具其名。活动家逐渐习
惯扮演这样的角色，而这会使其远离实际工作。他所积 111
攒的声望较之实际的成就是如此不相称，他所宣扬的承诺是如此宏大，往往会非常限制他具体从事“研究”。而当他真的在某项研究或著作中承担重要角色，他又会迟

迟疑疑，不想完成或公开发表，哪怕别人都觉得其实他已经完成了。然后，他就会抱怨自己肩负了好多委员会及其他活动负担，却同时大量接受了更多的此类负担，事实上，他往往还主动寻求这类负担。他作为活动家的角色本身既是他不从事具体工作的原因，也是他为此开脱的借口。他喋喋不休地抱怨自己深陷罗网，但其实又一定会继续作茧自缚，否则他作为活动家的角色就会被别人和他自己视为无非是借口而已。

派系的世界并不是学术界的全貌。学术界也有无所依附的人，他们其实形形色色，其研究也是丰富多样。从居首派系的角度来看，不妨认为无所依附者对派系的学派是友善的，或至少持中立态度。也许他们在研究中“博采众长”，或者只是不表现出“社会倾向”。他们的研究越来越受人青睐，或被评判为有长处、有用场或有价值，就此而言，派系的成员可能会力求吸引他们，为他们指点方向，最终招他们入伙。称颂如果只是相互称颂——出于派系成员，属于派系成员，为了派系成员——那是不够的。

但在无所依附者当中，也可能有些人并不参与游戏，不想通过宣扬声望捞好处。当然，有些人只是对此不感兴趣，醉心于自己的工作，而有的人则是对这类行径深恶痛绝。他们是学派工作的批评者。如果可能的话，派系会对这些人及其工作都忽略不见。但只有在派系本身享有真正崇高的声望的时候，这种简单的策略才是合适且安全的。不仅如此，只有当派系的范围几乎相当于整块研究领域，并近乎铁板一块地控制着该领域时，这种策略实施起来才是真正不失体面的。当然，情况通常并非如此。在同一块领域中，一般会有许多中立人士，会有些博采众长的实际研究者，以及其他派系。 112
其他相互关联的研究领域也存在，除此之外，还有各式各样学界之外的受众和公众群体，它们的兴趣或赞许搅乱了派系对于声望、名誉、生涯的铁板一块的控制，至少到目前为止是这样。

有鉴于此，如果不能对批评者视而不见，就必须采取其他策略。用来对学派成员进行内部管理的各种手段，当然也都可以用来对付敌对的外人。我只需要简单讨论一下其中之一：书评。这是调配声望最常见的手段。假设有一位无所依附的学人出了一本书，引起了足够的关注，再要视而不见就不合适了。简单粗暴的做法是将写书评的任务交给派系的某位大佬，尤其是大家知道的与作者观点相互竞争甚或针锋相对的人，或者至少是与对立观点有关联的人。比较高明的办法是将写书评的任务派给派系中某位人微言轻但正崭露头角的成员，他自己还没怎么发表作品，因此其观点尚未广为人知。这样做有不少好处。对于年轻人来说，这是对他的忠诚的回报，也是一次机遇，使他可以通过批评比他更有资历且更有名的人来赢得认可。而相比于将写书评的任务派给一位杰出学人，如此发落这本书也间接意味着它不那么重要。年轻人扮演这个角色也很安全：更有名的人出于某种势利心理，可能不愿“回应”评论。书的作者对专业评论者的批评做出回应并不是什么惯例，事实上，有些学术杂志的政策是不鼓励甚或不允许这么做。不过，就算评论得到了回应，其实也不意味着什么。所有既写评论也写书的人都知道，一切学术任务中最容易的就是用一两页纸“批驳”一本书，不管是什么书，而要以同等篇幅“回应”这样的评论几乎是不可能的。如果参与争论的所有读者都还算仔细地读过书本身，这倒也不是不可能，但我们无法假定如此，这就使评论者占尽优势。

如果说，无论被讨论的书高下如何，都会在所属领域内部或/和外部赢得大量关注，那么唯一要做的事情就是把写书评的任务派给派系的某位大佬，最好是活动
113 家，他会给出尺度合适的称赞，但不会多着墨于其内容，而是指出该书如何以自己的方式，对整个领域中富有前景的主导趋势做出了贡献。任何不做事轻忽、心思散漫的派系，都必须努力避免让这书落到另一位无所依附的学人手中，他首先会清晰准确地阐述书的内容，然后会从完全独立于学派、派系和时尚的角度来做出评论。

三

社会科学各类学派所使用的口号中，最常见的莫过于“社会科学的宗旨就在于预测并控制人的行为”。现如今，在某些圈子里，我们还能听到许多有关“人类工程”的讨论，这个没有明确定义的用语经常被误当作一项清晰显见的目标。人们相信它清晰显见，因为它依赖于“主宰自然”和“主宰社会”之间不被质疑的类比。有些人非常热衷于“把社会研究打造成真正的科学”，认为自己的工作在政治上保持中立，在道德上无所挂怀，那些习惯于使用上述用语的人，很可能就属于这类人。他们的基本观念通常都会被阐述为社会科学“滞后”于自然科学，从而需要缩小差距。对于我前文所描述的许多“科学家”来说，这些技术专家至上论的(technocratic)口号等于充当着某种政治哲学的角色。他们以为自己正像设想中自然科学家处置自然那样处置社会。他们的政治哲学就蕴含于一个简单的观点中：只要人们现在用来控制原子的那些“科学方法”被用来“控制社会行为”，人类面临的诸般问题就会迎刃而解，人人都能安定和平，尽享丰足。

这些用语的背后隐含着一些有关权力、理性和历史的奇特观念，它们都不清不楚，混淆一团，可悲可叹。这类用语的用法暴露出一种只追求合理性的空洞无物的乐观主义，究其根基，是对理性在世间人事中可能承担的几种角色，对权力的性质及其与知识的关系，对道德行动的意涵，对知识在道德行动中的位置，对历史的性
114 质一概浑然无知，不知道事实上，人不仅是历史的被造物，而且有时会是历史中的创造者，甚至是历史本身的创造者。这些议题都会影响到社会科学的政治意涵，因此我得来讨论一番。不过在此之前，我想先简要考察一下持技术专家至上论的哲学家们的核心口号，即有关预测和控制的这一条。

要想像许多人那样轻松平常地谈论预测和控制，就要接受科层官僚的视角。马克思曾经指出，在这些人眼里，世界就是一个有待操控的客体对象。要说清楚这一点，不妨举个极端的例子：如果有个人拥有一套精妙而强大的装置，能够控制一股驻扎在一个没有任何敌人的孤岛上的军队，你必然会同意说，此人处在控制的地位上。如果他充分使用其权力，也制订了明确的计划，他就能够在相当小的误差范围内预测出，在某年的某一天的某个时辰，每个人都会做什么。他甚至能够非常准确地预测出这群人里各色人等的情绪，因为他就像操控无生命的客体对象那样操控他们。他有权力推翻他们自己可能有的许多计划，有时还可能蛮有道理地自视为全能的专制君主。如果他能控制，他就能预测。他掌控了“规律性”。

但我们作为社会科学家，或许不会觉得自己的研究对象可操控性这么高，或许不会自视为开明专制君主，傲视芸芸众生。至少可以说，要做出上述任何一种设定，就等于采取了某种对教授们来说似乎很奇怪的政治立场。历史上没有任何社会是被紧密包裹在我假设的军队的那种严格框架下构造出来的。社会科学家也不是历史上的将军，我们不妨为此感到欣慰。但要像许多人那样将“预测与控制”相提并论，通常就得假定某种单向控制，就像我想象出来的那位将军，我为了说清楚观点，其实在一定程度上夸大了他的权力。

我想把这一点说清楚，以便揭示科层制气质的政治意涵。它主要的应用范围和服务对象，就是社会中的非民主领域，如军营、公司、营销机构、政府管理部门。许多社会科学家受邀去工作的范围和服务对象就是这类科层组织，而他们在那里所操心的问题，也就是这类管 115
理机器中更具效率的成员所操心的问题。

我看不出人们如何才能有理有据地反驳罗伯特·S.林德(Robert S. Lynd)教授对《美国士兵》(*The American Soldier*)一书的评论：

> 这几卷书刻画了人们如何以娴熟的技能运用科学，来对人进行筛选和控制，使其服务于非出己愿的目的。这是衡量自由民主体制的无能程度的重要标尺，它在运用其社会科学来应对民主自身的问题

> 时，不得不越来越采取迂回间接的方式，而不能直接面对。它不得不捡拾零碎，借鉴纠缠于如何测量受众反应以综合规划影视广播节目之类问题的私人工商研究，或者就像眼下这个例子一样，借鉴讨论如何将胆小的新兵训练成坚强的战士，使他们能为自己并不理解其宗旨的战争去战斗的军队研究。诸如此类无关社会核心痛痒的宗旨控制着社会科学的应用，使得其应用的点滴推进都倾向于让它愈发成为大众控制的工具，从而进一步威胁到民主体制。①

人类工程师的口号有助于推动科层制气质超出这种思维风格和探究方法的实际应用。运用这些口号来阐述“所欲何为”，就等于接受了科层角色，即使此刻并不在扮演该角色也是如此。简言之，承担这种角色绝大多数时候都是**仿佛以为**的。采取了技术专家至上论的视角，并作为一名社会科学家努力循此行事，就等于**仿佛以为**自己真的是一位人类工程师而行事。人们现在往往就是在这种技术专家至上论的视角下，来理解社会科学家的公共角色。如果在一个社会里，人的理性得到了广泛而民主的确立，那么以这种“仿佛以为我是一位人类工程师”的做派行事，或许只会让人一笑了之，但美国并不是这样的社会。不管美国在其他方面如何，这一点是显

---

① “The Science of Inhuman Relations”, *The New Republic*, 27 August 1949.

而易见的：在这个社会里，秉持功能合理性的科层机构被越来越广泛地应用于世间人事和塑造历史的决策。在各个历史时期里，其间的历史变迁是如何独立于人类意志的控制，背着所有人发生的，情况并不一样。而在我们所处的历史时期，似乎委身科层建制中的精英们是否做出关键决策越来越成为历史变迁的源泉。不仅如此，116
在这个时期、这个社会，控制的手段、权力的手段，都在不断扩大和集中化，现在已经包括相当广泛地应用社会科学，以实现控制这些手段的人可能指派给社会科学的任何目的。一个学者谈论“预测与控制”，却不直面这类发展趋势所引发的问题，等于是放弃了他原本可以拥有的道德上和政治上的自主。

有没有可能用科层视角之外的什么视角来谈“控制”？是的，当然有可能。人们已经构想出各式各样的“集体性自我控制”。要想充分阐述任何这类观念，就得全面讨论有关自由和理性的话题，既把它们看成观念，也将它们视为价值。它还包括“民主”的观念，既是作为一类社会结构的民主，也是作为一套政治期待的民主。民主意味着那些受法律控制的人拥有权力和自由，可以遵照协商同意的规则，改变法律，甚或改变这些规则。但还不仅如此，它还意味着对于历史本身的结构性机制具备某种集体性自我控制。这个观念比较复杂棘手，我稍后再来详细讨论。这里只想指出，如果社会科学家置身一个蕴含民主渴求的社会，希望严肃地讨论有关“预测与控制”的话题，就必须仔细考察这类问题。

那么，有没有可能用科层视角之外的什么视角来谈“预测”呢？是的，当然也有可能。预测可能有赖于“非意图的规律性”，而不是预先规定的控制。没有控制，我们也能够非常好地预测某些社会生活领域，其中没有任何人会受到多少控制，而“自愿的”、非例行性的活动也降到了最低限度。比如，语言用法的变与不变就是“背着人”发生的。或许这类规律的产生也与历史的结构性机制有关联。如果我们能够把握约翰·斯图尔特·密尔(John Stuart Mill)所称的社会的“中介原则”(principia media)，如果我们能够把握其主导趋势，简言之，如果我们能够理解我们时代的结构性转型，或许就有了“预测的根据”。

但我们必须记住，在具体的情境下，人们的确常常控制着自己行事的方式，而他们究竟在多大程度上能够
117 如此，正是我们研究的对象之一。我们应当记住，除了假设的将军，也有真实的将军，公司经理和政府首脑也是如此。不仅如此，人们也常常指出，事实上，人并非无生机的客体对象，这意味着他们会意识到对其活动而做出的预测，因此能够并常常真的做出调整。他们可以使预测实现，也可以使预测落空。迄今为止，他们会怎么做还不曾得到非常好的预测。只要人还拥有一定程度的自由，他们会怎么做就并不是那么容易预测的。

但我的观点在于：要说“人类工程”或“社会科学”的“实际的、最终的目标”就在于“预测”，就等于用技术专家至上论的口号替代了本应合乎情理的道德选择，也等于接受了科层视角。只要充分采纳这种视角，里面可以采取的道德选择就少得多了。

社会研究的科层化是一股相当普遍的趋势；假以时日，或许任何科层惯例逐渐君临一切的社会里都将出现这种状况。随之而来的自然还有一种颇具诡辩色彩的不切实际的理论，它与行政管理性的研究倒是没有什么关联。那些专门的研究一般是统计性的，注定用于行政管理的目的，并不影响对“概念”详加阐释。而这样的阐释又与专门研究的结果毫无关系，倒是关系到政权及其变动中的特性的合法化。在科层官僚看来，世界就是一个由事实组成的世界，需要遵照稳固的规则加以处理。而在理论家眼中，世界就是一个由观念组成的世界，操弄起来往往不需要任何明晰可辨的规则。理论以多种多样的方式为权威的意识形态正当化提供辩护。为着科层目的的经验研究为权威计划者提供有用的信息，从而有助于让权威更有效果，更富效率。

人们以科层的方式应用抽象经验主义，尽管它当然具备明确的意识形态意涵，有时人们也直接应用这些意涵。如前所示，宏大理论并不具备任何直接的科层功
用。它的政治意涵是意识形态性质的，可能的用途不难 118

想见。要是抽象经验主义和宏大理论这两类研究风格逐渐形成学术上的“双头垄断”，甚或成为主导性的研究风格，将会对社会科学的学术承诺造成巨大威胁，也深深威胁到有关理性在世间人事中的角色的政治承诺，因为依循古典传统，人们认为西方社会的文明中始终具备这样的角色。

第六章　各种科学哲学

有关"科学"的本质始终聚讼不已，掩盖了社会科学内部的混乱，虽说这种混乱现在应当显而易见了。多数研究社会的学人肯定会同意，他们虽然欣然接受了"科学"，却往往既徒具形式，又含混暧昧。"科学经验主义"意涵丰富，并没有一个公认的版本，更不用说对某一个版本做系统性的运用了。对于职业的期待就颇为含混，而究竟何谓治学之道，也可以从五花八门的探究模式入手来认识。从某种角度上说，正是因为这种状况，自然科学的哲学家们所主张的那些认识论模式才会具有如许魅力。① 119

许多学人一旦认识到社会科学存在不同的工作风格，就迫不及待地达成共识："我们应当将它们统一起来。"有时，这种规划还说得蛮打动人心：据说，接下来几十年的任务就是用 20 世纪通行的研究技术，尤其是

① 参见第三章第一节。

美国人搞的那些东西，将 19 世纪的各大问题和理论工作，尤其是德国人搞的那些东西，统合一体。在这一套宏大的辩证法下，似乎能在精深的观念与严格的程序两方面都实现显著而持续的推进。

作为一个哲学问题，“统一起来”并不很难。[1] 但相
120 关的问题在于：假设我们真的以某种宏大的探究模式把它们“统一起来”了，对于社会科学中的工作，对于贯彻其主要的任务，这种模式又有何用?

我相信，这类哲学工作对于从事实际研究的社会科学家**还是有**一定用场的。意识到这一点，会使我们更清楚自己都在用哪些概念和步骤，并予以阐明。它提供了一套语言让我们做这些事情。但它的应用应当是一般性的，任何从事实际研究的社会科学家都不需要太拿这类模式当回事儿。最重要的是，我们应当认为它能解放我们的想象力，能为我们的研究步骤源源不断地提供建议，而不是限制我们能够去探究哪些问题。在我看来，以“自然科学”的名义限制我们该研究哪些问题，其实是一种令人不解的胆怯。当然，如果半吊子训练的研究者希望让自己只研究这类问题，那倒可能是一种明智的自我约束；但除此之外，这样的限制就没有什么有力的理据了。

---

① 如下面这例颇为轻忽的尝试：“Two Styles of Research in Current Social Studies”(《当前社会研究中的两种研究风格》)，*Philosophy of Science*，Vol. 20，No. 4，October，1953，pp. 266-275.

一

经典风格的社会分析家都避免照搬刻板的研究步骤，致力于在自己的工作中摸索并应用社会学的想象力。他不喜欢将一堆“概念”拼来拆去，也很少使用需要精微阐发的术语，除非他有充分理由认为，使用这样的术语能够让自己的感受更加宽广，指涉更加精确，推理更加深刻。他不会被方法和技术束缚手脚，经典的路数就是学术巧匠的路数。

无论是关于理论还是关于方法，有用的讨论往往都来自有关实际工作或将要着手的工作的随记。“方法”首先必须交代如何提出并解答问题，并在一定程度上确信答案能维持一段时间。而“理论”则必须首先密切关注人们正在使用的词汇，尤其是这些词汇的概括程度及其逻辑关系。这两者的首要宗旨就在于让观念尽可能明晰，步骤尽可能简洁。至于当下，最重要的是释放而非约束社会学的想象力。

所谓成为“方法”和“理论”的主人，就是要成为一位 121
具备自觉意识的思想家，既从事实际工作，又能意识到自己从事的无论什么工作的潜在预设和隐含意义。而所谓成为“方法”或“理论”的奴仆，其实就是无法自如地去工作，去尝试，也就是无法去探察世事的现状。要是缺乏对正在贯彻的治学之道的洞察，研究的结果就是靠不住的。而如果不能确定一项研究会否得出重要的结果，所有方法都将是毫无意义的矫饰。

对于经典风格的社会科学家来说，无论是方法还是理论，都算不上自成一体的领域。方法只是针对一定范围内的问题的方法，而理论只是针对一定范围内的现象的理论。它们就像是你生活其间的那个国度的语言：你会说这种语言并没有什么值得夸耀的，但你要不会说，那可就很丢脸，也很不方便。

从事实际工作的社会科学家对于手头的问题必须始终保持最充分的了解。显然，这就意味着必须在实质内容上非常熟悉自己研究领域的知识现状。同时，这还意味着如果所进行的几项研究都关系到同一研究领域，就能最好地完成这类工作，个中关系深浅，我觉得难以言明。最后，如果只是依靠一个人的唯一专长，更不要说如果只是一个毛头小伙，即使做过什么实际工作，效果其实也是微乎其微的，或者他参与的都是以这样那样特定风格实施的研究，这类工作也不会做得特别好。

当我们在研究中暂停下来，反思理论与方法，最大的收获就是重新陈述我们的问题。或许正因为如此，在实践中，每一位从事实际工作的社会科学家都必须是自己的方法论专家，是自己的理论家，而这只是意味着他必须成为一名学术巧匠。当然，每一位巧匠都有能力从总结编纂各种方法的诸般尝试中有所获益，但常常比一种泛泛的自觉强不了多少。因此，方法论中的“速成方案”(crash programs)并不太可能促进社会科学的发展。真正有用的方法阐述可不能用这样的方式逼出来。如果 122
它们与社会研究的实际工作之间并不存在牢固的关联，从事实际工作的社会科学家的头脑中就不可能充分展现对重要问题的感受和对解决这一问题的激情。在今天，这样的感受和激情往往已经丧失殆尽。

所以说，最有可能发生方法上的推进的，恰恰是从正在进行的工作中得出最谨慎的概括。有鉴于此，我们在各自的实践中，在我们学科的组织中，应当在方法与所进行的工作之间保持非常密切的互动。只有在有关方法论的一般性讨论直接涉及实际工作时，才需要认真对待。社会科学家当中的确有这类方法讨论，下文会在附论中尝试揭示展开这类讨论的一种可能方式。

有关方法的陈述、有关这些陈述的争论、理论的辨析、进一步的辨析——无论这些多么让人兴奋，甚至让人享受，都只是些承诺。有关方法的陈述承诺引导我们用某些更好的方法来研究某个东西，事实上这些更好的方法往往能研究几乎任何东西。理论的精细阐发，无论是系统性的还是非系统性的，都承诺会提醒我们注意到，我们可能看到的东西当中存在着细微差别，或者当我们试图解释我们之所见时，可能得出的解释当中存在着细微差别。但无论是“方法”还是“理论”，割裂开来看，都不能充当社会研究的实际工作的要素。事实上，两者的作用往往恰恰相反：它们只是像活动家一般，回避了社会科学的有关问题。我们已经看到，它们通常基于某种宏大的探究模式，能把其他人搞得一头雾水。这种宏大模式并不能放之四海皆充分可用，但这或许并不太重要，因为它还是可以被仪式性地使用。如前文所释，它往往以某种自然科学哲学为基础，而且通常源于哲学上对物理学的某种曲解，或许还有些过时。这种小把戏，以及其他有着类似规则的搞法，与其说通向进一步的工作，不如说通向某种科学不可知论（scientific knownothingism）。马克斯·霍克海默（Max Horkheimer）曾就此谈道："如果总是警告人们不要贸然得出结论，不要做出含糊的概括，意味着可能构成对于一切思考的禁忌，除非我们做出恰当的限定。如果所有的思考都得暂且搁置，直到经过彻底的确证，那似乎就不可能
123 有任何基本的思路了，我们会自我限制在单纯的征象层次上。"①

人们总说，年轻人容易被带坏，但是看到社会科学的前辈学人也被我们当中科学哲学家们的故弄玄虚搞得心神不宁，这难道不令人惊异吗？一位瑞士经济学家和一位英国经济学家在对谈中清楚描绘了有关方法的地位的经典观点："许多作者发乎本能地以正确方式着手处理这些问题。但在研究了方法论之后，他们开始自觉意

① *Tensions That Cause Wars*, edited by Hadley Cantril, Urbana, Illinois, University of Illinois Press, 1950, p. 297.

识到眼前有诸多陷阱和其他危险等待着他们。其结果是，他们丧失了此前的确定感，误入歧途，抑或走上了并不适合自己的方向。该提醒这类学人远离方法论。”① 较之有些美国社会学家的高谈阔论，这样的陈述富于见地，深具启发，不知要高到哪里去了。

我们提出的口号当然应该是这样的：

> 人人都是自己的方法学家！
> 方法学家们！干点儿实在的！

尽管我们不能拿这些口号太当真，但作为从事实际工作的社会科学家，我们的确需要捍卫自己；考虑到有些同行抱持着一种有失学人风度的过分热情，或许我们也有理由为自己的夸张开脱。

二

常识中的日常经验主义充斥着有关这个或那个特定社会的预设与刻板印象，因为常识决定了人们能看到什么，又如何去说明所看到的东西。如果你试图借助抽象

---

① W. A. Johr and H. W. Singer, *The Role of the Economist as Official Adviser*（《经济学家作为政府顾问的角色》），London，George Allen & Unwin，1955，pp. 3-4. 顺便说一句，此书有关社会科学方法的讨论方式得当，堪称范例。值得注意的是，它是基于两位富有经验的治学者的对谈写出来的。

经验主义摆脱这种状况，最终会停留在微观层次或亚历史的层次，你会努力逐渐积累有关所处理的东西的抽象
124 化细节。如果你试图借助宏大理论摆脱常识的经验主义，就会从所处理的概念中抽离出清晰的、当下的经验指涉，而如果不够仔细，你将在自己筑造的跨历史世界中变得孑然无依。

所谓观念，就是有经验内容的想法。如果想法相对于内容而言过于宽泛，你就容易滑入宏大理论的陷阱；而如果内容吞噬了想法，你又容易坠入抽象经验主义的圈套。这里涉及一个一般性问题，这一问题往往被说成是“对于索引的需要”。对于今日社会科学中的实际工作而言，这是首要的技术挑战之一。所有学派的成员都意识到了这一点。抽象经验主义者要想解决索引的问题，常常会尽力消减被索引的东西的范围和意义。宏大理论则没能有效地应对这一问题，而只是从其他同样抽象的“概念”的角度出发，对“概念”进行详细阐发。

抽象经验主义者所称的经验“材料”体现了对于日常社会世界的一种非常抽象的观照。它们通常会处理某些中等规模的城市的某个收入档位的某个性别范畴的某个年龄层级，诸如此类。这里面有四个变量，许多抽象经验主义者能从其对世界的点滴认识中成功获取的认知，还远没有这么丰富。当然，这里还有另一项“变量”：这些人都生活在美国。但在构筑起抽象经验主义的经验世界的那些琐碎、精确、抽象的变量中，并不包括这一种

“材料”。把“美国”包括进来，就需要有一种社会结构的观念，同时，有关经验主义的观念也不能那么严格。

绝大多数经典风格的研究（就此而言有时被称为**宏观研究**）都介于抽象经验主义和宏大理论之间。这类研究也包含了对于日常情境中可以观察到的东西的某种抽象，但其抽象的方向是趋向社会历史结构。人们对于社会科学经典问题的梳理，正是在历史现实的层面上，也就是说，正是从特定的社会历史结构的角度出发，也正是从这样的角度来解答的。

这类研究的经验成分绝不少于抽象经验主义。事实上，它往往还更加重视经验，更加贴近日常意义和经验
的世界。我想说的其实很简单：弗朗兹·纽曼（Franz 125
Neumann）有关纳粹社会结构的阐述，相较于萨缪尔·斯托弗有关10079部队士气的阐述，其“经验性”和“系统性”至少不相上下；马克斯·韦伯有关中国士大夫的阐述、尤金·斯塔利（Eugene Staley）有关欠发达国家的研究、巴林顿·摩尔（Barrington Moore）对于苏维埃俄国的考察，相较于保罗·拉扎斯菲尔德对于伊利县或埃尔迈拉小城的舆论的研究，其“经验性”程度难分伯仲。

不仅如此，无论是亚历史的研究层面还是跨历史的研究层面，人们所使用的**想法**绝大多数其实都源于经典研究。又有哪些关于人、社会及其关系的观念，哪些真正富有裨益的想法，是来自抽象经验主义或宏大理论的呢？就想法而言，这些学派都是靠社会科学经典传统过

活的寄生虫。

三

经验证明的问题就在于“如何认真对待事实”，而不是被事实所淹没；在于如何将想法与事实紧密关联，而不是埋没了想法。问题首先在于要证明**什么**，然后才是**如何**去证明它。

在宏大理论中，证明就是满怀期望地演绎。目前看来，无论是要证明什么，还是如何去证明它，似乎都还不是非常明确的问题。

而在抽象经验主义里，要证明什么似乎不被视为值得重视的议题。如何去证明它则几乎是自动由陈述问题的方式给出了。这些方式融入了相关分析等统计步骤。事实上，对于这类证明的教条式要求似乎常常成了唯一的关注点，因此限定了甚至是决定了那些恪守这种微观风格的人使用什么“概念”，钻研哪些问题。

在经典风格的研究实践中，要证明什么往往被认为是重要的，甚或比如何证明它更为重要。想法的阐发与特定的一系列实质问题密切相关，而决定选择要证明什么的时候，遵循的是诸如以下的规则：努力证明所阐释的
126 的想法中据称与阐释的推论最相关的那些特征。我们把这些特征称为“关键性的”特征，倘若**这一点**的确如此，那么下一点、下一点、再下一点也必然都是如此。而如

果这一点并非如此，那么会有另一系列的推论。这种步骤的理由之一，就是觉得需要简化研究工作：经验证明、证据、文献附注、事实的确定，这些都非常耗时，而且往往单调乏味。有鉴于此，人们会希望这类工作对自己正在采用的想法和理论是最具影响力的。

经典风格的治学者通常不会只针对一项大型经验研究搞出一套大型方案。他的方针是听任乃至挑起宏观观念和细节阐释之间的持续交流。为此他把自己的工作设计成一系列小型经验研究(其中当然可能包括微观的、统计性的工作)，里面每一项都似乎对他在阐发的解决方案的某个部分起到关键作用。根据这些经验研究的结果，这个解决方案也就得到了确证、修正或驳斥。

在经典风格的实际研究者看来，如何证明陈述、命题与推定事实，似乎并不像微观视角的研究者常常搞的那么费劲。经典风格的实际研究者通过细致阐发一切相关的经验材料来证明一项陈述。当然，我再说一遍，如果我们已经觉得需要以这种方式结合我们的问题，选择并处理我们的观念，我们就往往可能以统计调查的那种更为精确的抽象方式来展开细致阐发。而对于其他的问题和观念，我们的证明则类似于历史学家的做法，问题转向了证据。当然，我们从来也不会很确定；事实上，我们往往是在“猜测”。但我们不能说所有的猜测都有同等机会被证实。我们不妨满怀敬意地说，经典社会科学的一项宏旨就是提高我们有关重要事项的猜测的正确概率。

所谓证明，就在于以理性的方式说服别人，也说服自己。但要做到这一点，我们就必须遵循公认的规则，首要的规则就是必须以特定的方式呈现研究工作，使其每一步都是开放的，以供他人核查。而要完成这一规则，并不存在"唯一正道"。不过，它总是要求我们倍加谨慎，留心细节，养成明晰的习惯，抱持怀疑态度对据
127 称的事实进行审核，对其可能有的各种意涵，及其对于其他事实和观念所具有的影响，始终充满好奇。它要求系统有序。简言之，它要求我们坚定不懈地践行学术伦理。如果这一条不具备，无论什么技术，什么方法，都将徒劳无益。

四

从事社会研究的每一种路数，对于研究主题以及研究这些主题的方法的每一个选择，都蕴含着"有关科学进步的一种理论"。我想，所有人都会同意说，科学的进展是累积性的。它不是一人之手的创造，而是众人反复修正和批评、彼此扩充和简化各自努力的产物。要想让自己的工作有分量，就必须结合此前已经做过的研究，也结合当下进展中的其他研究。为了相互沟通，为了"客观性"，就需要这样做。你必须以特定的方式说清楚自己做了些什么，让其他人可以核查。

抽象经验主义者有关进步的策略是非常具体的，是满怀希望的：让我们逐步积累起许多微观的研究，日积月累，点滴推进，就像蚁群聚屑成堆，我们终会“筑造起科学”。

而宏大理论家的策略则似乎是：终有一日，总有一处，我们会接触到鲜活的经验材料。当这一天来临之时，我们应当做好准备，“系统地”处置这些材料。然后我们应当知道，这样的处置对于提出可以合乎逻辑地用于经验证明的科学方式的系统性理论来说，究竟意味着什么。

那些立志实现经典社会科学承诺的人所秉持的科学进步理论使他们无法假定，一系列的微观研究就一定能积累成一种“充分发展”的社会科学。他们不愿假定，不光是当下的目的，对于其他任何目的，诸如此类的材料也一定会有用。简言之，他们不认为靠着一砖一瓦的筑造(或是众人织被的拼凑)，就能取得社会科学的发展。他们不认为从这样的工作中会涌现出一位牛顿或达尔文来统合全局。他们也不认为达尔文或牛顿所做的事情就是把诸如此类的微观事实“统合”起来，就像今日微观社 128
会科学所做的堆积一样。经典风格的践行者也不愿意像宏大理论家那样认定，对“概念”做的聪明的阐发和辨析，到时候自然就会以某种方式，系统性地与经验材料产生相关性。他们主张，丝毫没有理由认为这些概念上的阐发最终会比现在有所推进。

概而言之，经典社会科学既不是从微观研究中“逐步筑就”，也不是从概念阐发中“演绎而出”。它的践行者力图在同一个研究过程中同时进行筑造和演绎，而要完成这一点，靠的是对各项问题进行反复而充分的梳理，并给出充分的解答。我很抱歉还要重申，不过这一点确实是要害所在：要贯彻这样的方针，就要在现实的历史层面上讨论实质问题，从适宜的角度陈述这些问题；然后，无论理论的升华有多么宏远高妙，无论细节的爬梳是多么耗人心神，研究的每一步结束之时，都要从问题的宏观角度陈述解答；简言之，经典模式的焦点乃在于实质问题。这些问题的特点限定并提示了能够使用哪些方法和观念，以及如何使用它们。要时刻保持与实质问题的密切关联，以适宜的方式展开有关“方法论”和“理论”的不同观点的争论。

五

一个人对自己面临种种问题的次序安排，即他怎么陈述这些问题，赋予每个问题的轻重缓急，都取决于他运用什么方法、理论和价值，无论他自己是否清楚，都是这样。

但必须承认，对于如何排列他们的问题这一有标志意义的提问，有些从事社会科学实际研究的人并不能胸有成竹地回答。他们觉得不需要确定自己都在研究哪些问题。事实上，他们也搞不清楚。有些人以普通人在其日常情境中遭遇的切身困扰来设定自己研究的问题；另一些人则接受权威机构和利益集团以官方或非官方的方式界定的议题，将之作为自己的努力方向。关于这一点，我们在东欧和俄罗斯的同行们会比我们明白得多，因为我们绝大多数人从未生活在那样一种政治组织体制 129
下，能够以官方的方式控制整个思想文化领域。但这绝不是说在西方世界就不存在这种现象，美国就肯定不是这样。对于社会科学家来说，问题的政治取向，不过尤其是商业取向，可能是出于他们自愿的甚至是急切的自我协调。

在老式的自由主义实践取向的社会学家那里，困扰主要是出于自身立场来考虑的。至于他们的问题是基于哪些价值考虑而发现的，他们从未澄清过。在什么样的结构性条件下有可能认识到这些问题，既没有得到探究，也没有得到直接面对。未经消化的事实阻碍了研究工作，学人们并不具备相应的学术技巧来吸收和理顺这些事实。这就导致了不切实际的所谓多因并存的多元论观念。不管怎么说，持有自由主义实践取向的社会科学家曾经秉持的那些价值，无论是否受人拥戴，现在都已经在相当程度上融入了福利国家在行政管理上的自由主义。

在科层式的社会科学中，抽象经验主义是最合用的工具，而宏大理论则弥补了其理论的欠缺。在这种社会科学里，整个社会科学事业都缩减成向正当其时的权威机构提供服务。无论是旧式的自由主义实用取向，还是科层式的社会科学，都不能很好地处置公共议题和私人困扰，以使这两者融入社会科学探讨的那些问题。这些学派的学术品格和政治用途并不容易被切割开来（就此而言，不管是社会科学的什么学派都是这样）：它们的学术品格（及其学院组织），以及它们的政治用途，共同导致它们在当代社会科学中占据这等位置。

社会科学的经典传统会以适宜的方式梳理问题，使其陈述融合形形色色的人所遭遇的大量具体情境和私人困扰。而这些情境又会从更大的历史结构和社会结构的角度被定位。

要充分地梳理任何问题，就必须先说清楚它们蕴含
130 的价值和面临的明显威胁。这些价值及危险就构成了问题本身的切入角度。我认为，自由和理性就是曾经统贯经典社会分析的价值；至于威胁它们的那些力量，今日看来，就算还没有构成当代的标志性特征，有时也像是与当代社会的主导潮流相吻合的。今日社会研究最重要的那些问题在这一点上达成了一致：它们都关注似乎正威胁着这两种价值的那些状况与趋势，都关注这样的危险对于人的本性，对于历史的塑造会产生哪些后果。

但在这里，我与其说关注特定的一系列问题，包括我自己的选择，不如说更关注社会科学家需要反思，自

己的工作和计划中真正默认了哪些实际问题。只有透过这样的反思，他们才能明确而审慎地考虑自己面临着哪些问题，也才能考虑存在哪些其他的可能性。只有循此而为，他们才能客观行事。这是因为，在社会科学的工作中保持客观性，就要求不懈努力，明确意识到这项事业中牵涉到的方方面面因素，要求学者们能够富有批判性地广泛交流各自的努力。社会科学家要想以富有成效地积累的方式发展各自的学科，既不能依赖“科学方法”的教条模式，也无法仰仗煞有介事地宣告所谓“社会科学的问题”。

因此，对于问题的梳理应该包括明确关注一系列公共议题和个人困扰，并且应当开启对于情境与社会结构之间因果关联的探究。我们在梳理问题的时候，必须搞清楚在所涉及的困扰和议题中，真正遭受威胁的都是哪些价值，搞清楚是谁在奉行这些价值，它们又受到哪些人或哪些事的威胁。事实上，最后被发现面临威胁的价值并不总是个人和公众相信正面临威胁的那些价值，或者至少不完全是那些价值，这就常常使得这样的梳理大大复杂化了。有鉴于此，我们还必须问诸如以下这样的问题：行动者相信是哪些价值遭受威胁？他们相信这些价值是受到哪些人或哪些事的威胁？要是他们充分意识到真正蕴含的价值，会为其面临威胁而感到不安吗？我 131
们在梳理问题的时候考虑这些价值、情感、争论和忧惧，都是很有必要的，因为这样的信念与期待无论可能多么有欠缺，多么有误解，都是各种议题和困扰的真正素材。不仅如此，如果问题真有什么解决方案，要得到检验，在一定程度上也得看它在说明人们体验到的那些困扰和议题时的有效性。

顺便说一句，所谓“基本问题”及其解答，通常都要求既关注人生的“深层”中孕育的不安，也关注某个历史社会的结构本身中生发的漠然。我们必须借助对于问题的选择和陈述，首先将漠然转译成议题，将不安转译成困扰，然后，我们必须在陈述自己的问题时，同时包容这些困扰和议题。在这两个阶段上，我们都必须努力尽可能简明而准确地陈述所涉及的价值和威胁，并尝试将它们关联起来。

进而，任何对于某个问题的充分“解答”，都将包含寻找战略干预点，即寻找据此维持或改变结构的“杠杆”，并对那些有能力干预却没有这么做的人做出评估。在梳理问题时还涉及了其他问题，这里只是很少一部分，但我在此只想略陈一二。

第七章　人的多样性

我已经花了很长篇幅，对社会科学中的几股流行趋 132
势进行批判，现在打算回来谈谈有关社会科学承诺的一些更具建设性甚至纲领性的想法。社会科学或许乱成一团，但我们对此不该只是扼腕叹息，而应该加以利用。它确实可能是生病了，但认识到这一点，能够被视为也应该被视为在呼吁人们做出诊断，甚或被视为表露出即将痊愈的迹象。

一

人的多样性正是社会科学研究的题中应有之义，人们过去、现在和未来生活的所有社会世界都有这个特点。这些世界里，有据我们所知千年几无变化的原始共同体，也有仿佛骤然成为暴烈存在的强权大国。拜占庭和欧洲，传统中国和古代罗马，洛杉矶城和古代秘鲁的印加帝国——人们所知的这些世界如今都摆在我们眼前，接受我们的审视。

在这些世界里，有开阔的拓殖地、压力群体、少年团伙和纳瓦霍(Navajo)油井工人，有随时准备定点摧毁方圆数百英里都市区域的空军，有巡视街角的警察；有共处一室的亲密圈子和陌生公众，有犯罪集团，有某个夜晚涌动在全世界各大城市广场和路口的人潮，有霍皮族(Hopi)儿童、阿拉伯奴隶贩子、德国诸政党、波兰各
133 阶级、门诺派(Mennonite)的学校、西藏的精神迷狂者、遍及全世界的广播网[①]。各个种族血统和族裔群体在电影院里混杂一团，但也被相互隔离；已婚家庭彼此快乐相处却也彻底相互看不顺眼；工商百业，各级政府，乃至幅员辽阔的大国，都容纳了千百个分工细密的行当。每时每刻都发生着百万次不起眼的交易，随处随地形成的“小群体”数量之多，任凭谁都数不过来。

人的多样性还包括人类个体的多样性。这些多样性也同样是社会学的想象力所必须把握和理解的。透过这种想象力，1850 年的印度婆罗门和伊利诺伊的开荒农夫并肩而立；18 世纪的英国绅士与澳洲土著站在一起，旁边还有一百多年前的中国农民、当代玻利维亚的政治

---

① 霍皮族(Hopi)，美洲原住民部落，主要居住在美国亚利桑那州的印第安人居留地中。门诺派(Mennonite)，基督新教中的一个福音主义教派，1536 年由荷兰人门诺·西蒙斯(Menno Simons)创立，目前主要分布在美国、加拿大等地，一般立场保守，持和平主义立场。其中尤其著名的是美国阿米什人(Amish)一派，他们统一服饰，排斥现代电器，过着集体农耕文明的生活。——译注

家、封建时代的法国骑士、参加 1914 年绝食抗议的英国女权运动者①、好莱坞新星、古罗马贵族。要谈“人”，就得谈所有这些众生男女，既要谈巨匠歌德，也要谈邻家女孩。

社会科学家力图以某种有序的方式来理解人的多样性，但考虑到这种多样性的广度与深度，他很可能面临这样的追问：这真的可能吗？社会科学的这种混乱局面，不正是践行社会科学的人力求研究的事情的必然反映吗？我的回答是：也许多样性并不像单纯罗列其中一小部分而使其显露出来的那么“无序”，甚或不像大专院校里教授的那些研究课程往往使其显露的那么无序。无序也好，有序也罢，端赖于视角：要对各种人群和社会达成有序理解，就要求采取一套特定的视角，既要足够简单，促成理解，又要足够综合，使我们能够在看问题时涵括人的多样性的广度和深度。奋力获取诸如此类的视角，正是社会科学首要而不懈的奋斗方向。

当然，无论什么视角，都有赖于一套问题。只要坚 134
持认为社会科学的方向在于研究人生，研究历史，研究

① 1914 年 1 月 11 日，英国的女权运动者此前早已开始的公开请愿、争取赢得妇女投票权的运动达到了高峰。她们冲击白金汉宫，向英王乔治五世请愿。警察逮捕了一批人，而后者在狱中展开了绝食运动。官方采取了喉部插管强制进食、“猫捉老鼠”(先放犯人出狱，待其体力恢复后再逮捕其入狱)等严厉手段，在社会公开后反应强烈，加上第一次世界大战开始后大量男子走上战场深刻影响了就业市场和国内生活，女权运动进入了飞速发展期。——译注

它们在社会结构中的交织的相关问题，就很容易想到社会科学的全局性问题(第一章已有所提及)。要研究这些问题，要认识人的多样性，就要求我们的研究与历史现实的层面，与这种现实对众生男女个体的意义，保持持续而紧密的关联。我们的目标就是确定这一现实，辨识这些意义；正是从这些角度出发，我们可以梳理经典社会科学的那些问题，进而捕捉它们所蕴含的那些议题与困扰。它要求我们对于史上曾经出现和当世确实存在的各种社会结构具备充分的比较性理解。它要求我们从大规模历史结构的角度出发，对小范围情境进行筛选和研究。它要求我们避免囿于学院系科之间任意武断的专业化，而是根据话题，首先是根据问题，灵活调整我们的工作的专业化定位。在此过程中，我们会从对于作为历史行动者的人的所有合宜研究中，借鉴相关的视角与想法、素材与方法。

回顾历史，社会科学家最关注的是政治制度和经济制度，但在军事制度、亲属制度、宗教制度、教育制度等方面也有众多研究。这种分类的根据是制度总体上履行的客观功能，简单明了，虽然只是假象，但毕竟方便合用。如果我们搞懂了这些制度性秩序是怎样彼此关联的，也就搞懂了一个社会的社会结构。这是因为，“社会结构”这个观念最通常的用法，指的就是这个，就是根据各自执行的功能来分类的各项制度的组合。基于这种用法，它就成了社会科学家所使用的最具包容性的操作单位。有鉴于此，社会科学家最宽广的目标就是逐一理解社会结构的组成要素和总体上的多样性。“社会结构”这个术语本身的定义就五花八门，其他术语也会被用来定义这个观念。但如果牢记情境与结构之间的区别，再加上制度的观念，那么无论谁碰到社会结构这个想法，都不会不明白。

二

在我们这个时代，社会结构通常是在一个政治国家 135
下组织起来的。无论从权力的角度来看，还是就其他许多引人关注的方面而论，社会结构最具包容性的单位都是民族国家。纵观世界历史，民族国家现在成了主导形式，也因此成为每个人生活中的主要事实。民族国家既分裂又组合着全世界各“文明”、各大洲，程度不一，方式多样。它的扩散程度，它的发展阶段，就是理解现代史的重要线索，现在则成了理解世界史的重要线索。政治、军事、文化和经济诸方面的决策手段和权力手段现在都是在民族国家内部组织起来的。绝大多数人的公共生活与私人生活所处的一切制度和特定情境，现在都被组织进了某一个民族国家。

当然，社会科学家并不总是只研究国族范围内的社会结构。但关键在于，他们一般都会觉得，即使是更小或更大规模的单位的相关问题，也需要以民族国家为框架来梳理。而其他“单位”会很容易被理解为“前国族的”或“后国族的”单位。原因就在于，虽说国族单位当然也可能“属于”某个“文明”，这通常意味着它们的宗教制度是某个“世界宗教”的制度，但是这种“文明”的事实同其他许多事实一样，也可能意味着可以由此衡量今日民族国家的多样性。不过，在我看来，当“文明”被像阿诺德·汤因比(Arnold Toynbee)这样的作者使用时，范围过大，笼统含糊，无法作为社会科学的首要单位，难以成为“清楚明白的研究领域”。

我们选择国族社会结构作为通用的研究单位，就是采取了一种合宜的概括层面。在这个层面上，我们既能够避免放弃我们的问题，又能包容当今人类行为的许多细节和困扰中显然涉及的那些结构性力量。不仅如此，选择国族社会结构还能使我们非常方便地把握公共关注的重要议题，因为现如今，那些行之有效的权力手段，因此在相当程度上也是行之有效的塑造历史的手段，无论好坏，正在世界各民族国家内部以及它们相互之间，被紧密组织起来。

136 各个民族国家在塑造历史的力量方面并不都强弱一致，这一点是可以肯定的。有些国家非常弱小，高度依赖于另一些民族国家，以至于要想理解其国内状况，只能通过研究强权大国才能实现。但这在我们的研究单位即国族的有效分类中，在必然涉及的比较研究中，无非是另一个问题。同样可以肯定的是，所有民族国家都相互作用，其中一些小集团的出现乃是源于类似的传统背景。但这也适用于我们可能选来作为社会研究对象的任何具备一定规模的单位。不仅如此，每个有能力的民族国家都变得越来越自力更生，第一次世界大战以来尤其如此。

大多数经济学家和政治学家都认为，显然，自己的首要研究单位是民族国家。即使他们在考虑“国际经济”和“国际关系”，也必然是紧密结合各式各样具体的民族国家来进行研究。人类学家的处境及其不懈的活动当然是研究一个社会或“文化”的“整体”，如果他们研究现代社会，会很容易力图去理解作为整体的国族，这样做的成功程度也高低不一。但要说到社会学家，或者更准确地说，做经验研究的技术专家，他们并不会死抱着社会结构的观念不放，往往会认为国族在规模上太宏大，令人生疑。显然，这也得怪他们有某种偏见。他们偏好“数据采集”，如果一心关注小规模单位，就不那么花钱。当然，这就意味着他们对于单位的选择并不切合选择研究的不管什么问题之所需。相反，无论是问题还是单位，都是由方法的选择来决定的。

从某种意义上说，本书总体上是在反驳这种偏见。我认为，当绝大多数社会科学家都开始认真考察一个重大问题，他们会发现如果从任何比民族国家规模小的单位出发，都会很难进行梳理。研究分层和经济政策是这样，研究舆论和政治权力的性质也是这样，研究工作和闲暇还是这样；就连市政管理的有关问题，要是不充分结合其所属的国家框架来考虑，也无法得到完备的梳理。所以说，任何在研究社会科学有关问题方面富有经验的人，都能获得丰富的经验证据，证明民族国家这一单位实为佳选。

三

137 纵观历史，社会结构这个观念，连同有关它作为社会科学通用单位的争论，与社会学的关系极为密切，而社会学家也是该观念的经典阐释者。无论是社会学，还是人类学，其传统的研究主题都是总体上的社会或人类学家所说的“文化”。对于一个总体社会的任一特定性质的研究，其“社会学”特色就在于不断努力将该特性与其他特性相关联，以求获得有关整体的概念。如前所述，在相当程度上，社会学的想象力正是这种努力的培训结果。不过，放眼今日，这样的眼光、这样的做法，已经绝不仅限于社会学家和人类学家。曾经在这些学科里的承诺，如今已经成了整个社会科学当中的宗旨和做法，至少已是蹒跚上路。

至于文化人类学，就其经典传统和当前发展而言，在我看来都与社会学研究没有什么根本的分别。曾几何时，在对当代社会的调查寥寥无几甚或付之阙如的时候，人类学家不得不搜集荒远之地粗朴无文的人群的资料。其他社会科学，特别是历史学、人口学和政治学，则从学科肇始之时就依赖于有文字的社会里积累起来的文献资料。这一事实往往成了学科之间的分隔。但是现在，各式各样的“经验调查”被用于所有社会科学，实际上，是心理学家和社会学家在研究各历史社会时最充分地发展起了相关技术。当然，近些年来，人类学家也研究了发达共同体，甚至是民族国家，只是往往与其保持着相当的距离；反过来，社会学家和经济学家也考察了“不发达的人群”。今天，无论是方法上的分别，还是主题上的边界，都谈不上真正把人类学与经济学和社会学区分开来。

绝大多数经济学和政治学都一直在关注社会结构的特定制度领域。针对所谓“经济”，所谓“国家”，政治学
家在较小程度上，经济学家在更大程度上，都已经发展 138
出了一些“经典理论”，并由学人们代代传承。简言之，他们都构筑了一些模型，只是对于自己的模型，政治学家(和社会学家一样)一向不如经济学家那么自觉。当然，经典理论就在于构造一些概念和假设，由此做出演绎和概括；然后再将这些与各式各样的经验命题相比较。在这些任务中，概念、步骤甚或问题都有系统的规则，至少在隐含层面如此。

上述种种或许都挺不错。然而，在过去的形式模型里，国家与经济边界分明，也就是说它们有形式上的边界，但在相当程度上是互斥的，现在出现了两股发展趋

势，使这类模型越来越不合时宜，这在经济学中已经可以肯定，在政治学和社会学中也是迟早的事情：(1)所谓不发达地区的政治经济发展；(2)20世纪"政治经济体制"——无论是极权主义的还是形式上民主的——出现的新趋势。对于敏锐的经济理论家，事实上，对于名副其实的所有社会科学家而言，第二次世界大战的结局都既产生侵蚀恶果，又蕴含积极机遇。

单纯经济学意义上的"价格理论"在逻辑上或许清晰分明，但在经验上却未臻充分。这样一种理论要求我们考察工商机构的管理，考察决策者在机构内部和机构之间所担当的角色。它要求我们关注有关人们的成本预期尤其是薪酬预期的心理机制，关注小型工商卡特尔实施的价格限定，同时必须理解其领导人，如此等等。与此类似，要想理解"利率"，除了非人化的经济机制，往往还要求了解银行家与政府官员之间官方及私人的交往。

我认为，每一位社会科学家都要投身社会科学，运用社会科学来进行充分的比较，我相信这在当下已是颇为强劲的关注动向，除此再无他途。无论是理论性的还是经验性的，比较性研究都是当今社会科学最具前景的发展路径。而在一种统合一体的社会科学下，能够把这类工作做到最好。

四

139 不同社会科学领域之间的互动会随着各自的发展不

断增强。经济学的研究主题重新恢复了肇始之时的模样——“政治经济体制”，人们越来越把它放在总体社会结构里面来看。像约翰·加尔布雷思这样的经济学家，其政治学家的成分与罗伯特·达尔(Robert Dahl)或戴维·杜鲁门(David Truman)不相上下；事实上，他有关当代美国资本主义结构的作品，堪比熊彼特有关资本主义和民主体制的观点，或是厄尔·莱瑟姆(Earl Latham)有关群体政治的看法，都是有关某种政治经济体制的社会学理论。哈罗德·D. 拉斯韦尔(Harold D. Lasswell)、戴维·里斯曼(David Riesman)或加布里埃尔·阿尔蒙德(Gabriel Almond)都可以说融合了社会学家、心理学家与政治学家三种色彩。他们在各门社会科学之间进退自如，也因此等于兼通众门。只要一个人开始把握这些“领域”中的任意一个，他就被迫进入了其他领域的势力范围，也就是说，进入了所有属于经典传统的那些领域。当然，他们也可以就某一制度性秩序有所专擅，但只要他们把握了个中的精髓，也会逐渐开始在总体社会结构中理解其位置，从而理解它与其他制度领域之间的关系。这是因为，在相当程度上，人们越来越清楚，制度的全部实在就在于这些关系。

当然，我们不应当假定，面对如此纷繁多样的社会生活，社会科学家已经对手头的研究做了合理的分割。第一，所涉及的每个学科都是应对特定的要求和条件而自己发展起来的，没有哪个学科只是作为某个通盘计划的组成部分而发展起来的。第二，有关这几门学科之间的关系，当然存在诸多争议，而关于专业化的程度如何算合宜，也是颇有分歧。但今天有一桩事实压倒一切：现在与其把这些不同意见看成是思想上的棘手之处，还不如视之为学院生活的既存现实。我认为，即使从学院的角度来看，它们如今也往往倾向于自我消解，逐渐落伍。

从学院角度上说，今天的核心事实就在于边界的流动性越来越高，观念越来越容易从一门学科移到另一门
140 学科。有几例值得颇为注意的职业生涯，几乎完全是以精通某个领域的词汇为基础，却灵活运用于另一个领域的传统范围。专业化已是既成现状，未来也不会消失，但不应当从如我们所知多少属于偶然构筑起来的这些学科的角度来分隔。它应当沿循特定的问题脉络而发展，而要解答这些问题，所需要的思想装备传统上属于好几门学科。人们越来越看到，所有的社会科学家都在使用类似的观念和方法。

每一门社会科学都是由某种思想方面的内部发展所塑造的，同时也都受到制度方面的“偶然因素”的决定性影响，它们在西方诸大国各自受到不同路径的塑造，就

清楚地揭示了这一事实。包括哲学、历史学和人文学[①]在内的业已确立的学科，它们的态度是宽容抑或漠视，往往影响着社会学、经济学、人类学、政治学和心理学等领域的形貌。事实上，在某些高等学术机构里，是否具备这样的宽容，已经决定了社会科学有没有作为学院系科而存在。例如，在牛津大学和剑桥大学，根本就没有"社会学系"。[②]

过分拘泥于社会科学的系科化蕴含着危险，危险就在于人们会随之假设，经济、政治及其他社会制度各自都是独立自主的系统。当然，如前所示，这项假设一直被用来建构一些"分析模型"，往往还真的非常有用。有关"政制"(the polity)和"经济"的经典模型或许真的近似于 19 世纪早期英国的结构，尤其近似于美国的结构。它们被一般化，并被固化为学校中的院系。实际上，放眼历史，要解释经济学与政治学作为专业的理由，在一定程度上必须结合现代西方世界的某个特定历史阶段，其时每个制度性秩序都被宣称是个自主领域。但显而易见的是，一个由各自主制度性秩序组成的社会的模型，当然不是社会科学研究所使用的唯一模型。我们不能拿

---

① 原文即为现在一般被视作包括哲学和历史学在内的"humanities"，并非包括社会学、政治学、经济学、人类学乃至地理学等在内的"human sciences"。——译注

② 虽然这是 20 世纪 50 年代的情况，但可以参照的是，25 年后，安东尼·吉登斯(Anthony Giddens)于 1984 年发表其最著名的作品《社会的构成》，次年获聘剑桥大学历史上首位社会学教授。——译注

这一个类型作为我们整个学术劳动分工的合适基础。对于这一点的认识，正是目前推动人们致力于统合各门社
141 会科学的原因之一。无论是在研究的理想设计中，还是在学院课程的计划中，好几门学科，如政治学与经济学，文化人类学与历史学，社会学和心理学的至少一个重要分支，都在发生着相当积极的融合。

各门社会科学的统合一体，也引发了学术上的一些问题，主要牵涉到特定社会和历史时期下各制度性秩序之间的关系，如政治秩序与经济秩序，军事秩序与宗教秩序，家庭秩序与教育秩序。如前所述，在实际研究时，这些都是重要的问题。这几门社会科学之间的关系造成了不少实际的困难，牵涉到课程体系的设计、学术生涯的筹划、语言运用上的混乱，以及各领域研究生毕业时要面对的既有就业市场。社会科学的研究要统合一体，面临的一大障碍就是针对单一学科的入门教科书。相比于其他任何学术产品，教科书最频繁地进行“领域”的内部整合和边界划定。很难想象有比这更不合适的场合了。然而，就算生产者和消费者只是出于短期目的，教科书批发商们却在这产品里有实实在在的既得利益。随着教科书的整合，整合社会科学的尝试倒也有所进展，但与其说是问题与主题的整合，不如说是观念与方法的整合。与此相应，各自独立的“领域”这个观念的理据，与其说是切实牢固的问题范围，莫若说是虚有其表的“概念”。话说回来，这些“概念”难以弃之不用，我也

不清楚未来是否还是这样。但我觉得，在学院系科的世界里会有机会，一旦时机成熟，某些结构性的趋势将会征服那些仍旧囿于其专业化情境中的往往抱残守缺的人。

与此同时，可以肯定，还是有许多社会科学家认识到，只有更明确地承认社会科学的共同宗旨和任务，才能在“各自的学科”里最好地实现自己的目标。对于做实际研究的个人来说，现在已经完全有可能忽略系科的“偶然”发展，选择并塑造属于自己的专业，而不会遇到系科方面的太多障碍。如果他开始切实感受到意义重大的问题，满怀热情要去求取答案，往往会被迫去掌握某些观念和方法，而它们只是碰巧出自这几门学科中的某 142
一门。对他来说，没有任何社会科学专业会在任何重大思想意义上是一个自我封闭的世界。他还会逐渐认识到，事实上，他在做的是社会科学，而不是任何一门具体的社会科学。无论他在研究中最感兴趣的是哪一块社会生活领域，概莫能外。

人们往往断言，没有人能够有一个广博涉猎的头脑却又不游学无根。我不知道是否的确如此，但如果属实，我们难道不能至少拥有某种广博涉猎式的感受？当然，要把握所有这些学科的全部材料、观念、方法，基本没有可能。不仅如此，如果想通过“概念转译”或对材料的细致阐发来“整合各门社会科学”，通常只会沦为华而不实的废话。因此，所谓“社会科学总论”的课程系列里的许多内容，大抵不过如此。可是，诸如此类的把握、转译、阐发、课程，并不是“各门社会科学的统合一体”的真义。

真义乃在于：要陈述并解答任何一个我们时代的重大问题，都要求从这几门学科中的不止一门选取材料、观念和方法。一名社会科学家要想足够熟悉某领域的材料和视角，用来搞清楚自己所关注的问题，并不需要去“把握该领域”。应当专业化的是这类重点关注的“问题”，而不是恪守学院边界。在我看来，这正是当下的趋势。

第八章　历史的运用

社会科学所处理的问题关乎人生，关乎历史，也关 143
乎它们在社会结构中的相互交织。人生、历史与社会这三者就是有关人的恰当研究的坐标点。我意在以此为主要立足点，批判几股当代社会学流派的践行者割弃了这一经典传统。要想充分说清我们时代面临的问题——当下还包括人的本性为何的问题——就不能不坚持贯彻历史是社会研究的抓手的观点，承认需要进一步发展一种特别的有关人的心理学，既要接社会学的地气，又要有历史学的关联。社会科学家如果不运用历史，不对心理的东西有历史的感受，就不能充分说清某些问题，而这些问题现在理当成为其研究的方向。

一

历史研究是否属于一门社会科学，或者是否应当被视为一门社会科学，这样的争论经年累月，令人厌倦，既无关要害，也煞是乏味。具体结论为何，显然要看你说的是哪些类历史学家，哪些类社会科学家。有些历史学家明显只是在编纂所谓事实，力图避免“解释”；他们埋首于历史的某个断片，似乎不愿意结合任何更大范围的事件来定位它，往往有不少斩获。有些历史学家则超越了历史学，沉迷于有关末日将至或是荣耀将临的跨历史视野中，常常也能颇有成果。作为一门学科的历史学
144 的确鼓励人爬梳细节，但它也倡导人开阔眼界，领悟那些左右社会结构发展趋势的划时代事件。

或许绝大多数历史学家满脑子想的都是将那些理解社会制度的历史转型所需的“事实搞确凿”，并且对这类事实做出解释，通常要借助叙事。不仅如此，许多历史学家会在研究中毫不犹豫地涵盖社会生活的任何一块领域。因此，他们涉猎的就是整个社会科学领域，尽管他们和其他社会科学家一样，也可能会专擅于政治史、经济史或观念史。只要历史学家考察各类制度，他们往往会强调历经相当时间跨度的变迁，并以非比较性的方式进行研究。而许多社会科学家在研究各类制度时，其工作会更具比较取向而非历史取向。不过，可以肯定的是，这一差别只是同一任务内部的各有侧重、各司分工而已。

眼下，有许多美国历史学家都受到几门社会科学的观念、问题和方法的深刻影响。雅克·巴尔赞(Jacques Barzum)与亨利·格拉夫(Henry Graff)最近提出，或许

“社会科学家始终在敦促历史学家将其研究技术现代化”，因为“社会科学家们都太忙，没空读历史”，“当他们自己的材料换了一种模式呈现时，连他们自己都认不出来”。[①]

诚然，任何历史研究遇到的方法问题都比许多历史学家通常凭空想象的要多。但现在他们有些人却真的在凭空想象，更多的是在凭空想象认识论而不是方法，其方式只能导致令人不解地脱离历史现实。某些“社会科学”领域对于部分历史学家的影响往往非常糟糕，但这种影响尚未波及广泛，还不足以必须在此详加讨论。

历史学家的主要任务就在于秉笔直录人间世事，但这样来陈述目标，其实过于简化，带有欺骗性。历史学家呈现着人类有组织的记忆，而这种记忆作为书面历史，可塑性相当大。在不同代历史学家之间，它往往会发生剧烈的变化。它之所以发生改变，原因不仅仅是日 145
后有更细致的研究将新的事实和文献引入记录，还因为关注点有了改变，构筑记录的通行框架也有了改变。就是后两者，构成了从难以计数的可用事实中做出筛选的标准，同时也成为对这些事实的意义做出的主导解释。历史学家无法回避对于事实做出某种筛选，虽说他可能会在做出解释时保持谨慎克制，试图以此否认这一点。我们要想了解历史在被反复重写的过程中是多么容易被

① Jacques Barzun and Henry Graff, *The Modern Researcher*, New York, Harcourt, Brace, 1957, p. 221.

歪曲，并不一定需要去读乔治·奥威尔(George Orwell)富于想象力的预测，尽管他的《一九八四》戏剧化地凸显了这一点，也恰如其分地吓了我们的一些历史学家同行一跳——我们也希望真能这样。

历史学家的事业面临的所有这些危险，使其成为最具理论性的人文学科之一，也使得许多历史学家的那种茫然不觉愈发让人印象深刻。是的，让人印象深刻，但更让人无法安心。我想，曾经有些历史时期，人们的视角刻板而单一，历史学家们也可能始终对那些被不言自明地接受的主题缺乏自觉意识。但我们所处的并非这样的历史时期。如果历史学家毫无“理论”，他们也可以提供材料来撰写历史，只是他们自己写不来。他们可以自得其乐，却不能秉笔直书。那样的任务现在要求明确关注的东西，远不限于所谓“事实”。

不妨把历史学家的产品想作一份庞大的档案，所有社会科学都不可割弃这份档案。我相信，这种看法合乎实情并且富有裨益。作为一门学科，历史学有时也被认为包含了各门社会科学，但这只是少数误入歧途的“人文主义者”的看法。还有一种观念比上述两个观点都更接近要害：每一门社会科学，或者更准确地说，每一种思虑周详的社会研究，都要求其观念具备历史视野，并能充分运用史料。这个提法简单明了，却是我要论证的主要想法。

首先，我们也许会遇到社会科学家对于运用史料常有的一点异议：据说，相比于当代可用的那些更能确认、更为精确的材料，这类材料不够精确，甚或人们对其的了解不全，因此不能被允许使用。这点异议当然也 146
指出了社会研究中一个非常恼人的问题，但只有当你限定了哪些种类的信息是被承认的，它才有说服力。如前所述，经典风格的社会分析者的首要考虑，应当是也一直是一个问题有哪些要求，而不是什么刻板的方法的限制。不仅如此，这个异议只适用于某些问题，实际上，它也经常遭到有力的反驳。因为对于许多问题，我们能够获得的充分信息**只是**关于过去的信息。官方与非官方的秘密的有关事实、公共关系的广泛运用，都是我们判断有关过去与现在的信息的可信度时当然必须考虑的当下事实。一句话，这点异议只不过是另一种形式的方法论上的约束，往往也是政治上消极无为的“不可知论”意识形态的一个特点。

二

相比于历史学家在何等程度上是社会科学家，或者他们应当如何作为，更重要的是争议更大的一种说法：社会科学本身就属于历史学科。社会科学家要想履行其任务，甚或只是想说清楚这些任务，都必须运用史料。除非你接受某种有关历史本质的跨历史理论，或者你同意说社会中的人是一种非历史性的实体，否则没有任何社会科学可以被认为超越了历史。所有名副其实的社会学都是“历史社会学”。保罗·斯威齐(Paul Sweezy)说得很好，“历史社会学”就是力求撰写“作为历史的当下”。历史学与社会学之间之所以存在如此亲密的关系，有以下几点原因：

(1)我们在陈述何者有待说明时，需要非常充分的涉猎，而只有了解人类社会在历史上的多样性才能提供这样的背景。一个特定的问题，如各种形式的国族主义与各种类型的军国主义之间的关系，如果是针对不同的社会和不同的时期来问，必然往往得到不同的答案。这就意味着问题本身也常常需要重新梳理。就算只是为了以恰当的方式提出社会学问题，我们也需要历史提供的
147 多样性，更不用说解答这些问题了。我们会给出的答案或说明常常会甚或通常会采取比较的方式。无论是形形色色的奴隶制，还是犯罪的特定意涵，无论是各式各样的家庭、农村社区或是集体农庄，不管我们试图理解什么，要想理解其本质条件可能是什么，都要求进行比较。不管我们感兴趣的是什么，都必须放在多种多样的环境下进行观察。否则我们就只限于肤浅的描述。

而要想有所超越，我们就必须考察可能范围内的所有社会结构，既包括当代社会结构，也包括历史上的社会结构。如果不考虑可能的范围，当然这并不意味着所

有既存实例，那么我们的陈述在经验角度上就无法做到充分。在社会的某些特性上可能具备的这类规律或关系，也不是那么容易清晰分辨的。简言之，对于我们所研究的东西来说，历史类型是非常重要的组成部分。而对于我们就研究对象做出的说明而言，历史类型同样不可或缺。如果从我们的研究中除去这类材料，即对人们所作所为及其变化的一切记录，那就像是号称研究一朝分娩，却无视十月怀胎。

如果我们仅限于研究某个当代社会(通常是西方社会)的某个国族单位，就不可能指望捕捉到各种人的类型和社会制度之间许多真切存在的根本差异。这是一条泛泛的真理，但对于社会科学的工作而言却有着相当具体的意涵：无论哪个社会，在其典型解剖的时刻上，往往都能找到信仰、价值、制度形式等方面的如此众多的共同特性，乃至于无论我们研究得多么细致，多么精确，都找不到在这个社会，在这一时刻，人群与制度当中有什么真正显著的差异。事实上，局限于一时一地的研究往往假定或隐含了某种同质性，而就算真的存在这样的同质性，也亟须**被视作问题来研究**。在目前的研究实践中，基本上都是将它化约为一个抽样步骤的问题，这样做不可能取得有益的成果。我们不能把它梳理成仅从一时一地的角度出发来看的问题。

各个社会在内部特定现象的变化范围上，以及在更为一般的意义上，就其社会同质性的程度而言，都互见

148 差异。莫里斯·金斯伯格(Morris Ginsberg)尝言，如果我们正在研究的东西“展示出同一社会中或同一时段内个体之间足够的差异，就有可能确立起真切的关联，而不必超出该社会或时段”①。很多情况下的确如此，但通常又不那么确定，可能只是假定而已。我们要想知道是否的确如此，往往必须把自己的研究设计成对各种社会结构的比较。要想把这种比较做得充分，通常要求我们利用历史提供的多样性。如果我们不以比较的方式考察一定范围内的当代社会与历史社会，甚至都不能对社会同质性的问题做出恰切的陈述，遑论充分的解答，对于现代大众社会是这样，抑或相反，对于传统社会亦是如此。

例如，如果不进行这类工作，就无法搞清楚政治学中诸如“公共”和“公共舆论”之类的核心主题的意涵。如果我们在自己的研究中不把范围弄得更充分一些，往往注定会得出浅薄且有误导性的结论。比如，我想任何人都不会反对说，政治漠然的现状是当代西方社会政治景观的重要事实之一。然而，那些有关“选民政治心理”的研究一无比较视角，二无历史视角，我们在里面甚至都找不到一种能够真正考虑这类漠然的有关“选民”或“政治人”的分类。实际上，以这类选举研究通常的角度，根本就无法梳理这种具有历史特定性的政治漠然观念，

① Morris Ginsberg, *Essays in Sociology and Social Philosophy*, Vol. Ⅱ, 39, London, Heinemann, 1956.

更不用说它的意涵了。

说前工业世界里的农民“在政治上漠然”，和说现代大众社会里的人“在政治上漠然”，传递的并不是一个意思。一方面，在这两类社会里，政治制度对于人们的生活方式及其境况的重要性有着天壤之别。另一方面，人们参政议政的正式机会也不一样。再说，现代西方世界中资产阶级民主的整个进程引发了对于政治参与的期待，而这在前工业世界中并不总能被激发出来。要理解“政治漠然”，要说明这种现象，把握其对于现代社会的意义，我们必须考察漠然的纷繁多样的类型与条件，而 149
这就要求我们考察历史和比较性质的材料。

(2)非历史的研究通常倾向于对有限情境做静态或相当短期的研究。但这只能是一种期望，因为当更大的结构发生变迁时，我们很容易就会意识到它们的存在；而只有当我们开阔眼界，涵括足够合适的历史跨度时，我们才有可能意识到这类变迁。因此，我们要想有机会理解较小的情境和较大的结构如何相互作用，要想有机会理解作用于这些有限情境的较大的原因，就必须处理历史材料。无论结构这个关键术语的意涵是什么，要对结构有所意识，要充分陈述有限情境中遭遇的那些困扰与问题，都要求我们承认社会科学是历史学科，并依此付诸实践。

历史的研究使我们更有机会意识到结构；不仅如

此，我们要是不使用史料，也无法指望能理解任何一个社会，哪怕是一桩静态的事件。有关任何社会的意象都有其历史特定性。马克思所说的“历史特定性原则”，首先指的是如下方针：要理解任何一个给定的社会，都必须从它所处的特定时期的角度出发。不算怎么定义“时期”，在任一给定时期里盛行的那些制度、意识形态、众生男女的类型，所构成的东西都具有独一无二的模式。这并不等于说无法拿这种历史类型与其他类型相比，当然也不是说只能通过直觉来把握这样的模式。但它的确意味着，在这种历史类型中，各式变迁机制会交织成某种特定的关联，这正是该原则的第二层指涉。卡尔·曼海姆追随约翰·斯图尔特·密尔的脚步，把这些机制称为“中介原则”(principia media)，而关注社会结构的社会科学家们希望把握的正是这些机制。

早期的社会理论家试图梳理出永恒不易的社会法则，这些法则将适用于所有社会，就像自然科学中那些抽象化的步骤所引出的法则一样，能够洞彻“自然”表面
150 上的质的丰富性。但我相信，没有哪一位社会科学家所提出的任一“法则”是跨历史的，可以不被理解为必然关联着某个时期的特定结构。其他“法则”最后也都被证明其实是空洞无物的抽象命题或相当含混的同义反复。“社会法则”的唯一意涵，乃至“社会规律”的唯一意涵，就是我们针对某个具有历史特定性的时代中的某个社会结构，可能发现的或者你也不妨称之为可能建构的这类

“中介原则”。我们并不知晓有关历史变迁的任何普遍原则，我们的确知晓一些变迁机制，但这些变迁机制会随着我们考察的社会结构的不同而各见差异。这是因为，历史变迁**就是**社会结构的变迁，就是它的各个组成要素之间关系的变迁。一如社会结构纷繁多样，历史变迁的原则也是五花八门。

(3)任何一位经济学家、政治学家或社会学家，一旦丢开自己所在的发达工业国家，去考察某种不同的社会结构里的制度，如中东、亚洲、非洲等地的制度，都会非常清楚一点：要理解一个社会，了解有关它的历史的知识往往不可或缺。他在研究“祖国”时，常常会暗自用到历史；有关历史的知识就体现在他研究中用到的那些概念中。当他考虑的范围更全面，当他展开比较，他就会更清楚地意识到，对于自己想要理解的东西而言，历史范畴属于题中应有之义，而不单单是“整体背景”。

在我们的时代，西方社会的问题几乎不可避免地也是整个世界的问题。在我们的时代，它所包含的纷繁多样的社会世界第一次都处在重要、迅疾而显著的相互影响中，这或许是我们时代的一个规定性特征。要研究我们这个时代，就必须对这些世界及其相互作用进行比较性的考察。或许正是出于这个原因，曾经是人类学家的异域保留地的那些地方，如今都成了这个世界上的“不发达国家”，政治学家和社会学家都视同寻常地将其纳入自己的研究对象，经济学家也是不遑多让。当今所做的最出色的社会学研究中，有些就是对世界不同区域的研究，原因正在于此。

151 比较研究和历史研究彼此有着非常深切的关联。即便是不发达的、共产主义的、资本主义的政治经济体制在当今世界的存在实态，单单通过缺乏时间纵深的肤浅比较，你也是无法理解的。你必须拓展自己分析的时间范围。要对当今摆在你眼前的可供比较的事实做出理解，给出说明，你必须知晓各个历史阶段，知晓是哪些历史原因造成了发达的速度不一、方向各异，造成了欠发达。比如，你必须知晓为什么西方人 16、17 世纪在北美和澳洲建立的殖民地顺利发展成了工业繁荣的资本主义社会，而在印度、拉美、非洲建立的那些却直到 20 世纪依然是一片以贫困、农业为主的欠发达地区。

就这样，历史的观点导向了对于各社会的比较研究：无论针对哪一个现代西方国家，单单基于其各自的国别史，你无法理解或说明它们经历的主要阶段或当今具备的形貌。我的意思不光是说在历史现实中它与其他社会的发展相互作用，还想表明，我们的头脑在思考这个单一社会结构的历史角度和社会学角度的问题时，要是不与其他社会相互比较异同以求得理解，甚至连问题的系统阐述都无法做到。

(4)即使我们的研究并不具备明确的比较性质，即使我们关注的只是某一国内社会结构的某个有限区域，我们也需要历史材料。我们要想固定住某个摇摆不定的时刻，就只能进行抽象提炼，而这会对社会现实造成不必要的破坏。当然，我们也可以建构出诸如此类的静态速写甚或静态连拍，但不能用这样的建构作为自己研究的结论。既然我们知道自己研究的东西会发生变化，那么即使在最简单的描述层面上，我们也必须问：有哪些明显的趋势？而要回答这样的问题，我们就必须至少对“原先如何”和“未来怎样”有所交代。

我们所陈述的趋势可以是短暂的一瞬间，也可以绵延整个时代。当然，这取决于我们的宗旨。但在一般情况下，无论是多大规模的研究，我们都会发现需要考察具有相当时段跨度的趋势。考察较为长期的趋势通常都是必要的，哪怕只是为了克服历史狭隘主义，即假设当下是某种独立自主的创造。

我们想要理解当代某个社会结构中的动态变迁，就 152
必须努力捕捉其更为长远的发展态势，并据此追问：这些趋势赖以发生的机制是什么？这个社会的结构赖以发生变迁的机制是什么？正是透过此类问题，我们对趋势的关注发挥到了极致。这里必须讨论到从一个时代到另一个时代的历史过渡，讨论到我们所称的一个时代的结构。

社会科学家希望理解当下这个时代的性质，勾勒其结构，捕捉其中发挥作用的主要力量。每一个时代，只要得到恰当的界定，都是“可以理解的研究领域”，能够反映出独特的塑造历史的机制。比如，权力精英在塑造历史的过程中的角色轻重不一，取决于制度性的决策手段的集中化程度。

有关“现代”的结构与动力，以及可能具备的这类关键而独特的性质的观念，对于社会科学来说至关重要，尽管人们往往认识不到这一点。政治学家研究现代国家，经济学家研究现代资本主义。至于社会学家，尤其是与马克思主义相对立的社会学家，其问题中有许多是从“现时代的特征”的角度来提的。而人类学家在考察前文字社会的时候，也运用了他们对于现代世界的敏锐的感受力。其实，纵观现代社会科学，无论是社会学还是政治学与经济学，最经典的问题或许就牵涉到一个颇为具体的历史解释：对通常与“封建时代”相对而言的所谓“现代西方”这种都市化工业社会的兴起、要素和形貌，应该做何解释。

社会科学中最常用的概念中，有许多涉及从封建时代的乡村共同体到现时代的都市社会的历史过渡：梅因(Maine)的“身份”和“契约”，滕尼斯(Tönnies)的“共同体”与“社会”，韦伯的“地位”和“阶级”，圣西门(St. Simon)的“三阶段”，斯宾塞的“尚武社会”与“工业社会”，帕累托(Pareto)的“精英循环”，库利(Cooley)的“首属群体”和“次属群体”，涂尔干的“机械团结”与“有机团结”，雷德菲尔德(Redfield)的“乡俗文化”与“城市文化”，贝克尔(Becker)的“神圣的”与“世俗的”，拉斯韦尔的“协商社会”(bargaining society)与“警备国家”(garrison state)，如此等等。这些概念无论在多么宽泛的意义上使用，都是扎 153
根于历史的观念。即使有些人自认为并没有从历史的角度从事研究，一般也都会因为运用了这类术语，暴露出有关历史趋势的某种观念，甚至是一种时代感。

要理解社会科学家对于“趋势”通常该有的关注，就该看他们对于“现时代”的形貌和动力、对于其危机的性质的那种警觉。我们研究趋势，试图洞察事件的表面，并加以有序的领会。在这类研究中，我们往往试图聚焦于每一股只比其现状稍稍超前一点点的趋势；更重要的是，我们试图同时观察全部趋势，视之为组成时代总体结构的变动中的各个部分。当然，相较于殚精竭虑、整体观之，一次只承认一股趋势，任其散乱自处，仿佛实情如此，这种方法在学术上要容易一些(政治上也更为明智)。有些人只写些四平八稳的小文章，首先谈这股趋势，然后说那股趋势，对于这些纸上谈兵的经验主义者来说，任何“整体观之”的尝试都往往显得属于“极端主义者的夸大其词”。

当然，在尝试“整体观之”的过程中，**蕴含着**许多学术上的危险。一方面，一个人眼中的整体，到了另一个人眼里可能只是局部，有时候，因为缺乏统揽全局的眼光，这样的尝试会被巨细靡遗的描述的需要所吞噬。尝试当然也可能存有偏见，但我认为，最大的偏见莫过于只挑选那些可以精确观察的细节，却完全不考虑有关任何整体的观念，因为这样的挑选必然是任意武断的。即使是在具备历史取向的研究中，我们也很容易将“描述”与“预测”混为一谈。话说回来，这两者也并不能分得一清二楚，它们也算不上是探讨趋势的唯二路径。我们要考察趋势，可以尝试解答“我们将去往何方?”这一问题，这正是社会科学家常常试图做的事情。但我们这么做，是要努力研究历史，而不是退隐其间；是要关注当代趋势，但不能“只做新闻记者”；是要评估这些趋势的未来，但不能凭空预言。这一切都殊非易事。我们必须牢记，自己**正在**处理历史材料，它们的确会迅速变化，但也会有反向趋势存在。一面是摇摆不定的当下的即时性，一面是要梳理出特定趋势对于整个时期意味着什么所需要的普遍性，我们
154 始终必须平衡这两方面。不过，社会科学家毕竟正在努力将几股主要趋势合而观之，并且是从结构的角度来看待它们，而不是将其看成散落在一堆情境中的偶发事件，累积起来毫无新意，事实上，也根本没有累积。出于这样的宗旨，对于趋势的研究有助于我们理解一个时代，并要求我们充分而灵活地利用历史材料。

三

今日社会科学里，有一种“历史的运用”相当常见。事实上，这种运用与其说是货真价实，莫若说是仪式文

章。我指的是那种单调乏味的零碎贴补，即所谓“历史背景的勾勒”，这种勾勒往往会被作为有关当代社会的研究的序言，或者是一个专门的步骤，即所谓“给出历史角度的说明”。这样的说明依赖于某一单个社会的过去，很少能够达到充分。有关上述种种，应当说明如下三点：

第一，我认为，有一点必须承认：我们之所以研究历史，往往只是为了走出历史。我的意思是，常常被当作历史说明的东西，其实更应该被视为属于有关被说明的东西的陈述。我们不应只是把什么东西“说明”成“来自过去的某种延续”，而应当追问：“它为何会延续下来?”通常我们会发现，不管我们研究的是什么，根据它历经的阶段不同，答案也会变化。接下来，针对其中每一个阶段，我们都可以尝试找出这个答案扮演了什么角色，又是如何以及为何转到了下一个阶段。

第二，在研究一个当代社会时，我认为有一条规则一般不会错：在说明该社会在当代的特征时，首先看其在当代的功能。这就意味着要定位它们，视之为当代环境的一部分，甚至是当代环境的其他特性所引发的一部分。即便只是为了对它们做出定义，做出清晰的限定，使其组成要素更加具体，最好也首先从一个多少有些狭隘的跨度开始，当然，这个跨度仍是历史跨度。

有些新弗洛伊德主义者，可能以卡伦·霍妮(Karen
Horney)为代表，在探讨个体成年后的问题时，似乎也 155

使用了类似的一系列步骤。他们只是在论尽了个体性格在当下的所有特性和环境后，才去回溯遗传和人生经历方面的原因。当然，有关整个事情的经典讨论，还是发生在人类学里的功能学派和历史学派之间。我猜想，之所以如此，有一个原因是所谓“历史说明”往往会变成保守立场的意识形态：诸项制度历时弥久，演化至今，因此不能草率待之。另一个原因在于，历史意识也往往会变成某种激进意识形态的根源：逐项制度说到底皆属过眼烟云，因此这些特定的制度对于人来说都既非永恒不易，也不是“顺乎自然”，它们都会发生变迁。而这两方面的观点都往往依赖于一种历史决定论，甚或是容易导致消极无为姿态的历史必然性，这样来理解历史如何演变至今、如何成型若此，实属误解。我一直致力于获取这样的历史感，不想让它归于无声，但我也不想以保守或激进的立场来运用历史命运的观念，借此支撑我的说明路数。我不赞成将“命运”视为某种普遍的历史范畴，稍后我将予以说明。

我想说的最后一点甚至更具争议。即便如此，它依然非常重要：我认为，就理解它们是否需要直接诉诸“历史因素”而言，各个时期和各个社会都不尽一致。一个给定社会在某个给定时期的历史性质或许在于，对于理解它而言，“历史过去”只具有间接相关性。

当然，如果一个社会变动缓慢，贫困、守旧、疾病、愚昧历数百年而恶性循环，积重难返，要理解这样的社会，就要求我们研究其历史根源，考察其深陷于自身历史而不能自拔的历史机制，这是显而易见的。要说明这样的循环，说明其各个阶段的动力机制，就要求我们进行非常深入的历史分析。要说明的首先就是整个循环的机制。

但是在美国，或西北欧诸国，或澳大利亚，就其现
状而论，并未陷入任何历史死循环。像在伊本·赫勒敦 156
(Ibn Khaldoun)[1]笔下的荒弃世界中的那种循环，并没有攫取过它们。在我看来，从这些角度理解它们的所有尝试都失败了，事实上，往往还成了跨越历史的无稽之谈。

简言之，历史的**相关性**本身就受制于历史特定性原则。诚然，“世间万物”可以说总归“源于过去”，但“源于过去”这个短语究竟为何意，却是争议不休。有时候，世上也会涌现出全新的事物，也就是说，“历史”有时“重演”，有时并不“重演”；这取决于社会结构，取决于

① 参见 Muhsin Mahdi，*Ibn Khaldoun's Philosophy of History*，London，George Allen & Unwin，1957；*Historical Essays*，London，Macmillan，1957，内中收有 H. R. 特吕弗-罗珀(H. R. Trevor-Roper)富有见地的评论。

我们所关注的历史所属的时期。[1]

这项社会学原则或许适用于当代美国，我们的社会或许正处在一个特别的时期，在这个时期，相比于其他许多社会和时期，历史说明的相关性要更弱一些。我相信，上述情况有助于我们理解美国社会科学的几项重要特点：(1)为什么那么多的社会科学家只关注当代西方社会，甚或更为狭隘，只关注美国，认为历史研究与自己的工作无关；(2)为什么有些历史学家现在用在我看来非常任性的口吻，谈论什么“科学主义史学”(Scientif-
157 ic History)，试图在研究中运用高度形式化的技术，甚至是明确非历史性的技术；(3)为什么其他历史学家又一而再再而三地给我们留下特别的印象，尤其是在那些周日增刊中，说历史其实都是些假大空，就是出于当前

① 比如，我在沃尔特·加伦森有关劳工史诸类型的出色描述中，注意到可以支撑我讲法的论证：“……爬梳陈旧的领域所获得的边际收益大抵会是比较小的……如果缺失……重要的新材料的话。但是，这并不是把注意力放在更晚近的事件的唯一理由。当代劳工运动与30年前的劳工运动相比，不仅有量的差异，而且有质的差异。在20世纪30年代以前，它具有宗派性的特点：它的决策并不出于什么重要的经济因素，它更多关注的是狭隘的内部问题，而不是全国性的政策。”[Walter Galenson, “Reflections on the Writing of Labor History”(《劳工史书写反思》), *Industrial and Labor Relations Review*, October, 1957.]当然，就人类学而言，“功能”说明和“历史”说明之间的争论由来已久。人类学家大多还是站在功能立场上的，因为他们无法找到其所研究的那些“文化”的任何所谓历史。他们真的不得不努力借助当下来说明当下，透过一个社会各式各样当前特征的蕴含意义的相互关联，来寻求说明。有关晚近的一篇富有洞察力的讨论，参见Ernest Gellner, “Time and Theory in Social Anthropology”(《社会人类学中的时间与理论》), *Mind*, April, 1958。

的意识形态用途，无论是自由主义的还是保守主义的用途，而对过去进行的某种神话塑造。美国的过去可真是制造快乐意象的令人惊叹的源泉。如果我说大部分历史在当代无关紧要所言非虚，那么这一点其实就使这种对于历史的意识形态运用变得愈发方便。

历史研究之于社会科学的任务和承诺的相关性，当然不仅限于对这种“美国类型”的社会结构做出“历史说明”。不仅如此，所谓历史说明的相关性会各见差异，这种观念本身就是一种历史性的想法，必须基于历史的理据来讨论和检验。即便是对于这种当代社会来说，历史的无关紧要也很容易被做出过多推论。我们只有通过比较研究，才能清楚意识到一个社会**缺失**了某些历史阶段，而这对于理解该社会的当代形貌往往是不可或缺的。缺乏一个封建时代，是造成美国社会的许多特性的一个根本前提，包括它的精英群体的特点，以及地位的高度流动性，而人们往往误以为美国社会的特性是由于缺乏阶级结构，“缺乏阶级意识”。社会科学家可能会试图通过将“概念”和技术做过度的形式化处理来摆脱历史，事实上，许多社会科学家现在就是这么做的。但这些尝试要求他们就历史和社会的本质做出假设，而这些假设一无丰厚成果，二不符合实情。如此摆脱历史，使得即便只是理解这个社会最具当代特色的性质也变得不可能——我选用这个词是很小心的，因为这个社会是一种历史结构，除非我们接受具备历史特定性的社会学原则的指导，否则我们别指望能理解它。

四

在许多方面，具有社会和历史维度的心理学问题是我们当下能够研究的最引人入胜的问题。正是在这块领
158 域，我们时代的各主要思想传统，事实上，是整个西方文明的各主要思想传统，眼下形成了让人十分兴奋的交汇。也正是在这块领域，“人性的本质”，即从启蒙运动传承下来的有关人的整体意象，在我们这个时代遭到一系列趋势的质疑：极权主义政府的兴起，民族志相对主义，人身上非理性的潜力之巨大，以及众生男女明显遭受历史转型影响的速度之迅疾。

我们已经逐渐看到，要想理解众生男女的人生，理解他们何以变成纷繁多样的个体，就必须结合那些让他们的日常生活情境在其中组织起来的历史结构。历史变迁承载着丰富的意义，不仅对个体的生活方式有意义，也针对性格本身，即人所面临的种种限制与可能。生气勃勃的民族国家作为塑造历史的单位，各色男女也在其中被筛选、被塑造、被解放、被压迫，一句话，它也是塑造人的单位。正因为如此，各国或国家集团之间的斗争，也是各类人之间的斗争，从中东、印度、中国到美国，最终都将盛行这样的斗争；正因为如此，文化与政

治当下如此紧密地关联在一起；也正因为如此，才会有对于社会学想象力的如此需要、如许要求。我们如果想要充分地理解“人”，就不能视之为孤零的生物体，将其看作一堆反射或一系列本能的集合，或当其是某个“可理解的领域”或独立自在的系统。无论人还可能是什么，他是一种社会性和历史性的行动者；如果能够被理解，就必须在与社会历史结构密切而复杂的相互作用中来理解人。

当然，有关“心理学”与“社会科学”之间的关系，争论永无宁日。绝大多数争论都属于在形式上尝试将有关“个人”和“群体”的各式观念整合起来。毫无疑问，这些尝试总会以某种方式对某些人有用。幸运的是，我们在此尝试梳理社会科学的格局时，不必考虑它们。无论心理学家们可能怎么界定其研究领域，经济学家、社会学家、政治学家、人类学家，还有历史学家在研究人类社会时，都必须就“人性”做出相关预设。而这些预设现在 159
通常落入了“社会心理学”这一交叉学科。

对于社会科学的研究来说，心理学和历史学一样至关重要，乃至于只要心理学家还没有转向相关问题，社会科学家就得做自己的心理学家，所以对于该领域的研究兴趣也就愈益增长。经济学家原本一向是社会科学家当中最讲究形式化的，却也开始意识到，旧有的追求享乐、精于计算的“经济人”意象，已经不能再被设定为有关经济制度的充分研究的心理学基础。人类学已经对

“人格与文化”产生了浓厚兴趣。而对于社会学来说，和心理学一样，“社会心理学”已经成为一个颇为活跃的研究领域。

作为对这些学术发展趋势的反应，有些心理学家已经开始从事各式各样的“社会心理学”研究；另一些人试图通过各种方式重新界定心理学，杜绝明显属于社会性的因素渗入这块研究领域；更有些人把自己的活动限定在研究人体生理学的范围。不过，我在此并不打算考察心理学内部的学术专业分工；这块领域已经被折腾得十分零碎，更不要说对其加以评判了。

有一种心理学反思的风格，学院派心理学家通常不会公开采用，但其仍然影响着他们，也影响着我们整个的学术生活。在精神分析中，尤其是在弗洛伊德本人的研究中，有关人性本质的问题得到了最为广泛的探讨。简言之，就在上一代人的时间里，精神分析学家中不那么死板的人，以及受他们影响的一些人，已经做出了两大推进：

其一，他们超越了有关单个有机体的生理学，开始研究那些发生令人恐惧的事件的小家庭圈子。不妨说，弗洛伊德从一个出乎意料的视点，即医学的视点出发，开启了对处在双亲小家庭中的个体的分析。当然，人们早就注意到家庭对于人的“影响”，但新鲜的是，在弗洛
160 伊德眼中，家庭作为一种社会制度，成了个体的内在性

格及其生活命运的固有影响因素。

其二，在精神分析的透视之下，尤其是通过应该被称作有关超我的社会学研究，社会要素也被大大拓展了。在美国，精神分析传统中又融入了许多不同的源泉，在乔治·H. 米德(George H. Mead)的社会行为主义中，结出了早期的硕果。但此后，精神分析研究就陷入了束缚或徘徊。人们现在已经对“人际关系”的小范围场景看得很清楚了，但这些关系本身所处的更广阔的背景，以及个体本身，却还没有被看清楚。当然，也有一些例外，尤其是埃里希·弗洛姆(Erich Fromm)，他把经济制度和宗教制度联系起来，并探究它们对于各类个体的意涵。整体上徘徊不前的原因之一，就在于精神分析学者的社会角色受限，从职业角度上说，他的研究、他的视角都维系于个体患者；在他实践活动的专业化条件下，能够让他比较方便地意识到的问题也是有限的。不幸的是，精神分析尚未成为学术研究牢固而有机的组成部分。[①]

精神分析研究的下一步推进，就是将弗洛伊德开始在特选类型的亲属制度中出色完成的工作，充分推广到

① 之所以出现“人际关系”被神化的趋势，还有一个重要原因，就是“文化”这个词有其局限性，非常笼统，而人的内心深处许多社会性的因素就是从这个角度被认识和断言的。相较于社会结构，“文化”这个概念是社会科学中最笼统的词汇，虽说或许也正因为如此，它在专家手上就能大有可为。在实践中，“文化”这个概念与其说是充分表述了社会结构，不如说往往是含糊地指称社会情境以及“传统”。

其他制度领域中去。这里所需要的观念，是将社会结构视作多个制度性秩序的组合，对其中每一个组合我们都必须展开心理学角度的研究，就像弗洛伊德对某些亲属制度所做的研究一样。在精神病学，即对“人际”关系的实际治疗中，我们已经开始质疑一个令人困扰的核心观点，就是将价值与规范根植于个体本身据说的需要当中的倾向。但是，如果说不紧密结合社会现实，就无法理解个体的性质，那么我们就必须在这样的关联中进行分
161 析。这样的分析不仅包括将作为一个人生历程实体的个体定位于多种人际情境中，而且包括将这些情境定位于它们所组成的社会结构当中。

五

说完了精神分析领域的发展以及整个社会心理学的发展，我们现在可以简单谈谈社会科学的心理学关怀了。我在此尽可能简要概括，开列出的那些命题只是我认为最富成果的启发，或者至少是从事实际研究的社会科学家所认为的合法假设。①

要充分理解个体的生活，就必须结合他的人生历程在其间展开的那些制度。原因就在于，这样的人生历程

① 有关此处表述的观点的细致讨论，参见 Gerth and Mills，*Character and Social Structure*，New York，Harcourt，Brace，1953.

记录了他如何获得、失去、调整某个角色，并以非常切近的方式记录他在不同角色之间的转换。你可以是某类家庭里的孩子，某种孩童群体里的玩伴，一个学生，一名工人，一个工头，一位将军，一位母亲。人的生活大部分就在于在特定制度里扮演上述种种角色。我们要想理解一个个体的人生历程，就必须理解他过去和现在扮演的种种角色的意涵和重要性。而要理解这些角色，我们就必须理解它们所属的那些制度。

但是，把人看成一种社会性生物，这样的视角使我们的探究大大深入，而不仅限于作为一系列社会角色的外在人生历程。这样看问题，要求我们理解人身上最内在、最具“心理性”的特性；具体而言，就是他的自我意象，他的良知，其实就是他的心智的成长。晚近心理学和社会科学最激进的发现很可能是，人身上最私密的那些特性有如此之多受到社会性因素的调整安排，甚至直接灌输。在腺体和神经系统的宽泛限制下，要理解恐惧、憎恨、爱恋、愤怒等各式各样的情绪，都必须始终 162
紧密结合人们体验和表达这些情绪时所处的社会生活历程和社会背景。在感觉器官的生理机制的宽泛限制下，我们对于自然世界的知觉本身，我们所分辨的颜色、所察觉的气味、所听到的声音，都受到社会性因素的调整和限制。要理解人的动机激发，甚至是不同类型的人一般会察觉到的这些东西的不同程度，也都要看一个社会里通行的动机词汇，看这些词汇当中的社会性变化与混淆。

如果只看所处环境，当然不完全是婴儿和孩童时期的早期环境，是不可能理解个体的人生历程和性格的。要想取得充分的理解，我们必须把握这些私密环境与其所处的更大的结构框架的相互作用，考虑这种框架的变迁以及由此对情境产生的效应。一旦理解了社会结构和结构变迁会对更为私密的场景与体验产生影响，我们就能够理解在具体情境中的人自身都未察觉到的那些个体行为与情绪的致因。要检验有关任一类型的人的观念是否充分，不能只看这种类型的人是否觉得该观念令人满意地符合其自我意象。由于人们生活在有限的情境中，就不知晓也不能指望他们知晓造成其境况的一切原因，知晓其自我的种种局限。能够真正充分认识自己、认识到自己所处的社会位置的人群，其实是非常罕见的。而要做与之相反的假设，就像依赖部分社会科学家所使用的那些方法往往做出的假设一样，就是假设人们具备相当程度的理性自觉和自我认知，其程度之高，就连 18 世纪的心理学家都不能接受。马克斯·韦伯所阐述的"清教徒"，他的动机，以及他在宗教制度和经济制度里所履行的功能，使我们能比这种人自己更好地理解他。韦伯这样运用结构观念，使他能够超越"个体性的"对于自身及其所处情境的意识。

163 早期经历的相关性、孩童时期在成年性格心理中的"权重"，本身也要看不同社会里通行哪一类孩童期，哪一类社会生活历程。比如，现在已经能明显看出，要说清楚“父亲”在塑造人格中所扮演的角色，必须结合特定家庭类型的限制，也要看这类家庭在其所属的社会结构中处在什么位置。

并不能单单基于有关特定系列的个体及其对所处情境的反应的观念或事实构筑起有关社会结构的观念。基于有关“个体”的心理学学说来说明社会事件和历史事件，这样的尝试往往有赖于假定，社会无非是众多散布的个体，有鉴于此，如果我们全面熟悉了这些“原子”，就能以某种方式累积信息，从而搞明白社会。但这不是一项富有收获的假设。事实上，我们通过把“个体”当成社会角度上相互孤立的生物来进行的心理学研究，甚至都搞不清楚“个体”最基本的性质是什么。经济学家并不能设定“经济人”，除非是做抽象的模型建构，那当然可能还有些用处。研究家庭生活的精神病学家（事实上，几乎所有的精神病学家都是这块社会领域的专家）也不能假定经典的“俄狄浦斯人”（Oedipal Man）。这是因为，正如目前对于理解个体的经济行为来说，经济角色和政治角色的结构性关系往往至关重要，同样，自从维多利亚父权时代以来，无论是家庭内部的各种角色，还是家庭作为一项制度在现代社会中的位置，都发生了巨大的变化。

历史特定性原则既适用于社会科学，也适用于心理学。就算是人的内心生活中相当私密的特性，也最好作为处在特定历史背景中的问题来梳理。纵观人类历史的整个进程，众生男女展示出了如此纷繁多样的面貌，你只需对此稍加思索，就能认识到，上述假设完全合乎情理。和社会科学家一样，心理学家在对何为“人”这一主题发表任何定论之前，也应当好好想想这一点。

人是如此纷繁多样，乃至于在我们所知范围内，没有任何“基础”心理学、任何“本能”学说、任何有关“基
164 本人性”的原则，能帮我们说清楚难以计数的人的类型和个体本身。除了人的生活所处的社会历史现实中内在固有的一些特点，再要就人做出什么断言，也就只有人这个物种所具有的广泛的生物性限制和潜能了。但正是在这些限制之中，正是透过这些潜能，我们看到了人的众生相。如果试图通过一套所谓“基本人性”理论来说明人的历史，等于是将人的历史本身局限在有关“人性”的“概念”的某种枯燥牢笼中，而这种“概念”往往是从有关迷宫中的老鼠之类精确但无关痛痒的琐碎结论中构建出来的。

巴尔赞和格拉夫指出，“金西博士(Dr. Kinsey)的名著《人类男性的性行为》(*Sexual Behavior in the Human Male*)的标题就凸显了一个隐含的假设，但在此例中该假设并不成立：该书其实并非探讨人类男性，而只是讨论 20 世纪中叶美国的男人。……人性观念本身就是社会科学的一项假设；说它构成了其报告的主题，等于回避了要害问题。或许有的只是‘人类文化’，一种变

动不居的事情。”①

所谓存在某种人之为人所共有的“人性”，这一观念有悖于社会特定性和历史特定性，而有关人的研究中的细致工作正需要有这两种特定性。说到底，研究社会的学人尚未赢得权利去做出这样的抽象概括。当然，我们应当时常记起，其实我们对于人并没有多少了解；我们所具备的知识加在一起，也不能彻底去除历史与人生所揭示的东西：围绕着人的多样性的那种神秘莫测。有时候，我们的确是想沉溺于这样的神秘莫测，去感受我们毕竟是其中的一部分，或许我们也应当如此。但作为一个西方人，我们最终还是要研究人的多样性；对我们来说，这意味着从我们的有关观点中去除掉这样的神秘。在此过程中，我们不应忘记自己正在研究什么；不应忘记，对于人，对于历史，对于人生，对于我们既是创造物也是创造者的那些社会，我们的了解其实微乎其微。

---

① Barzun and Graff, *The Modern Researcher*, New York, Harcourt, Brace, 1957, pp. 222-223.

第九章　论理性与自由

165 社会科学家对于历史的关注的极致体现，就是他如何把握自己生活其间的那个时代。而他对于人生的关注的极致体现，就是他如何把握基本人性，把握历史进程对于人的改造可能设置的限制。

所有经典社会科学家都很关注他们所处时代的显著特征，以及历史如何在其中被塑造出来的问题；他们都关注“人性的本质”，以及他们所处的时代开始盛行的个体多样性。马克思、桑巴特、韦伯、孔德、斯宾塞、涂尔干、凡勃伦、曼海姆、熊彼特、米歇尔斯(Michels)，每一位都以自己的方式回应了这些问题。但到了我们当下，许多社会科学家却未能如此。不过，也恰恰是在当下，在20世纪下半叶，这些关注开始成为亟待解决的议题，成为挥之不去的困扰，在我们有关人的研究的文化取向中占据重要地位。

一

无论何处，人们眼下都在努力获知自己正身居何处，又将去往何方，而对于在当下创造历史，为未来担当责任，他们如果可以有所作为，又该如何行事。对于此类问题，没有人能够给出一劳永逸的回答。每个时期都有属于自己的答案。但我们眼下就面临一个难题。我们目前正处在一个时代的终点，而我们不得不找出自己的答案。

我们正处在一个可被称为“现代”的时期的终点。正 166
如“古代”之后是数百年的东方优势时代，西方人出于自己的偏狭，称之为“黑暗时代”一样，“现代”如今又正在被一个后现代时期所接替。或许我们可以称之为：“第四纪元”(The Fourth Epoch)。

诚然，一个时代何时终结，另一个时代何时开启，端赖于如何定义。但就像一切社会性的东西一样，定义也具有历史特定性。当前，我们对于社会和自我的基本定义都正在被新的现实所推翻。我的意思不单是说，短短一代人之间，人们就如此彻底、如此迅疾地承受了如此剧烈的变化，这一现象前所未有。我也不仅仅是说，我们感到自己正处在一个划时代的过渡期，竭力想把握我们猜想自己正在进入的新时代的概貌。我的意思是说，一旦我们试图为自己找到方向——假设我们真的如此努力——就会发现，到头来，原来有那么多我们曾经的期待与意象深陷于历史的束缚：有那么多我们奉为圭臬的思想范畴和情感范畴，既帮助我们说明自己周遭的事态，也往往使我们迷失方向；有那么多我们的说明是源于从“中世纪”到“现代”的重大历史转折；而当它们被推广应用于今天，就变得颇为笨拙，不合时宜，难以令人信服。我还想说，我们的主要取向，即自由主义和社会主义，几乎已经垮台，不再能够充分说明世界，说明我们自身。

这两种意识形态都源于启蒙运动，其实共享着许多假设和价值。二者都认为，合理性(rationality)的增长是自由增长的首要条件。理性(reason)推动进步的解放性观念，对科学作为纯洁之善的信仰，对大众教育的要求，对这种教育之于民主体制的政治意义的信念——上述种种启蒙运动的理念，都仰赖于一个乐观的假设：理性与自由有着内在固有的关联。对塑造我们的思维方式影响最大的那些思想家，都是基于这一假设而展开推论的。弗洛伊德的研究的进退曲折，字里行间都隐含着这样的假设：个体要想自由，就必须具备更多的理性自觉；治疗有助于让理性更有机会在个体生活进程中自由地发挥作用。同样的假设也支撑着马克思主义作品的主
167 线：人深陷于生产的非理性无政府状态，必须对自己在社会中的位置有理性的自觉；他们必须获得“阶级自觉”——这个词的马克思主义意涵所具有的理性主义色

彩，堪比边沁(Bentham)提出的任何术语。

自由主义一向关注自由与理性，视之为有关个体的首要事实；马克思主义则视之为有关人在通过政治塑造历史过程中所扮演角色的首要事实。“现代时期”的自由派和激进派其实大致都是同一类人，相信自由的个体通过理性塑造历史，也塑造自己的人生。

但我认为，放眼当今世事，我们已能明确看出，自由和理性观念为什么现在往往显得十分暧昧，无论是在我们时代的新型资本主义社会，还是在共产体制社会，皆是如此：为什么马克思主义往往成了对科层制的辩称和滥用的乏味修辞，而自由主义也沦为掩饰社会现实的一种无关痛痒的手段。我认为，无论是对于政治和文化的自由主义解释，还是马克思主义解释，都无法据以正确理解我们时代的主要发展趋势。这些思维方式兴起之时，被人奉为指导方针来思考某些类型的社会，但这些思维方式如今已不复存在。约翰·斯图尔特·密尔从未考察过资本主义世界如今兴起的这些类型的政治经济体制。卡尔·马克思也从未分析过共产主义阵营中如今兴起的这些类型的社会。他们均不曾深入思考所谓不发达国家面临的那些问题，而在当今的这些国家里，十分之七的人正挣扎在生存线上。如今我们面临着一些新型的社会结构，以“现代”理念来看，其抗拒着以我们所继承的自由主义和社会主义术语来进行分析。

由“现代”生发而来的“第四纪元”在意识形态上的标

志，就是自由和理性的理念重新变得存有争议了，合理性的增长或许并不一定能够促进自由的增长。

二

理性在世间人事里的角色、自由个体作为理性载体的观念，正是 20 世纪社会科学家从启蒙运动哲人那里继承下来的最重要的主题。如果说它们依然属于核心价
168 值，由此可以具体陈述困扰，聚焦议题，那么现在就必须以比早前思想家和研究者可用的更为精确、更有希望解决的方式，把理性和自由的理念重新陈述为待讨论的问题。因为在我们所处的时代，理性和自由这两项价值已经陷入危险，这虽然显而易见，却微妙难解。

根本趋势已是众人皆知。大型理性组织，简言之，就是科层体制，确实是在愈益增长，但大多数个体的实质理性却并非如此。芸芸众生困于日常生活的有限情境，往往没有能力理性地思考自己所处情境所臣属的庞大结构，无论后者是否具备合理性。有鉴于此，他们往往会执行一系列貌似具备合理性的行动，却对所致力的目标浑然无知。而且人们也越来越怀疑，即使是那些位高权重的人，就像托尔斯泰笔下的将军们，也只是装作他们了解情况。随着分工的不断加剧，诸如此类的组织也愈益成长，设置了越来越多难以甚或无法进行理性思考的自我、工作、休闲领域。比如，士兵“一丝不苟地

执行全套符合功能合理性的行动，但对于这次行动的最终目的何在，或者每一项行为在整体当中的功能如何，却是一无所知”①。就连那些在技术方面具备卓越智慧的人，可以高效地执行指派给自己的工作，却不知道这会导致第一颗原子弹的爆炸。

事实表明，科学并不是一次技术方面的“基督复临”（Second Coming）。在一个社会中，科学的技术、科学的合理性被赋予了核心的位置，但这并不意味着人们就会理性地生活，不再有任何神话、欺诈与迷信。教育的普及也可能会导致技术白痴和民族主义者的偏狭，而不是开明独立的头脑。向大众广泛传播历史文化，或许也并不能提升文化感受力的档次，而只会走向庸俗化，与创新机遇形成强有力的竞争。高度的科层合理性和发达的技术既不意味着高度的个体智慧，也不等于高度的社会智慧。你无法从前者推出后者。原因就在于，社会、技术或科层等方面的合理性，并不只是个体的理性意志 169
和理性能力的宏大汇总。事实上，获取那种意志和能力的机会本身倒似乎往往被这种合理性阻碍了。以合理性方式组织起来的各种社会安排并不一定是增加自由的手段，对个体来说是这样，对社会来说也是这样。实际上，倒往往有人借助这些社会安排，实施暴政和操纵，剥夺理性思考的机会，剥夺人们作为一名自由人行事的

---

① 参见 Mannheim, *Man and Society*, New York, Harcourt, Brace, 1940, p. 54.

能力。

在合理化的结构里，只有从少数几个领导位置上——有时也可能只是从有利的位置上——才比较有可能理解某些结构性的力量，它们在整体中起作用，也因此影响着普通人能意识到的各个有限部分。

形塑这些情境的力量并非源自内部，也不是那些深陷其中的人所能控制的。不仅如此，这些情境本身也越来越合理化。无论工厂还是家庭，工作还是休闲，国家还是邻里，也都倾向于成为一个功能合理化的总体的组成部分，或者受制于不可控制的非理性力量。

社会合理化程度的加剧，这种合理性与理性之间的矛盾，理性与自由之间原本据称的和谐一致的崩溃——透过这些发展趋势，我们看到了这样一类人的兴起："有"合理性，却没有理性；越来越自我合理化，却也越来越焦虑不安。正是从这类人的角度，可以对自由在当代面临的问题做出最佳陈述。但诸如此类的趋势和怀疑往往不被梳理成问题，当然也没有被广泛认识到属于重要议题，或者被认为是一系列的困扰。其实，正是它这种未被认识的特点、它的缺乏梳理，才是自由和理性在当代面临的问题的最重要特性。

三

从个体的立场来看，所发生的事情大多似乎是操纵、管理、盲目漂流的结果。权威往往不是公开显明的，享有权力的人也往往觉得不需要予以挑明并做出正当化辩护。当普通人身陷困扰，或当他们感到正面对议题时，为何不能找准思考和行动的目标，为何不能确定 170
是什么威胁到他们模糊分辨出属于自己的那些价值，原因之一就在于此。

合理化趋势甚嚣尘上，产生上述种种效应，个体也因此"竭尽所能"。他的渴望、他的工作，都维系于他所处的情境，从中他找不到任何出路。他并不是在寻求逃脱之路，而是在摸索求适之道。他的生命中工作之外的那一部分被用来玩闹，用来消费，用来"找乐"。但就连这块消费领域也逐渐被合理化。他先是与生产异化，与工作异化，现在也与消费异化，与真正的休闲异化。个体的这种求适及其对于他所处情境和自我的效应，不仅导致他丧失了获取理性的机会，假以时日，也会导致他丧失获取理性的能力和意志，还会影响到他作为一名自由人行事的机会和能力。事实上，无论是自由的价值还是理性的价值，他似乎都无从知晓。

这种求得调适的人也不一定就缺乏智慧，哪怕他们已经在这样的环境下生活、工作和娱乐了相当一段时间。卡尔·曼海姆已经把这一点说得很清楚了。他讨论了"自我合理化"，指的是深陷合理化庞大组织的有限局部中的个体，怎样逐步系统性地调控自己的冲动和渴望，调控自己的生活方式和思考方式，与"组织的规章条令”保持高度一致。所以说，合理化的组织是一种让人异化的组织：行为与思考的指导原则，这其中也包括情绪的指导原则，并不出于宗教改革风格人的个体良知，或笛卡尔风格人的独立理智而发展。事实上，指导原则与史上所知的所有个体性都产生了异化，构成了矛盾。在到达极致的发展中，随着合理性甚嚣尘上，随着合理性的落脚点和控制权从个体移到大型组织，绝大多数人获得理智的机会都被破坏了，这么说并非夸大其词。如此一来，就出现了没有理性的合理性（rationality without reason）。这样的合理性不会与自由共进退，而是自由的毁灭者。

171 这就难怪个体性的理念又出现了争议：在我们所处的时代，人的本性是什么、我们关于人之为人的种种限制与潜能的意象，都成了待决的议题。历史尚未完成它对于“人性”的限制与意涵的探究。我们并不知道，从“现代”到当代，人的心理转型究竟有多么深刻。但我们现在必须以终极的形式发问：所谓“快活的机器人”（The Cheerful Robot），是否将在当代人中间越来越多，乃至兴盛于世？

当然，我们知道，借助化学和心理治疗的手段，借助持续的强迫，借助受控的环境，可以把人变成一个机器人，即使压力无章可循，环境变化没有计划，也能有这样的效果。可是，能把人塑造成想要变成一个心甘情愿的快活的机器人吗？处在这种境况下他还能快乐吗？

这种快乐的性质和意义又是什么呢？我们不再能单纯设定，作为关于人性的一种形而上学，其认为人之为人，内心深处蕴藏着的是渴求自由的冲动、求取理智的意志。现在我们必须追问：在人性当中，在今日之人的境况中，在种种社会结构当中，都有哪些东西促成了快活的机器人的兴盛？又有哪些因素在反制？

异化的人的出现及其背后隐含的所有主题，现在都影响到我们全部的严肃思想生活，导致了我们当前的思想不适。这是当代人的境况的重大主题，是所有堪当其名的研究的重大主题。据我所知，在经典传统中没有别的任何观念、任何主题、任何问题能如此深刻，也如此深入地涉及当代社会科学可能的疏失。

卡尔·马克思在其早期有关“异化”的著述中十分出色地捕捉到的就是这个主题；格奥尔格·齐美尔在其堪当盛名的讨论“大都市”的文章中首要关注的也是这个主题；格雷厄姆·瓦尔拉斯(Graham Wallas)在有关“伟大社会”的研究中意识到的还是这个主题。弗洛姆的“机械人”(automaton)概念也隐含着这个主题。许多更为晚近的对于“身份与契约”“共同体与社会”之类经典社会学观念的运用也暗含着对这类人将日益占据上风的忧惧。而像里斯曼的“他人引导的”(other-directed)、怀特(Whyte)的“社会伦理”这样的观念，其深层意涵也正在于此。当然，还有更广为人知的例子，乔治·奥威尔的 172
《一九八四》的核心意涵，就是这类人的胜利——如果可以叫作胜利的话。

如果从积极的方面——一个如今已让人颇为怀恋的方面来看，弗洛伊德的“本我”、马克思的“自由”、乔治·米德的“主我”、卡伦·霍妮的“自发性”(spontaneity)等观念的更宽泛的意涵，就在于用这类观念来对抗异化的人的胜利。他们试图在作为人存在的人身上找到某个核心，这个核心能让他们相信，这样的人归根到底是不会被塑造成这种与自然、社会、自我都产生异化的生物的，最终也不可能变成这样的生物。当人们吁求“共同体”，就是尝试判定在什么样的条件下，能够消除出现这类人的可能性，因为有许多人文主义思想家开始相信，许多精神病专家的治疗实践本身就制造了这种异化的、自我合理化的人，所以拒绝接受这类调适性努力。但我认为，这样的尝试属于误入歧途。在所有这一切的背后，更不用说在那些严肃而敏锐的研究人的学者对传统和当下的忧虑和思考背后，其实是一桩简单但举足轻重的事实：异化的人正是西方对于自由人的意象的对立面。这种人、这种快活的机器人兴盛于世的那个社会，正是自由社会的对立面，或者，用这个词的字面直白意思来说，是民主社会的对立面。这种人的到来，使自由成为困扰，成为议题，同时我们也期望，它会成为社会科学家所面对的问题。它成为个体面临的困扰，但其中包含哪些角度和价值，个体并不能清楚意识到，因此个体为此深感不安。这样的困扰就叫作“异化”。它也成为公众所面临的议题，而其中包含哪些角度和价值，公众大体上抱持漠然。这正是民主社会面临的议题，现有的事实如此，人们的渴求亦如是。

这样的议题、这样的困扰，现在还没能得到广泛的认识，所以事实上还不是作为明确的困扰和议题而存在。但也正因为如此，体现着这些议题和困扰的不安和漠然，意义才会如此深切，效果才会这般深远。这是今日自由就其政治背景而言所面临问题的主要部分，也是梳理自由问题向当代社会科学家提出的思想挑战的主要内容。

要说自由与理智的价值支撑着困扰的缺失，支撑着不适与异化的不安情绪，并不只是自相矛盾。无独有
偶，最典型地导致对于自由与理智的现代威胁的议题， 173
首先就是缺乏明确的议题，也就是说，不是导向明确界定的议题，而是导向漠然。

这些议题和困扰之所以未能得到阐明，是因为阐明它们所必需的人的那些能力和品质，首先就是遭到威胁、趋于衰微的自由和理智。而本书一直批评的那些类型的社会科学也都没能把这些困扰和议题作为问题认真加以梳理。但在相当程度上，经典社会科学的承诺正在于它们将会受到如此对待。

四

理智与自由面临诸般危机，引发了这些困扰和议

题，当然不能把它们梳理成一个宏大的问题。但以微观视角把它们各自处理成一系列小范围议题，或是局限在各自散布的情境中的一系列困扰，同样无法应对这些困扰和议题，更不用说予以解决了。这些都属于结构性问题，要说清楚它们，就要求我们从人生历程和时代历史这两个经典角度来进行研究。只有基于这样的角度，才能追溯引发当今这些价值的结构与情境之间的关联，也才能展开因果分析。个体性的危机，塑造历史的危机，理智在自由个体生活中的角色和在塑造历史过程中的角色——社会科学的承诺，正在于重述并阐明上述问题。

社会科学在道德上和思想上的承诺，就在于自由和理智将始终是受到珍视的价值，人们还将严肃认真、持之以恒并富有想象力地运用它们来梳理问题。但这也是宽泛所称的西方文化在政治上的承诺。在社会科学里，我们这个时代的政治危机和思想危机交汇一处：其中一个领域里的严肃研究也就等于在另一个领域里的工作。经典自由主义和经典社会主义这两股政治传统加在一起，也就穷尽了我们主要的政治传统。而这两股传统作为意识形态趋于崩溃，也必然是与自由个体性的衰微、理智在世间人事中的消退有关。在当代，要从政治角度对自由主义和社会主义的宗旨做出任何重述，都必须包含下面这种特别的社会观并赋予其核心地位：在这样的
174 社会里，所有的人都将成为具备实质理性的人，他们独立的理性思考将对其所处社会，对这个社会的历史，也

因此对他们自己的生活命运产生结构性的后果。

社会科学家之所以对社会结构感兴趣，与任何认为未来在结构角度上已经确定的观点都没有关系。我们研究人们决策所受的结构性限制，试图找到行之有效的介入点，以便搞清楚，如果要扩大明确决策在塑造历史的过程中的作用，在结构角度上可以改变什么，必须改变什么。我们之所以对历史感兴趣，与任何认为未来不可避免、未来受过去限制的观点都没有关系。人都是生活在过去的某些类型的社会里，但这并不会给他们在未来可能创造的社会类型设置精确或绝对的限制。我们研究历史，是为了捕捉一些替代选择，让人的理性与自由现在可以在其中塑造历史。简言之，我们之所以研究历史上的社会结构，是为了在其中找到一些方式，实际或者能够包容并控制这些社会结构。因为只有这样，我们才能逐渐了解人的自由的限制与意涵。

自由并非单纯的有机会任性而为，也不是单纯的有机会在一系列替代方案中做出选择。自由首先是有机会梳理出可以利用的选择，并加以探讨权衡；接下来才是有机会做出选择。正因为如此，如果人的理性在世间人事中的作用不能扩大，自由也就无法存在。在一个个体的人生历程中，在一个社会的历史中，理性所承担的社会任务就在于梳理出各种选择，扩大人的决策在塑造历史过程中的作用范围。世间人事的未来如何，并不只是一系列可以预测的变项。未来有待人类的决定，尽管这无疑受限于历史的可能性。但这种可能性并不是固定不变的；在我们的时代，这些限制其实显得非常宽松。

除此之外，自由的问题等于求问：有关世间人事的未来的决策如何做出，由谁做出。从组织角度看，这个问题关乎公平的决策机制。从道德角度来看，这个问题关乎政治责任。从思想角度来看，这个问题关乎世间人
175 事如今看来有哪些未来走向。但是，今日之自由问题还有更为宽广的面向，它不仅关注历史的本质，关注明确的决策影响历史进程的结构性机会，而且关注人的本质，关注自由的价值无法以“基本人性”为基础这一事实。自由的终极问题就是快活的机器人的问题；它之所以在今天以这种形式出现，是因为我们今天都明确认识到，也许，**并非人人都**发乎自然地**想要**自由，并非所有人都愿意尽全力或能够尽全力获取自由所必需的理性。

那么，在哪些条件下，人们会开始**想要**自由并且有能力自由行事呢？在哪些条件下，他们会愿意并且能够承受自由的确会施加的负担，并视之为快乐承受的自我转化，而不是负担呢？反过来，人们能被塑造成为想要成为的**快活的**机器人吗？

在我们所处的时代，我们是否必须面对如下可能性：人的心智作为一种社会事实，可能会在质量上和文化层次上愈益下降，却没有多少人注意到这一点，因为技术上的新巧玩意儿不断累积，吞噬一切？这难道不意

味着所谓没有理性的合理性？不意味着人的异化？不意味着理性在世间人事中缺乏任何自由的角色？新巧玩意儿的累积掩盖了这些意味：使用这些装置的人并不理解它们，而创造出它们的那些人对除此之外的东西也是所知甚少。因此，可以大体确定，我们不能以技术上的丰足作为指标，来衡量人的素质和文化进步。

要梳理任何问题，都要求我们说清楚将涉及哪些价值，这些价值又会遭到怎样的威胁。这是因为，正是这些对备受珍视的价值——如自由和理性这样的价值——所构成的显著威胁，才是社会探究的一切重要问题所必须具备的道德要旨，也是一切公共议题和私人困扰的道德要旨。

“文艺复兴风格的人”的理念的所有蕴意，贴切地体现了个体性这一文化问题中涉及的价值。而对于这一理念的威胁，就是“快活的机器人”在我们当中愈益占据上风。

人类塑造历史这一普罗米修斯式的理念，体现出历 176
史塑造这一政治问题中涉及的价值。对于这一理念的威胁是双重的：一方面，历史塑造过程很可能是放任自流的，人们可以继续放弃自愿去塑造的努力，如此便只是随波逐流；另一方面，历史也确实是可以被塑造出来的，但只是出自狭小的精英圈子之手，而对于那些必须努力从他们的决策和疏失的后果中生存下来的人，他们却不承担实质性的责任。

我并不知道如何回答我们时代在政治上不负责任的问题，或是“快活的机器人”这一文化上和政治上的问题。但是，人们必须至少敢于直面这些问题，否则将找不到任何答案，这一点难道还不清楚吗？相比于其他人，最应该直面这些问题的就是富裕社会里的社会科学家，这一点难道不是显而易见的吗？但他们当中的许多人现在并没有这么做。可以肯定，这是我们时代的特权人士所犯下的最大的人为疏失。

第十章　论政治

对于从事实际研究的社会科学家来说，根本没有必 177
要让自己工作所处环境的“偶然事件”来塑造工作的政治意涵，或让其他人的宗旨来决定工作的用途。讨论工作的意涵，决定工作的用途，这基本都在他们的权力范围内，属于他们自己的方针。他们在相当大的程度上，但也是在基本未经检验的程度上，可以影响甚或决定这些方针。享有如此决定权，就要求他们做出公开的判断，对理论、方法和事实都要做出决定。这些判断作为方针，无论同行还是个体学人表示关注都无可厚非。然而，相较于有关个人方针和职业方针的公开讨论，不公开的道德判断和政治判断的影响要大得多，这难道不是显而易见的吗？人们只有把这些影响也变成需要争论的方针，才会充分意识到它们，从而尝试控制它们对于社会科学工作及其政治意涵所产生的影响。

任何一位社会科学家都无法避免做出价值方面的选择，并在研究中贯彻始终。问题同议题与困扰一样，都关注那些对人们预期的价值构成的威胁；如果不承认那些价值，问题就难以梳理清楚。无论是研究，还是社会科学家本人，都越来越服务于科层目的和意识形态目的。有鉴于此，作为个体也好，作为专业人员也好，研究人和社会的学人都面临着如下问题：他们是否意识到自己所做工作的用途和价值，这些用途和价值是否在自
178 己的控制之下，他们又是否力求控制它们？他们如何回答或无法回答这些问题，如何在自己的工作中和职业生活中运用或无法运用相关答案，决定了他们对于最后这个问题的回答：他们在自己作为社会科学家的工作中，究竟是(a)在道德上是自主的，还是(b)受制于其他人的道德立场，抑或(c)在道德上随波逐流。我确信，贯穿这些问题的关键词往往是出于好意，但已经不合时宜了。现在，社会科学家必须真真切切地直面这些相当关键的问题。要思考如何来回答它们，似乎必须涉及某些事情。我将在本章讨论其中一些内容，并给出我最近几年逐渐开始觉得合乎情理的一种回答。

一

从事实际研究的社会科学家并不是乍然撞上价值选择的需要的。他已经在特定价值的基础上展开工作了。这些学科目前所体现的价值也是从西方社会创造出的那些价值中选出来的。而在其他地方，社会科学只是一种

舶来品。当然，有些人说起话来，好像他们选出来的价值真的“超越”了西方社会或其他任何社会；还有些人说起自己的标准来，仿佛它们是某个既存社会中“内在固有”的东西，属于某种尚未实现的潜能。但可以肯定的是，人们现在广泛赞同说，社会科学诸传统中蕴含的那些价值既不是超越性的，也不是内在固有的。它们只不过是许多人宣称的价值，在一些小圈子里得到有限践行。某人所称的道德评判，只不过是他想把自己选择的那些价值予以一般化，从而让其他人也能采用。

在我看来，社会科学诸传统中蕴含着三种主导性的政治理念，当然也是其学术承诺中所涉及的三种理念。首先就是真实的价值，事实的价值。由于确定了事实，社会科学事业本身就具备了政治意涵。在这个无稽之谈广泛传播的世界里，任何有关事实的陈述都有着政治上和道德上的重要意义。凭其存在于世这一事实本身，全体社会科学家就参与了启蒙与愚昧之间的斗争。处在我们这样一个世界，践行社会科学首先就是践行有关真实的政治。

但是，有关真实的政治并不能充分陈述指引我们事 179
业的价值。放到其所处的社会环境里看，我们的研究结果的真实性、我们的调查的准确性与世间人事可能相关，也可能不相关。而它们是否相关，又如何相关，本身就是第二项价值，简言之，就是理性在世间人事中所扮演的角色的价值。随之而来的就是第三项价值，即人的自由，无论其意涵有多么暧昧不清。如前所论，无论自由还是理性，都是西方世界的文明的核心要义，都很容易被宣称为理想。但在任何具体应用中，不管是作为准则还是作为目标，它们都会引发诸多争议。正因为如此，我们作为社会科学家的思想任务之一，就是阐明自由与理性这两个理想。

如果说人的理性将在塑造历史的过程中扮演更重要、更明确的角色，那么社会科学家必然会是其主要承载者之一。这是因为，社会科学家在工作中表现出了理性在理解世间人事时的用途，他们干的就是这个。如果他们希望以自觉选择的方式进行研究，并以此方式行事，首先就必须把自己定位在所处时代的思想生活和社会历史结构中。他们必须先在才智的社会领域里找到自己的位置，然后必须将这些领域与历史社会的结构相结合。此处不能展开详论，我只想根据作为一个理性人的社会科学家可能的自我设想，简要地区分三种政治角色。

许多社会科学，或许尤其是社会学，都有着哲人王的主题。你能发现，从奥古斯特·孔德到卡尔·曼海姆，都在诉求“占有知识的人”应该得到更大的权力，并试图给出正当化辩护。更具体地说，理性的加冕当然也就意味着“占有理性的人”的加冕。如此看待理性在世间人事中所扮演的角色，会大大促使社会科学家中始终有

绝大多数人接受理性为一种社会价值，事实上这快成了
他们整个群体的态度。当这种观念与有关权力的事实牵
扯在一起时，他们也希望去除它的愚蠢之处。这个观念
还和许多形式的民主体制的气质背道而驰，因为它蕴含 180
着某种贵族统治，哪怕这种贵族统治凭的是才智，而不
是出身或财富。不过，所谓他应该成为一名哲人王这种
颇为愚蠢的观念，也只是社会科学家可能试图履行的公
共角色观念之一。

政治的品质如何，很大程度上有赖于那些参与政治的人的思想品质。要是真有“哲人”王，我可能会很想离开他的王国；但如果国王们没有任何“哲学”，就没有能力实施负责任的统治了吗？

第二种角色，现在也是最常见的角色，就是成为一名国王的顾问。我已经描述过的那些科层用途正是这一角色的当代体现。社会科学家个体往往会被卷入现代社会的许多趋势中，使个体成为一套功能合理化的科层体制的组成部分，并深陷于自己专门化的狭隘空间，乃至于无法公开关注后现代社会的结构。我们已经看到，在这种角色下，社会科学本身也往往倾向于变成一套功能合理化的机器，社会科学家个体往往会失去其道德自主和实质理性；至于理性在世间人事中所扮演的角色，也往往沦为只是对管理性、操纵性用途的技术的精致化。

但这只是国王顾问角色最坏的形式之一。我相信，

这类角色并不一定具备科层风格的形貌和意涵。要以特定的方式履行这类角色，以维持道德和学术上的正直，并因此维持社会科学相关任务的工作自由，还是比较困难的。顾问们不难把自己想象成哲人，而他们的客户则是被启蒙了的开明统治者。但就算他们是哲人，他们服务的那些人也可能无法被启蒙。有些顾问对自己侍奉的未能启蒙的专制君主依然忠心耿耿，这让我十分震撼，原因之一即在于此。不管是专制者的无能，还是教条化的愚蠢，似乎都不会使这种忠诚有所减损。

我并不是断定顾问这类角色没法做好。事实上，我知道它可以做好，也有人正在做。要是有更多的人承担
181 这类角色，那些选择第三类角色的社会科学家的政治任务和思想任务就会轻省许多，因为他们的任务有所重叠。

社会科学家还可以尝试通过第三种方式，来实现理性的价值，了解其在世间人事中所扮演的角色。该方式同样广为人知，有时甚至已经做得很好，那就是保持独立，做属于自己的工作，选择属于自己的问题，不过这种工作既**针对**“公众”，也**针对**国王。这样一种观念促使我们把社会科学想象成一种公共智力机器，关注公共议题和私人困扰，关注这两者背后潜藏的我们时代的结构性趋势。它也促使我们把社会科学家个体想象成某个自我控制的团体的理性成员，而我们把这个团体称为社会

科学。

我稍后将更充分地说明这类角色。我们如果接受这类角色，就要努力遵照理性的价值**行事**。我们如果接受说自己可以不是百无一用，就是接受了一种有关历史塑造的学说：我们等于承认，“人”是自由的，凭借其理性的努力，能影响历史的进程。这里我并不打算介入自由与理性**价值本身**的争论，而只想讨论这些价值可以基于何种历史学说而实现。

二

人可以自由地塑造历史，但有些人比其他人自由得多。这样的自由要求掌握现在塑造历史可以用上的决策手段和权力手段。但历史并不总是如此塑造的。下文将只讨论当代，在这个时期，塑造历史的权力手段已经大大扩张，大大集中。以这个时期为参照，我才可以认为，如果人们不去塑造历史，他们就越来越倾向于变成塑造历史的人的工具，成为历史塑造过程的单纯对象。

公开的决策在历史塑造过程中究竟扮演了多大的角色，本身就是个历史问题。它在很大程度上依赖于在某个特定社会的特定时间能够利用的权力手段。在有些社会，无数人的无数行动调整着他们所处的情境，从而逐步调整着结构本身。这些调整正是历史的进程。历史兀 182
自漂流，尽管总体而言是“人创造了历史”。因此，数不清的企业家和数不清的消费者通过分分秒秒成千上万次的决策，可以反复塑造自由市场经济的形貌。或许这就是马克思在《路易·波拿巴的雾月十八日》中写下这段话时脑子里想的首要限制："人们自己创造自己的历史，但是他们并不是随心所欲地创造，并不是在他们自己选定的条件下创造……"

命运，或者"必然性"，必然涉及历史中的某些事件，它们不受任何哪怕是具备以下三点特征的圈子或人群控制：(1)足够紧密，可被辨识；(2)足够强大，可以做出有一定后果的决策；(3)所处位置能够预见到这些后果，因此要为它们负责。根据这个观念，事件就是无数人的无数决策所产生的意图之外的总和后果。他们所做出的每一项决策在后果上都是微小的，容易被其他这类决策勾销或增强。任一个人的意图与无数决策的总和结果之间不存在任何关联。事件超出了人的决策：历史是背着人们被塑造的。

如此看来，命运并不是一桩普遍的事实。它并不是历史本质或人的本性中内在固有的东西。命运是具有历史特定性的社会结构类型的一种特性。如果在一个社会里，来复枪就是终极杀器，家庭农场和小商铺就是典型的经济单位，民族国家尚不存在，或者只是个渺远的框架，而沟通交流靠的是口述、传单和讲坛，那么，在**这样一种**社会里，历史可真的就是命运。

但是，想想当下我们所处境况的主要线索：一句话，不就是各种权力手段和决策手段也就是各种塑造历史的手段都大大扩张，并呈现出确定无疑的集中趋势吗？在现代工业社会里，随着农民和手工匠人被私人公司和政府工业所取代，经济生产的设施也不断发展，逐渐集中。在现代民族国家，随着国王控制了贵族，自备武器的骑士被常备军所取代，现在又被令人恐惧的军事机器所取代，暴力手段和政治管理手段也经历了类似的发展。在经济、政治和暴力方面，所有这三股发展趋势 183
出现了**后现代的**巅峰，如今正在美国和苏联有着极为戏剧化的表现。在我们所处的时代，塑造历史的国内手段与国际手段都愈益集中化。如此看来，人的自觉能动作用在历史塑造过程中所能享有的范围和机会，如今都是史无前例的，这一点难道还不清楚吗？虽然掌管这些手段的权力精英现在的确在塑造历史，尽管“并不是在他们自己选定的条件下创造”，但相比于其他人、其他时代，这些情势本身当然不会显得无法阻挡。

当然，这就是我们当下处境的悖论所在：有关塑造历史的新手段的上述事实，标志着人们已经不再必然听凭命运的摆布，现在**有能力**塑造历史了。但这一事实却被另一桩事实添上了讽刺意味：在西方社会，那些赋予人们塑造历史的希望的意识形态，如今已经没落或是正趋崩溃。而它们的崩溃也就意味着，启蒙运动的期望，即理性和自由将逐渐盛行于世，成为人类历史上的至高力量，也趋于崩溃。而在这一现象的背后，也是整个学术界在思想上和政治上的疏失。

既能承载西方世界的宏大叙述，其作为知识分子的工作又能够深刻影响政党和公众，与我们时代的重大决策息息相关，**兼具这两项任务**的知识阶层该往何处寻觅？向这类人开放的大众传媒在哪里？在掌管着两党制国家及其残暴的军事机器的人当中，又有谁关注知识、理性和感受的世界中正在发生些什么？自由的知识界与权力决策为何如此脱钩？如今的位高权重者里面为何盛行着如此不负责任的极度无知？

放眼今日之美国，知识分子、艺术家、牧师、学者和科学家都在打着一场冷战，官场的混乱在这里得到了响应和阐发。他们既不要求当权者更换政策，也不在公众面前阐述这类替代政策。他们并不试图向美国政治输入负责任的内容，倒是进一步助长并维持政治的空洞化。科学家被国家主义“科学机器”所捕获，堪比我们所称的神职人员对于基督徒的疏失，两者都属于这种令人
184 遗憾的道德境况。新闻报道撒谎已成惯例，也属于这种境况。至于冒充社会科学的那些矫揉造作的琐碎玩意儿，当然也在其中。

三

我并不指望这一观点能被所有社会科学家接受（我

当下的观点整体上也不需要)。我在这里最想说的是，无论哪一位社会科学家，只要接受了理性与自由的价值，当务之急就变为确定自由的限制，确定理性在历史中所扮演的角色的限制。

社会科学家在接受第三类角色的同时，并没有把自己看成是“外在于社会”的某种自主存在。他和其他绝大多数人一样，**的确**会觉得自己外在于这个时代塑造历史的主要决策；与此同时，他又明白，自己也是承受这些决策的许多后果的人当中的一员。他之所以在某种程度上意识到自己正在做什么，成为一名公开的政治人，主要原因即在于此。没有人可以“外在于社会”，问题只是每个人在社会中身居何处。

社会科学家通常生活在阶级、地位和权力皆属中等的环境中。从他在这些情境中的活动来看，相比于普通个体，他在解决结构性问题时的位置往往毫无优势可言，因为这些问题的解决之道从来也不可能是纯粹思想性的或私人性的。要恰当地陈述这些问题，就不能只限于开放给社会科学家的意志的情境；而它们的解决之道也同样如此。当然，这意味着这些问题关系着社会、政治和经济等方面的权力。但是，社会科学家又不单单是“普通人”。从思想上超越自己碰巧生活其间的情境，这正是他的任务所在。当他考察 19 世纪英国的经济秩序、20 世纪美国的地位等级、罗马帝国的军事制度，或是苏联的政治结构时，都是在完成这一任务。

只要他还关注自由与理性的价值，他的一项研究主题就必须去探讨，处在给定类型的社会结构中的给定类型的人，要想成为自由而理性的个体，可以利用哪些客观机会。他的另一项主题则要探讨，处在不同类型的社会中的不同位置的人，如果有机会的话，有哪些机会可
185 以首先借助其理性和经验，超越其日常情境，其次借助其权力行事，并对其所处社会的结构及所处时代产生一定后果。这些都属于有关理性在历史上所扮演的角色的问题。

考虑了这些问题就不难看出，在现代社会，有些人有权力展开颇具结构相关性的行事，并清楚意识到自己行动的后果；另一些人虽然拥有这样的权力，但并没有意识到它的有效范围；还有许多人，既不能借助自己对于结构的意识来超越其所处的日常情境，也无法通过自己可用的任何行动手段来影响结构性变迁。

就这样，作为社会科学家，我们自己给自己定位。依照我们工作的性质，我们对社会结构有意识，对其运动的历史机制也有一定的意识。但很显然，我们并未获得目前存在的可用来影响这些机制的主要权力手段。不过话说回来，我们的确拥有一种常常很脆弱的“权力手段”，透过它，可以认识到我们的政治角色，认识到我们工作的政治意涵。

我认为，接受了自由与理性的理念的社会科学家，其政治任务正在于，针对我从权力和知识的角度区分出

的其他三类人中的每一类，分别阐述自己的研究。

针对那些拥有权力并意识到这一点的人，他应该根据自己研究的发现，确定为这类结构性后果担负的不同程度的责任，并将责任归于这些人的决策与否的决定性影响。

针对那些行动造成如许后果但似乎无所意识的人，不管他已经发现了什么，他都要指向那些后果。他试图教育这些人，然后，同样要分派责任。

针对那些通常没有这样的权力，其意识也仅限于自
己所处的日常情境的人，他应借助自己的研究，揭示结
构性趋势和决策对于这些情境的意涵，揭示个人的困扰
通过哪些方式与公共议题相关联。通过这些努力，他同
时也陈述了有关更具权势者的行动，自己都发现了什
么。这些就是他主要的教育任务，而当他对任何更大范 186
围的受众发言时，这也就是他主要的公共任务。现在，
我们不妨来看看这第三类角色所设置的一些问题与
任务。

四

社会科学家无论有多少自觉意识，通常是一位教授，这种行业事实在很大程度上决定了他能做些什么。作为一名教授，他向学生发言，偶尔通过演讲和撰述，向更大范围的公众或位置更重要的人发言。要讨论他可

能担当什么样的公共角色，我们不妨紧扣这些关于权力的简单事实，或者你也可以称之为关于无权的简单事实。

如果他关注通识(liberal)教育，即解放性的(liberating)教育，他所承担的公共角色就有两大目标。他应当为个体所做的是将私人的困扰和关注转化为社会议题与问题，以接受理性的审视；他的目标就是帮助个体成为自我教育的人，只有到那时，后者才会是自由的、讲求理性的。而他应当为社会做的则是抗御一切逐步毁坏真正的公众而创造一个大众社会的力量。或者，以积极的目标来表述，他的宗旨就是帮助打造并巩固一些自我教化的公众群体。只有到那时，社会才可能是自由的、讲求理性的。

这些目标都过于宽泛，我必须用比较间接的方式来加以说明。我们关注技能，关注价值。话说回来，在“技能”当中，有些与解放的任务更为相关，有些则不太相关。我认为，不能像我们探寻所谓“中立技能”时常常采取的办法一样，将技能和价值轻易分离。这只是一个程度问题，技能与价值分处两端。而在这个范围的中段，就是我所称的感受力。我们最该感兴趣的是这些东西。要训练一个人操作机床或是读书写字，很大程度上就是在训练技能；而要帮助一个人确定自己真的想从生活中得到什么，或是与他辩论斯多葛主义者、基督徒和人文主义者的不同生活方式，就属于有关价值的教化或教育。

除了技能和价值，我们还应当加上感受力，它除了包括前两者，还包括别的东西。它包括古代意义上的某种治疗，即澄清某人关于自我的知识。它包括所有那些 187
争辩技能的教化，与自身争辩时我们称为思考的技能，以及与他人争辩时我们称为辩论的技能。教育者必须从能最深切地打动个体的地方出发，哪怕它看起来非常琐碎和庸俗。他所遵循的方式，所运用的材料，必须能够让学生在这些关注点，以及他将在自己教育过程中获取的其他关注点上，愈益获得理性的洞察。教育者必须努力培养能够并且愿意独立接续他所开启的教育的人。而任何解放性教育的最终产品，无非就是能够自我教育、自我教化的众生男女，简言之，就是自由而理性的个体。

根据民主这个词的一个主要意涵，这类个体占据上风的社会，就是一个民主社会。还可以把这样的社会定义为盛行的是真正的公众，而不是大众的社会。我这么说的意思如下：

处在大众社会里的人无论是否了解自己，都囿于个人困扰，而自己又没有能力将其转化为社会议题。他们并不理解自己所处情境中的这些个人困扰与社会结构相关问题之间的相互作用。另一方面，处在真正公众当中的有见识的人却有能力做到这一点。他明白在大多数情况下，自己所思所感的个人困扰也是其他人共享的问题；更重要的是，任何单一个体都没有能力解决这种困扰，只有靠调整自己居处其间的那些群体的结构，有时甚至是调整整个社会的结构。处在大众中的人也有困扰，但他们一般不会认识到这些困扰的真实意涵和源泉；而处在公众中的人会直面议题，一般会逐渐认识到这些议题的公共维度。

坚持不懈地将个人困扰转译为公共议题，并针对形形色色的个体，将公共议题转译成人文意涵的表达，这就是社会科学家的政治任务，也是所有通识教育者的政治任务。不仅在他的工作中，而且作为一名教育者，也在自己的生命中展示出这样一种社会学的想象力，这就是他的任务。面向他公开接触到的众生男女，教化这样
188 的心智习性，这就是他的宗旨。而确保实现这些目标，就是确保理性和个体性，就是让这些价值在一个民主的社会中得到广泛弘扬。

现在你可能暗自嘀咕：“好吧，又是这一套。他又要高蹈理想，说得什么事儿都一定显得低俗。”但我可能被人认为在做这样的事情，本身就证明了人们如今对民主这个词的用法视同儿戏，证明许多观察者对这个词的任何平白意思的偏离都无动于衷。当然，民主是一种复杂的观念，会有许多合法的分歧。但同样可以肯定的是，它还没有那么复杂，那么暧昧，乃至于没法再为想要在一起理性思考的人们所用了。

我已经努力阐明，当我说民主是一种理想时，究竟是要表明什么意思。究其本质，民主意味着那些受到人们做出的任何决策的关键影响的人，也要对这项决策拥有有效的发言权。而这就意味着一切做出此类决策的权力都必须得到公共的合法化，意味着做出此类决策的人都必须承担公共责任。然而在我看来，在一个社会里，除非我方才描述的那种公众、那种个体能够占据主流，否则这三点都无法实行。民主还要满足一些特定的条件，下文很快就会看清楚了。

美国的社会结构并不是完全民主的。我们不妨以此作为一点基本共识。我也不知道有哪一个社会是完全民主的，这还只是一种理想。我得说，今日美国的民主，主要体现在形式上，体现在相关期望的修辞上。而在实质上、在实践中，它往往是不民主的，在许多制度领域，这一点已是非常明显。企业经济的运营既不是通过一系列市镇集会，也不体现为一套特别的权力，能够对受其活动影响非常严重的那些人负责。军事机器同样如此，而政治国家也越来越与之如出一辙。我并不想让大家觉得我很乐观地认为，让许多社会科学家能够或愿意履行一种民主公共角色，甚至如果真有许多人那么做，将必然导致重建公众群体。我只是在勾勒一种在我看来兼容开放的角色，事实上也有一些社会科学家在践行这
种角色。这种角色也恰恰符合自由主义和社会主义对于 189

理性在世间人事中所扮演角色的立场。[①]

我想说的是：社会科学的政治角色，包括这种角色可能是什么、该如何履行、会如何有效，都与民主普及的程度息息相关。

如果我们承担了理性的第三种角色，即独立自主的角色，我们就是在一个并不完全民主的社会里，努力以民主的方式行事。但我们在做事情的时候，又仿佛身处一个充分民主的社会，并尝试通过这么做来去掉那个

---

① 顺便说一下，我很乐意提醒读者，抽象经验主义的风格(以及它所维持的方法论上的约束)与我正描述的民主政治角色并不能很好地契合，这与它当下的科层背景和用途颇为不同。那些将这种风格作为自己唯一的活动来践行的人，那些视这种风格为“社会科学的真正工作”的人，那些秉持其精神气质生活的人，都没有能力履行解放性的教育角色。这种角色要求个体和公众相信自己有能力运用理性，并能借助个人的批评、学习和实践，拓展理性的范围，增进理性的品质。它要求鼓励个体和公众，用乔治·奥威尔的话来说是“冲出鲸腹”(get outside the whale，典出奥威尔 1940 年的《鲸腹之家》，意思是反对精神寂静主义，不默然接受社会既存的压迫，而是奋起抗争——译注)，或用美国人的妙语来说，是“成为自己的主人”。如果告诉他们，只有依赖一种必要的科层式研究，他们才能“真正”了解社会现实，等于是打着“科学”的旗号设下了禁忌，不让他们努力成为独立自主的人，成为货真价实的思想者。这是在破坏个体巧匠对于自己了解现实的能力的自信。实际上，这等于是怂恿人们诉诸某个异在的机器的权威，来限定自己的社会信念。当然，这也符合我们这个时代理性的全盘科层化的趋势，也得到了这种趋势的支撑。学术生活的工业化、社会科学有关问题的碎片化，都不能为社会科学家带来一种解放性的教育角色。这是因为，对于被这些思想流派撕裂的东西，他们还倾向于保持这种琐碎不堪的分开的局面，却宣称这才是确凿无疑的。但如此一来，他们所做的无非是确定了抽象化的碎片，而让人们有能力超越这种碎片化、抽象化的情境，意识到那些历史结构，也意识到自己在其间所处的位置，正是通识教育的工作，**也是**社会科学的政治角色，**还是**它的思想承诺。

“仿佛”。我们在努力使社会更加民主。我认为，唯有借助这样一种角色，作为社会科学家的我们才可能尝试做到这一点。至少我还不知道有什么其他方式，可以让我们努力去筑造一个民主的政体。正因为如此，社会科学作为理性在世间人事中的首要载体，它的问题其实也就 190
是民主在今日所面临的主要问题。

五

成功的机会有多少？考虑到我们目前行事必然所处的政治结构，我认为社会科学家不太可能成为卓有成效的理性承载者。要让占有知识的人履行这种关键角色，就必须满足某些条件。马克思曾言，人们自己创造自己的历史，但并不是在他们自己选定的条件下进行创造。如果是这样，要卓有成效地扮演这一角色，**我们**需要满足哪些条件？需要的是各政党、思潮和公众群体具备以下两点特征：(1)在它们内部，有关社会生活的各种观念和替代选择得到真正的辩论；(2)有机会真正影响具有结构性后果的决策。只有存在这样的组织，对于我一直试图勾勒的理性在世间人事中所扮演的角色，我们才能表示切实可行、乐观其成。顺便说一句，我觉得这种情况该是任何充分民主的社会的一大前提要求。

在这种政体里，履行其政治角色的社会科学家可能会“支持”或“反对”各式各样的运动、阶层和利益，而不是满足于向一群往往面日模糊甚或日趋衰微的公众发言。简言之，他们的观念将投入交锋，而这场交锋(既作为一个过程，也作为任一给定时刻的结果)将具有政治上的相关性。如果我们认真对待民主的观念，认真对待理性在世间人事中所扮演的民主角色，参与这场交锋就绝不会让我们苦恼。当然，我们不能假定说，有关社会现实的所有界定，都能导向某种无法辩驳、统合一体的学说。至于有关政治做派和手段的所有陈述、关于目标的所有建议，就更不能这么假定了。[1]

如果缺乏这类政党、运动和公众群体，我们就会生活在一个特别的社会里，它确实是民主的，但主要体现
191 在其法律形式和徒具其表的期待中。这些环境其实能提供巨大的价值和可观的机会，我们不应如此轻视。事实上，它们在苏维埃世界里付之阙如，那里的知识分子起而抗争，我们应当从中学到它们的价值。我们还应当学到，那里是有许多知识分子遭到了肉身的毁灭，而在这里，却有许多人从道德上毁灭了自身。美国的民主体制固然在相当程度上徒具其表，但这并不意味着我们就可以回避以下结论：如果理性要在民主的历史塑造过程中扮演任何自由的角色，那么它主要的承载者之一肯定就

---

① 如果认为在社会观念的领域里存在诸如此类的垄断，这样的观念就属于权威主义观念，掩饰在作为理性管理者的科学塑造者的“方法”观下，也几乎不加掩饰地伪装在宏大理论家的“神圣价值”下。它还更明显地体现在我第五章分析过的那些技术专家至上论的口号中。

是社会科学。就算民主的政党、运动和公众群体付之阙如，也不意味着社会科学家作为教育者，就不该努力把他们的教育制度铸造成一个特别的框架，让由个体组成的这类解放性公众群体可以存在，至少在其形成伊始可以容身，可以鼓励并维持他们的讨论。这不等于说，他们在其不那么具有学院色彩的角色中，就不应当教化这类公众群体。

当然，这么做可能会有摊上"困扰"的风险；或者更严重的是，会面对相当要命的漠然。这就要求我们深思熟虑，提出富有争议的学说和事实，并积极推动争论。如果缺乏广泛、公开、有见地的政治辩论，人们就既不能接触到自己所处世界的有效实情，也无法了解关乎自身的现实。在我看来，尤其是目前，上文描述的角色所要求的至少是呈现出有关现实本身的彼此冲突的多种界定。通常被称为"宣传"的做法，尤其是国族主义的那种做法，并不只是有关各式各样话题和议题的意见，而是像保罗·凯奇凯梅蒂（Paul Kecskemeti）曾经指出的那样，是在传播官方对于现实的界定。

我们的公共生活现在往往依赖于这类官方界定，也依赖于迷思（myths）、谎言和脑残的（crackbrained）观念。如果有许多政策——不管是不是经过辩论——都基于有关现实的并不充分并且带有误导性的界定，那么，那些立志要更充分地界定现实的人就注定要产生令人不安的影响了。正因为如此，我所描述的那种公众以及具

备个体性的人，仅仅由于生存在这样的社会，就会变成激进派。但这正是心智、研究、才智、理性、观念的角
192 色所在：以具备公众相关性的方式，充分界定现实。社会科学在民主体制里担当的教育角色和政治角色，就是帮助教化并维持合格的公众与个体，让他们能够发展出有关个人与社会的现实的充分界定，并依此生存，循此行事。

我一直描述的这种理性角色，既不意味着你得奔出门去，赶下一班飞机到当前危机的现场，竞选议员，买家报社，深入贫民，发表街头演讲，也不要求你这么做。诸如此类的行动往往令人钦佩，也不难想见会有一些场合，我会发现自己都不禁想亲身去做这些事。但对于社会科学家来说，要是把这些当成自己的常规活动，无非等于放弃了自己的角色，用自己的行动展示出，他对于社会科学的承诺，对于理性在世间人事中所扮演的角色不抱信念。这样的角色要求的只是，社会科学家处理好社会科学的工作，避免助长理性和论述的进一步科层化。

并不是所有的社会科学家都接受我在这些议题上所持的全部观点，我也不希望他们会这样。我想说的是，他的任务之一就是搞清楚关于历史变迁的性质，关于自由而讲求理性的人在其中如果有一席之地，会居于何种位置，他自己的观点是什么。只有到了那时，他才开始

逐渐了解到，在自己所研究的社会中，属于自己的思想角色和政治角色何在，并由此想清楚自己究竟如何考虑自由和理性的价值，而它们已经深深融入了社会科学的传统与承诺。

如果个体和小群体不能自由地去做会产生历史后果的事情，同时又不具备足够的理性以洞察这些后果，如果现代类型的社会的结构，或者其中任何一个社会的结构如今都发展至此，历史其实就是盲目漂流，无法以手头的手段和可以获取的知识加以变更，那么，社会科学唯一的自主角色就是记录与理解。以为位高权重者会担负责任的想法是愚蠢的；只有在某些得到特别照顾的私人生活这种例外情境下，才有可能实现自由和理性的价值。

但这只是许多“如果”。尽管对于自由的程度、后果的范围尚有广泛的争议，但我认为，还没有充分的证据 193
使我们必须放弃自由与理性的价值，即像它们目前可能做的那样，指导社会科学研究。

像我上文所探讨的那样，试图避免这类让人困扰的议题，如今已经得到了下面这条口号的广泛捍卫：社会科学“并不致力于拯救世界”。有时候它充当着低调学人的免责之辞；有时候它是专家对于一切具有较大关怀的议题的嘲讽与蔑视；有时候它反映出青春期待的幻灭；而在许多时候，它成了某些人的姿态，他们企图假借“科学家”的声望，因为后者被想象成纯粹的、无须身体载体的头脑。但有时候，它依赖于对权力的现状而做出的审慎判断。

鉴于此类事实，我不认为社会科学将“拯救世界”，尽管我同样觉得，“力图拯救世界”这句话根本上也没错。这句短语在这里的意思是说，要避免战争，重组世间人事，以符合人的自由与理性的理想。虽然我所具备的这类知识使我对相关机会的估测颇为悲观，但即便这就是我们目前的处境，我们也仍然必须追问：如果可以借助才智发现**真有**什么出路能摆脱我们时代面临的诸般危机，难道不得靠社会科学家来陈述它们吗？我们所呈现的，是人开始对人类有了自觉意识，哪怕这并不总是很明显。对于重大问题的几乎所有解答，如今都必须诉诸人的自觉意识的层面。

根据我们目前具备的知识，向位高权重者**呼吁**实属乌托邦幻想，而且是就这个词的愚蠢意涵而言。我们与他们的关系更像是只有当他们觉得有用时才会维持；也就是说，我们成了接受他们的问题和目标的技术专家，或是宣扬他们的声名与权威的意识形态专家。更有甚者，就我们的政治角色而言，我们首先必须重新审视，自己作为社会科学家的集体事业究竟是什么性质。一位社会科学家，呼吁其同行进行这样的重新审视，根本不是乌托邦。任何一位社会科学家，只要他意识到自己正在研究什么，就必须面对我在本章已经暗示过的那个重大道德困境：人们的利益所在，有别于人们的兴趣所在

(the difference between what men are interested in and what is to men’s interest)。

如果我们采取简单的民主观点，认为**人们的兴趣所** 194
在就是我们所需关注的全部，我们就等于接受了既得利益者一向以来有意无意灌输的那些价值。这些价值常常是人们唯一有机会发展的事物。它们与其说是选择，不如说是无意之间养成的习性。

如果我们采取教条的观点，认为**人们的利益所在**是我们在道德上所需关注的全部，而无论这些是否其兴趣所在，那么我们就会冒违背民主价值的风险。在这个社会中，人们都努力共同讲求理性，理性的价值赢得高度尊重，而我们可能没成为这样的社会里的说服者，倒可能变成操纵者或胁迫者。

我的建议是：通过将注意力投向议题和困扰，将它们作为社会科学的问题来梳理，我们就占据了最佳机会，我相信这也是唯一的机会，能让理性以民主的方式在自由社会中与世间人事紧密相关，并由此实现支撑着我们研究承诺的那些经典价值。

附论：论治学之道

195 如果一位社会科学家觉得自己秉承了经典传统，那对他来说，社会科学就是一种治学。[①] 研究实质问题的人就属于那种人，会迅速被整体方法与理论的详尽讨论搞得失去耐心，疲惫不堪，觉得讨论是如此干扰自己正常的研究。他相信，让一个从事实际研究的学生来汇报自己是怎样推进工作的，远胜于专家们搞出的一打“程序汇编”，因为后者大多从未做过什么有实质影响的工

---

① 本章标题为 On Intellectual Craftsmanship，此处原文为 practice of a craft。Craft 即“手艺”，强调的是个体的而非集体的，工匠的而非机器的，艺术的而非(狭义)科学的(但并不等于汉语中所谓“匠气十足”，那恰恰指的是循规蹈矩、照搬模式)，针对具体情境的而非标准程式的方法，所以正是针对全书批判的那种科层风格的“科学”“方法”。标题原意即为“论思想手艺”，此处原意即为“践行一门手艺”。为照顾已经被广泛沿用的译法，也遵循汉语学界的传统表述，我们译为“治学”和“治学之道”(正文中有个别地方为照顾上下文表述，也有“巧匠”的译法)。米尔斯下文也用了颇具美国特色的 intellectual workman 和 workmanship，我们也译为“治学者”和“治学”。顺便说一句，当代法国社会理论家布尔迪厄强调的也是这种意象，特别参见其《反思社会学导引》中“传承一门手艺”一节以及《社会学的手艺》一书。——译注

作。只有通过交谈，让有经验的思想者就各自的实际工作方式交换信息，才能将对于方法和理论的有用感受传递给初学者。因此，我觉得有必要比较详细地报告一下我自己是怎样治学的。这样的陈述必然带有个人色彩，但我写这个也是希望别人，尤其是那些刚开始从事独立工作的人，能根据他们自身经验的事实两相引证，减少其个人色彩。

一

我想，最好还是一开始就提醒你们这些初学者，在
你们选择加入的学术界里，那些最值得敬仰的思想家们
并没有把自己的工作与生活割裂开来。他们似乎两方面
都很重视，以至于不允许出现这种割裂，希望让两者相
得益彰。当然，在一般人那里，这样的割裂已渐成常
态，我想这是因为一般人现在做的工作空洞无物。但你 196
会认识到，作为一名学人，你有额外的机会来设计一种
生活方式，它将促成好的治学习惯。投身学术，既是选
择一种职业生涯，也是选择一种生活方式。无论治学者
自己是否清楚，当他努力完善其治学之道时，他也在塑
造其自我；他落实自己的潜能，把握遇上的任何机会，
筑造一种品格，其核心就是好的治学者所具备的品质。

这么说的意思是，你必须在学术工作中学会运用你的生命体验，并坚持不懈地加以审视和解释。从这个意

义上说，治学之道就是你的核心，你与自己可能做出的每一样学术成果之间都有个人的关联。说你能“吸取经验”，首先意味着你的过去会融入并影响你的现在，而这又界定了你吸取未来体验的能力。作为一名社会科学家，你必须控制这种颇为微妙的相互影响，捕捉你的体验并细加梳理。只有这样，你才能指望用它来指引并检验你的思考，并在这个过程中把自己塑造成一名治学有道的人。但你如何才能做到这一点呢？有个好办法就是，你得建立一份档案，这可能就是社会学家的说话方式：记日记。许多有创造力的作者都记日记；社会学家需要系统性的思考，就得这样。

在我接下来要描述的这种档案中，个人体验和职业活动彼此融汇，正在进行的研究与计划进行的研究相互交织。在这份档案中，你作为一名治学者，将尝试把自己学术上做的事情和作为个人体验到的事情结合起来。在这里，你不用担心运用自己的体验，并可将它直接关联到进行中的各种工作上。你的档案可以用来核查避免重复工作，也使你能够节省精力。它还鼓励你捕捉“边角闪念”(fringe-thoughts)：即很多杂七杂八的念头，可以是日常生活的意外收获，街头耳边飘过的对话片段，或者，在这里来说，梦也算。这些闪念一旦被记录下来，不仅使更受审视的体验获得了学术上的相关性，还可能通向更为系统的思考。

你会经常注意到，那些已经富有成就的思想家，还

是那么细致地对待自己的想法，十分密切地观察自己思 197
路的发展，梳理自己的体验。即使是最微末的体验，他们也非常珍视，原因就在于，现代人终其一生，获得的个人体验是如此之少，而体验作为原创性学术工作的源泉，又是如此重要。我逐渐开始认为，对自己的体验既要能够信任，同时又要持有疑虑，这是成熟的治学者的一个标志。对于任何学术追求中的原创性而言，这种暧昧的自信都是不可或缺的。而借助档案这种方式，你可以培养这样的自信，并为之做出正当化的辩护。

通过维护一份充实的档案，并由此培养自省的习惯，你将学会怎样保持内在精神世界的清醒。无论何时，当你对什么事件或观念感受强烈，一定不要让它们从你头脑里溜走，而是要加以梳理，归入档案，同时勾勒意涵，让自己看看这些感觉或想法有多么愚蠢，或者它们是否可能被阐述成富有启发的样子。档案还有助于你培养写作习惯。如果你不是至少每周写点东西，就会“手生”。在维护这份档案的时候，你可以练习写作，从而像大家说的那样，提高你的表达能力。维护一份档案，就是参加一项受控实验。

对于社会科学家来说，最糟糕的事情之一，就是只有在一种场合下才觉得需要写下自己的“计划”，即打算为一项具体的研究或“课题”找钱。绝大多数“计划”被制订出来，或至少有些详细的书面的东西，就是为了申请经费。无论这做得多么标准规范，我想也是非常糟糕的。从某种程度上说，这注定就是推销术。而且，考虑到通行的期待，它还很可能导致煞费苦心的矫揉造作。课题可能被“展示”出来，并在远未成熟的时候就被颇为任意地详加阐释。它常常纯属向壁虚构，为了所展示的研究，也为了不管多有价值的隐含目的搞钱。一名从事实际研究的社会科学家，应当定期评估“我的问题和计划的现状”。年轻人在刚刚开始从事独立研究时，也应该思考这个问题。但我们不能指望他在这一点上能走得
198 多远，他自己也不应当如此期许；他肯定不应当变成死抱着哪一个计划不放。他所能做的就是开列自己的论题；遗憾的是，这往往是他头一份预想中独立完成的有一定长度的研究。当你的研究工作行至半途，或者大约三分之一时，这样的评估很可能会大有收获，甚至可能引起其他人的兴趣。

任何已经熟练上路的从事实际研究的社会科学家，也应当随时拥有许多计划，也就是说想法，而问题始终就在于我打算、我应该接下来研究其中哪一项？他应当为自己的主导日程专设一份小档案，反复打磨，只给自己看，或许也和朋友讨论一下。他应当经常回过头来，非常细致而有针对性地评估这份小档案，有时清闲的时候也可以做这件事情。

要想让你的学术事业始终方向明朗、驾驭自如，此类步骤都属于不可或缺的手段。我觉得，要想充分地陈

述“社会科学的首要问题”，唯一的基础就是在从事实际研究的社会科学家当中，围绕有关“我的问题的研究现状”的这类评估，开展不拘形式的广泛交流。无论在哪一个自由的学术共同体里，都不太可能出现某种“铁板一块”的问题队列，当然也不应该出现。在这类共同体里，如果生机活跃、兴盛发展，个体成员之间就会不时抽空讨论未来的研究。而在社会科学家的研究当中，也应当出现三类中间讨论——关于问题、关于方法、关于理论，并重新导回研究。它们应当接受进展中的研究的形塑，并在一定程度上指导研究。职业学会在学术上的存在理由就是为了这样的中间讨论。同样是为了它们，也有必要建立你自己的档案。

你的档案里有各式各样的话题，下面有想法、个人笔记、书本摘抄、书目文献、课题大纲。我想，这属于习惯问题，并无定规；但我认为，你会发现，最好把所有这些内容统统归入一个主档案，叫作“课题”，下面再分许多子类。当然，话题会有变化，有时还很频繁。比如，当你作为一名学生，既要准备预考，撰写论文，同 199
时还要做期末作业，你的档案将根据这三块努力的领域进行编排。但在研究生读了一年左右以后，你会开始根据自己论文的主要课题，重新组织整个档案。然后，随着你不断推进自己的研究，你会注意到，没有一项课题能主导这个档案，或是设置编排档案的主导类别。事实上，使用档案，会促使你思考时所使用的类别不断增多。这些类别会发生变化，有些被剔除了，另一些被加了进来，其具体方式就是一个指标，反映出你的学术进展和学术视野。最终，你将根据几个大课题来编排档案，里面再分为许多子课题，每年都会有变化。

所有这些都包括做笔记。你必须养成习惯，自己读的任何值得读的书，都要大量做笔记。虽说我也不得不承认，如果你读的书很次，还不如自己琢磨收获更大。无论是来自其他人的著述，还是源于你自己的生活，在把这样的体验转译到学术领域里去的时候，第一步就是要赋予其形式。单单是为一则体验命名，往往就会让你必须做出说明；仅仅是从一本书里做一则笔记，常常就会刺激你去思考。当然，与此同时，做笔记会大大有助于你领会所读的东西。

你的笔记可能像我的一样，看来只有两类：在读某些非常重要的书时，你试图把握作者论证的结构，并以此脉络做笔记；但更多的情况是，在做了几年独立研究之后，你一般不再通读全书，而是从某些自己感兴趣的、关乎自己在档案中已有计划的特定主题或话题的角度出发，选读许多书的部分章节。因此，你所做的笔记或许不能全面体现你所读的书。你只是为了落实自己的课题，**运用**某个想法，某桩事实。

二

行文至此，你想必觉得这份档案更像是某种奇怪的“文学”杂志，那这又该如何运用到学术生产中去呢？维
护这样一种档案**本身就是**学术生产。它就是在持续不断 200
地积累各种事实和想法，从极其模糊到渐趋完善。比如，我在决定研究精英后，做的头一件事情就是列出我希望了解的各种人物类型，并在此基础上草拟提纲。

我究竟为何以及打算如何做这样一项研究，或许就能体现出，一个人的生活经历是怎样滋养了他的学术工作。我已经忘了自己究竟什么时候开始对“分层”产生专业兴趣，但我觉得，初次读到凡勃伦时，兴趣想必已经萌生。我一直觉得他的“商业”和“工业”雇佣的讲法非常粗疏，甚至可以说含糊不清；在通点学术的美国公众看来，这就是对马克思的某种转译。不管怎么说，我后来写了一本书谈劳工组织和劳工领袖，这项任务背后是有政治动机的。然后我又写了一本书研究中产阶级，这项任务最初的动机是我想表述自己 1945 年以来在纽约城的个人体验。然后朋友们建议我，应该写一本关于上层阶级的书，凑成一套三部曲。我想自己脑子里已经有了这种念头。我曾陆陆续续读过一些巴尔扎克，尤其在(20 世纪)40 年代读过不少，也颇为感佩他赋予自己的任务：“涵盖”自己希望把握的那个时代的社会中所有的

主要阶级和人物类型。我还写了一篇文章研究“商业精英”，并收集整理了制宪时期以来美国政治中顶层人物职业生涯的相关统计数据。这两样事情的主要启发都源于美国历史研究的研讨活动。

我在写这几篇文章和书以及准备有关分层的课程的同时，当然也攒下了一些没用上的关于上层阶级的想法和事实素材。尤其是在研究社会分层的时候，很难避免超出你当下的主题，因为任何一个阶层的“实况”相当程度上都在于它与其他阶层的关系。有鉴于此，我开始盘算写一部关于精英的书。

但这还算不上“课题”浮现出来的“真正”方式。真正发生的事情是：(1)从我的档案中浮现出相关想法和计划，因为我所有的课题都是始于档案而终于档案，专著也无非是围绕不断汇入档案的工作的零散成果组织起来
201 的；(2)经过一段时间，相关的一整套问题开始萦绕在我脑海中。

拟完了粗略提纲，我又将整份档案检视了一遍，不仅检视了其中明显与我的研究话题有关的部分，而且检视了乍看起来似乎毫无关系的内容。把那些此前完全孤立分散的条目搁到一块儿，找寻预料之外的关联，往往能成功地激发出想象力。我在档案中为这批特别的问题专设了新的单元，当然，这也会导致档案中其他部分的新布局。

你一旦重新安排整个档案体系，往往会发现，自己

似乎正在释放想象力。显然，这是由于你试图基于不同的话题，将各式各样的想法和笔记组合到一起。这是一种组合的逻辑，“运气”有时在这过程中扮演了令人称奇的重要角色。你尝试用一种轻松自如的方式，将档案中体现的自己的学术资源与新的主题相结合。

至此，我也开始运用我的观察和日常体验。我首先想的就是自己与精英问题相关的体验，然后拿去和其他我觉得可能对相关议题有所体验和考虑的人讨论。事实上，我现在开始改变我的习惯对象，这样就包括了：(1)属于我想研究的人群的人；(2)与他们有密切接触的人；(3)通常以某种专业方式对他们感兴趣的人。

我并不完全知道，要成为最出色的学术工作者，都需要满足哪些社会条件，但其中肯定有一条：周遭有一群愿意倾听、愿意交流的人，有时他们不得不是我们想象中的人物。无论如何，我努力让自己置身于一切社会意义和学术意义上相关的环境，只要是我觉得它可能引导我沿着自己的研究脉络深入思考。我上面有关个人生活与学术生活相融合的讲法，意义之一即在于此。

当今出色的社会科学研究并不只是由一项边界分明
的经验“研究”构成的，通常也不可能如此。它得包括众
多研究，它们在关键要点上锁定了有关主题的形貌与趋 202
势的整体陈述。因此，直到重新梳理了现有的材料，构
筑了整体上的假设陈述，人们才能做出决定：究竟哪些

是锁定陈述的关键要点?

现在，在“现有的材料”当中，我从档案里找到了三类与我的精英研究有关的材料：必然与话题相关的几种理论；已经被其他人梳理出来的证明**这几种**理论的材料；还有一些材料已经被收集起来，整理汇编以资利用的阶段各异，但尚未建立与理论之间的直接关联。只有借助诸如此类的现有材料，初拟出一套理论，我才能有效地确定自己的核心主张和直觉预感，并设计一些研究来检验它们。或许我也不必如此，尽管我当然也明白，自己稍后会不得不来回穿梭于现有的材料和自己的研究间。任何定论都不能只是在自己所知和能用的数据范围内“涵盖数据”，还必须以某种肯定或否定的方式，考虑现有可用的理论。要“考虑”一个想法，有时只需与或颠覆或支持的事实相对照，有时则需要详细的分析或限定。有时候，我可以系统地安排可用的理论，作为可供选择的范围，并根据这个范围来组织问题本身。[①]但有时候，我也只会用自己的布局，在颇为不同的场合来安放这些理论。不管怎么说，在讨论精英的书里，我必须考虑以下等人的研究：莫斯卡、熊彼特、凡勃伦、马克思、拉斯韦尔、米歇尔斯[②]、韦伯和帕累托。

---

① 例子参见 Mills，*White Collar*，New York，Oxford University Press，1951，chapter 13. 我在自己的笔记里做过类似的事情，将莱德勒(Lederer)和伽塞特(Gasset)与“持精英理论者”视为对于18、19世纪民主学说的两类反应。

② 原文此处为 Michel，应为 Michels。——译注

我浏览了有关这些论家的一些笔记，发现他们给出了三类陈述：(a)从有些论家那里，你通过系统地重述他就给定论点或整体上说了些什么，就能有直接的获益；(b)对于有些论家，考虑到其给出的理由和论证，你会予以接受或驳斥；(c)还有一些论家，你会拿来用作自己的详细阐述和课题方案的参考建议。这里就牵涉 203
到你要把握一个论点然后追问：我怎么能把这个变成可检验的模样，又该怎么检验它？我该如何以此为核心进一步展开阐述，以其为视角，使那些描述性细节都呈现出相关性？当然，正是在这样处理现存想法的过程中，你会觉得自己承继了此前的工作。下面有几条读莫斯卡的原始笔记的摘录，或许能体现出我一直在试图描述的东西：

> 除了历史轶闻，莫斯卡还用以下断言支撑他的命题：正是组织的权力，使少数派有能力始终维持统治。有组织有素的少数派，他们管理着世间人事。也有缺乏组织的多数派，他们被管理。[①] 但是，为什么不同时考虑(1)组织有素的少数派，(2)组织有素的多数派，(3)缺乏组织的少数派，(4)缺乏组织的多数派呢？这值得全面探究。首先必须搞清楚的是："组织有素"的意思是什么？我想莫斯卡的意

① 莫斯卡有关心理法则的陈述也被视为支持其观点。要注意他对"本性"这个词的用法。但这并非核心，甚至可以说不值得考虑。

思是说，有能力制定出多少算是持续和协调的政策并付诸行动。如果是这样，他的命题根据定义就是正确的。我想他会说，所谓“组织有素的多数派”是不可能的，因为这最终将体现为在这些多数派组织的顶层，会出现新的领袖、新的精英，他很容易就把这些领袖挑出来归为他所说的“统治阶级”。他称他们为“发号施令的少数派”，在他大言不惭的陈述之下，尽是些站不住脚的材料堆砌。

我突然想到的一件事情（我想那就是莫斯卡呈现给我们的定义存在的诸多问题的要害）就在于：从 19 世纪到 20 世纪，我们已经见证了一场转变，从以第 1 种和第 4 种情况组织起来的社会，转到**更多**是从第 3 种和第 2 种的角度建立起来的社会。我们已经从精英国家转到组织国家，其中的精英不再如此组织有素，不再那么单方面享有权力，大众变得更加组织化，更加有权力。有些权力是在街头赢得的，有一整套社会结构及其“精英”以其为中轴。统治阶级中有哪个部分会比农业集团更有组织性呢？这并不是个反问句，我现在可以从正反两方面回答，这只是个程度问题。但现在我只想挑明这一点。

莫斯卡提出了一个观点，这观点在我看来很妙，值得进一步阐发：他认为，在“统治阶级”里，往往还有一个顶层小集团，以及一个次高的较大阶

层，(a)顶层与其保持着持续而直接的接触，(b)其与顶层分享观念、情感，他相信也因此分享政策 204
(430页)。然后我们要检查一下，看看他是否在书里其他地方提出了别的关联点。小集团吸收的人员是否主要来自次高层？顶层是否要以某种方式为次高层负责，至少要密切关注次高层？

现在不妨暂且抛开莫斯卡，在另一套词汇中，我们有：(a)精英，这里我们指的是顶层小集团；(b)有分量的人；(c)其他所有人。在这个图式里，第二层和第三层的成员资格是由第一层界定的，至于第二层的规模大小，内部构成如何，与第一层和第三层的关系怎样，则差别甚大。(顺便问一下，第二层与第一层和第三层的关系的变化范围能有多大呢？可检视一下莫斯卡的讲法以寻求线索，通过系统的思考来进一步拓展。)

这个图式或许能帮助我更清晰地考虑不同的精英，他们是根据好几个分层的维度划出来的。当然，还要以清晰而有意义的方式，重拾帕累托有关统治精英与非统治精英(governing and non-governing elites)的区分，只是不像他那么形式化。可以肯定，有许多拥有至高地位的人至少会处在第二层，大富豪也是如此。所谓“小集团”或“精英”指的是权力还是权威，这要看具体情况。这套词汇里的精英始终指的是权力精英，其他的顶层人群可能是上层阶级或上流集团。

因此，我们或许能以某种方式，结合另外两大问题来使用这一图式，一是精英的结构，一是分层与精英理论之间在概念上的关系——后来或许也成了实质上的关系。(把这点搞清楚。)

从权力的角度来看，找出是谁有分量比找出是谁在统治要容易一些。当我们努力完成前一项任务时，我们选出顶层作为某种松散聚合体，依据的是所处的位置。但当我们尝试后一项任务时，必须具体明确地指出他们如何行使权力，与赖以实施权力的那些社会手段有着怎样的关联。我们处理的与其说是位置，不如说是人，至少是必须考虑人的因素。

目前，美国的权力牵涉到的不只是一类精英。我们如何能够判定这几类精英之间的相对位置？这取决于所处理的具体议题和决策。一类精英将另一类精英看作有分量的人。正是精英之间的这种相互认可，使得其他类型的精英有了分量；他们以这样那样的方式，成为对于彼此而言重要的人物。课题：选择过去十年间三到四个关键决策，如投放原子弹、增减钢产量、1945 年的通用汽车大罢工，详细追踪每项决策中涉及的人员。如果想找寻重点，不妨用“决策”和决策过程作为访谈的焦点。

三

你的研究进程中有一个阶段，是通读其他的书。不 205
管你想从中读到些什么，都记在笔记和摘要里。而在这些笔记的旁注和另设的档案里，记下供经验研究用的想法。

如果可以避免，现在的我是不打算去做经验研究的。如果你一个助手都没有，就有一大堆麻烦事儿；而如果你真的雇了一位助手，这位助手本身往往更加麻烦。

以今日之社会科学的学术条件而论，有大量工作是借助最初的“结构化”(就当这个词代表着我在描述的这种工作好了)来完成的，所以大部分所谓“经验研究”都注定是贫乏无味的。事实上，大部分这类工作都是面向新手上路的学人的某种形式化练习，有时也是一种有益的探索，适合那些还没有能力处理社会科学中更为棘手的实质问题的人。在经验探究中，最具价值的地方其实就在于阅读本身。经验探究的宗旨就在于解决有关事实的分歧和疑虑，从而通过将各方立场变得更具实质理据，让辩论更有收益。事实固然约束着理性，但理性是任何学问领域里的先行军。

尽管你永远也不能够拿到足够的钱，去做你设计的许多经验研究，但还是有必要继续设计这些研究。这是因为，一旦你展开了一项经验研究，即使半途而废，它也会引导你展开新的一场对于材料的探寻，最后往往还会表明，它与你的问题之间具有意料之外的相关性。如果答案可以在图书馆里找到，还要设计一项实地研究，那是很愚蠢的；但你在把书本转译成适当的经验研究，也就是转译成有关事实的一系列追问之前，就认为自己已经琢磨透了这些书，那也同样愚蠢。

我这类工作所必需的经验课题首先得有希望与我上面所写的初稿具有相关性，它们要么确认其原初形式，要么导致修改原稿。再说得隆重一些，它们必须对理论建构有意义。其次，课题方案必须切实有效、简洁明晰，如
206 果可能，还要富有创意。我的意思是说，它们必须有希望带来大量新鲜材料，配得上所投入的时间和精力。

但又该怎样做到这些呢？要陈述一个问题，最经济的方式就是尽可能单凭推论来解答。通过推论，我们力求(a)分离出每一个有关事实的问题；(b)以特定的方式追问这些有关事实的问题，确保答案有助于我们通过进一步的推论，解决进一步的问题。①

---

① 或许我应当用更隆重的语言来说同样的事情，以便让那些还不了解的人看明白，这一切可能有多么重要，也就是说：在阐述问题情境时，必须既充分关注其理论意涵与概念意涵，也充分考虑合宜的经验研究范式和适用的证明模型。而这些范式和模型又必须以特定的方式建构，以便能够从应用中提取出理论上和概念上进一步的意涵。首先应当充分探索问题情境在理论上和概念上所具备的意涵。要做到这一点，社会科学家就必须具体确定每个方面的意涵，并彼此结合予以考察，同时还得使其适合经验研究范式和证明模型。

你要想以这种方式把握问题，就必须留意四个阶段，不过，通常最好是反复多次地实施这四个阶段，而不是在其中某一个阶段上长久耽搁。这四个步骤分别是：(1)你基于对话题、议题或关注领域的整体了解，觉得自己接下来必须考虑一些要素和定义；(2)这些定义和要素之间的逻辑关系，顺便说一句，构造这些初步的小模型，正是发挥社会学的想象力的最佳机会；(3)由于忽略了必需的要素，术语定义不当或不清，或是对某一部分过分强调及其导致的逻辑延伸等，产生了一些错误观点，应予以清除；(4)对遗留的有关事实的问题进行陈述或调整陈述。

顺便说一下，只要想充分地陈述一个问题，第三步都非常必要，却常常被忽视。问题无论是作为议题还是作为困扰，对于它的通行认识都必须得到认真考虑，那也是问题的一部分。当然，学术陈述必须得到仔细审查，要么在重新陈述时彻底利用它，要么就弃之不用。 207

在决定手头的工作需要进行哪些经验研究之前，我首先要草拟一份更大的设计，其中开始生发出各式各样的小型研究。同样，我还是从档案中摘录了一些：

> 我还没有准备好以系统而经验的方式研究作为整体的上层集团。因此，我所做的只是提出一些定义和步骤，为这类研究构筑某种理想设计。然后，

我就能够尝试：**第一**，搜集切近该设计的现有材料；**第二**，思考基于现有指标，以哪些便捷方式搜集材料，能在关键要点上满足设计；**第三**[①]，接下来我可以进一步明确整体上的一系列经验研究，这到最后都是必不可少的。

当然，要系统地界定上层集团，必须从具体的变项出发。从形式上说，这也多少符合帕累托的做法，任何给定价值或价值系列中，无论什么可用的东西，他们这些人都是“拥有”最多的。因此，我必须做出两项决定：我该以哪些变项作为判断标准，我说的“最多”又是什么意思？我决定了该用哪些变项，就必须尽可能构筑出最佳指标，如果可能的话将采用可量化的指标，以便从这些指标的角度来确定总体/人群(population)分布。只有做完了这些，我才能开始明确自己说的“最多”是什么意思。这是因为，在一定程度上讲，这应该留待对于各种分布及其重叠的经验考察来确定。

我的关键变项首先应当足够一般化，能让我在选择指标时有一定的余地，但又要足够特殊化，能导向搜集经验指标。随着研究的推进，我将不得不在观念与指标之间来回穿梭，就想着既不能丢失原本的意涵，又得对它们有相当具体的把握。以下是

① 原文此处无着重格式，疑系遗漏。——译注

我会作为出发点的四个韦伯式变项：

Ⅰ. **阶级**，指的是收入的来源与数量。所以我需要掌握资产分布和收入分布。这里理想的材料(很稀缺，遗憾的是还往往过时)是年收入的来源与数量的列联表。比如，我们知道，1936年，总数人口的X%得到了Y百万美元或更多的收入，而所有这些钱中，Z%来自资产，W%来自经营回报，Q%来自工薪所得。在这个阶级维度上，我可以把上层集团，即那些拥有最多的人，界定为在给定时间内获得给定数量的收入的人，或者界定为在收入金字塔上占据最上层百分之二的人。查看财政部记录和大纳税人名单，看看是否能够更新有关收入来 208
源和数量的TNEC[①]表格。

Ⅱ. **地位**，指的是得到的遵从的数量。针对该变项，并没有任何简单的或可量化的指标。现有的指标要用的话，需要进行个人访谈；迄今为止，这只限于地方社区研究，总之基本上没什么用场。进一步的问题在于，地位不像阶级，地位还涉及社会关系，至少需要有一个人接受遵从，一个人授予遵从。

名声(publicity)和遵从(deference)很容易搞

① TNEC，即美国国家临时经济委员会(The Temporary National Economic Committee)的简称，1938年6月由国会设立，1941年4月国会停止拨款。其功能在于研究垄断势力并向国会报告结论。——译注

混；或者更准确地说，我们还不知道，是否应该用名声的大小作为确定地位的指标，尽管这可是最容易获得的指标。(例如：查查 1952 年 3 月中旬的某一天或前后两天，《纽约时报》或其所选版面上提到姓名的人都属于下列哪些类别，就能说明问题。)

Ⅲ. **权力**，指的是某人在即使他人抵制的情况下也能实现其意志。就像地位一样，这个变项也还没有找到好的指标。我觉得自己没法把它始终作为一个单一维度，但还是必须讨论(a)正式权威，即在各种机构中，尤其是军事机构、政治机构和经济机构中的位置所享有的权利和权力；(b)尚无正式设置但以非正式方式实施的权力，如压力群体的领袖、可调动影响力广泛的媒体的宣传分子之类。

Ⅳ. **职业**，指的是获得报酬的活动。在这个变项上，我同样必须选择自己应当抓住职业的哪一个特征。(a)如果我使用多种职业的平均收入，并对职业进行排序，我当然就是在以职业作为测定阶级的一项指标，也作为判定阶级的基础。与此类似，(b)如果我采纳通常被赋予不同职业的地位或权力，那我就是在以职业作为测定权力、技能或才干的指标，也作为判定这些东西的基础。但要区分人的阶级绝不是一件简单的事情。技能并不是一种同质性的东西，能以多少区分，这和地位一般无二。如果试图这么来处理技能，通常会从获得各种技能所需耗费时间长度的角度来计算，或许也不得不这么做，虽说我希望自己能想出更好的办法。

要想根据这四个关键变项，从分析层面和经验层面界定上层集团，我就必须解决这几类问题。出于设计目的的考虑，假设我已经令自己感到满意地解决了问题，已经分别从每一个角度搞清楚了总体分布。然后，我就有了四组人，他们分别处在阶级、地位、权力和技能的顶层。再进一步，假设我挑出每组分布中的最高 2% 作为上层集团。然后，我就会面临如下可从经验角度回答的问题：这四组分布如果彼此有重叠，那么每组的重叠程度有多大？不妨通过下面这张简表来确定可能性范围：（＋ ＝ 最高 2%；－ ＝ 较低 98%）。

209

			阶级			
			＋地位		－地位	
			＋	－	＋	－
权力	＋技能	＋	1	2	3	4
		－	5	6	7	8
	－技能	＋	9	10	11	12
		－	13	14	15	16

如果我有材料可以填满这张图表，它将包含研究上层集团所需的主要数据和许多重要问题，将能破解许多定义问题和实质问题。

我还没有数据，也无法获得数据，这就使得我的推测愈发重要，因为在这种思考的过程中，如果就是想着要逐步接近理想设计的经验要求，我就会捕捉到重要的领域，有可能得到相关的材料作为落脚点，通向进一步的思考。

对于这个一般模型，我还得补充两点，让它在形式上更趋完善。要充分理解上等阶层，就得重视其持续性和流动性。这里的任务就是确定：诸个体与群体在当前一代，以及此前两代到三代，在各个位置(1～16)之间的典型流动状况。

这就把人生(或职业路径)与历史的时间维度引入了图式。这些并不仅仅是更进一步的经验问题，也与定义相关。这是因为，(a)我们希望继续探问，是否从我们某一个关键变项的角度来区分人的阶级，因此在界定我们的类别时，就应当看他们或他们的家庭已经占据了所探讨的位置多长时间。比如，我可能想确定，地位最高的2%，或者至少是地位等级上的重要一类，占据该位置至少已有两代人的时间。再有，(b)我也希望继续探问，是否应当在构建一个“阶层”的时候，不仅看几个变项的交织，还要符合被忽视的韦伯有关“社会阶层”的界定，即“社会阶层”由其间存在着的“典型而方便的流动”的位置构成。这样一来，在某些产业中，低层白领职业和中上层雇佣工人工种就似乎在这个意义上正在形成一个阶层。

你在阅读和分析其他人的理论，设计理想的研究，210
泛读档案的过程中，将开始开列一份具体研究的单子。其中有些太宏大，难以驾驭，会被及时放弃，虽说留有遗憾；还有一些最终将成为素材，可以写成一句、一段、一节乃至一章；更有一些将会成为统贯全局的主题，被编织成一整本书。这里再摘录几项这类课题方案的原初笔记：

> (1)对大公司的十位顶层管理人员的一个典型工作日做时间安排分析，再对十位联邦政府官员做类似分析。这些观察将与详细的“生活史”访谈相结合。这里的目的就在于至少部分从所投入的时间的角度出发，来描述主要的例行活动和决策，并由此深入考察与所制定决策相关的那些因素。根据能确保得到的合作程度大小，研究程序自然也会不尽相同，但理想状态下，首先将会进行一场访谈，搞清楚此人的生活史和当前处境；其次，完成一天的观察，真正坐在此人办公室的某个角落，全程跟踪；最后，当晚或次日再进行一次长时间访谈，我们与他一起回顾这一整天，探问我们观察到的外部行为背后都涉及哪些主观过程。
>
> (2)对上层阶级的周末进行分析，密切观察其例行活动，随后，在接下来的周一对此人及其他家

庭成员进行访谈。

对于这些任务，我都有相当不错的人脉接触，而如果处理得当，不错的人脉接触当然能引出更好的人脉接触。[1957 年附记：事实证明这一想法只是幻念。]

(3)研究开支账户以及薪酬和其他收入之外的其他特权，它们共同构成了顶层生活的标准与风格。这里的想法在于具体落实所谓“消费的科层化”(the bureaucratization of consumption)，即将私人开销转嫁到企业账户上。

(4)更新伦德伯格所著《美国六十家庭》(*America's Sixty Families*)之类的书中包含的那类信息，该书所用的纳税申报单还是 1923 年的，早已过时。

(5)根据财政部记录和其他政府渠道，搜集并系统整理不同类型私有资产的所持数量分布。

(6)对历任总统、全体内阁成员、最高法院所有法官进行职业路径研究。从制宪时期一直到杜鲁门总统第二任期的这方面材料我都已经转入 IBM 卡①，但我希望扩展所使用的条目，重新进行分析。

这类“课题方案”大约还有其他 35 个[比如，比较
211 1896 年与 1952 年两次总统大选所耗金钱的数量，详细

① 见本书第 70 页注①。——译注

比照1910年的摩根(Morgan)和1950年的凯泽(Kaiser)，以及关于“三军将帅”(Admirals and Generals)职业生涯的具体情况]。但随着研究的推进，你当然必须根据可以获得的资料，调整自己的目标。

写好这些设计方案，我就开始阅读有关顶层群体的历史研究，随意记些笔记(不列入档案)，解读材料。你不必真的**研究**自己在谈的话题，因为如我所言，一旦你深入钻研，满眼皆是话题。你对相关主题非常敏感，它在自己的体验中随处可见，随处可闻，尤其是我始终认为，它会出现在乍看起来并无关联的地方。就连大众传媒，特别是劣质电影、廉价小说、画报杂志、夜间广播里面，也会向你展示出鲜活的重要意义。

四

但是，你可能会问，想法是怎么冒出来的呢？想象力又是怎么被刺激出来，把所有的意象和事实都拢到一块儿，让意象具备相关性，并赋予事实以意义？我觉得自己其实无法回答这些问题，只能谈谈似乎能使我更有机会想出某些东西的一些整体条件和几点简单技术。

我想提醒你们注意，社会学的想象力相当程度上就在于有能力从一种视角转换成另一种视角，并在此过程中培养起对于整个社会及其组成要素的充分观照。当然，正是这种想象力使社会科学家有别于单纯的技术专家。只需短短数年，就可以训练出合格的技术专家。社会学的想象力倒也可以培养，当然，要是没有经过大量的，往往也是例行常规的工作，也很少能实现这一点。[①]不过，它还有一种意想不到的品质，或许是因为它的本质就在于将没有人想得到可以融合的观念，如分别来自德国哲学和英国经济学的一堆观念，给融合到了一起。支撑着这种融合的，是轻松嬉戏的心态，是一种真正锐利的要去领会这个世界的冲动，而这是典型的技术专家
212 往往缺乏的。或许后者被训练得太好，太不走样。既然你只能被按照已知的模样来**训练**，那这样的训练有时候就会使人丧失学习新路数的能力；它使你抵制那些注定会乍看起来不太严密甚或站不住脚的东西。但是，如果这类模糊的意象和观念出自你身上，那你一定别放弃，必须把它们梳理出来。这是因为，如果有原创性的观念，它们一开始几乎都是以这样的形式呈现的。

我相信，要激发社会学的想象力，是存在一些确定的方法的：

(1)在最具体的层面上，如前所述，重新梳理档案就是诱发想象力的一种方式。你只需要清理此前互无关

---

① 参见哈钦森(Hutchinson)在《人际关系研究》(*Study of Interpersonal Relations*)一书中讨论“洞察力”与“创造性工作”的出色文章，edited by Patrick Mullahy，New York，Nelson，1949。

联的文件夹，打混它们的内容，然后重新归类。你要试着用一种比较放松的方式来做这件事情。诚然，你重新整理档案的频率有多高、力度有多大，随着问题的不同，以及它们成熟程度的不同，会有相当的差异。但它的机理就这么简单。当然，你脑子里会想着自己正在积极探索的好几个问题，但你还得尝试被动地接受不曾预见的、计划之外的关联。

（2）以轻松嬉戏的态度对待界定各式议题的那些词汇和短语，这样往往能释放想象力。在字典和专业书籍里逐一查找你的核心术语的同义词，以便了解它们的含义的全部范围。这个简单的习惯会刺激你精细琢磨问题的各个角度/用语（terms），从而以更精练的文字更精确地界定它们。原因就在于，只有当你了解了可以赋予相关词汇或短语的几个意涵，才能选出自己希望用来研究的最恰切的意涵。不过，对于词汇的这种兴致还不能就此止步。在所有的工作中，特别是检视理论陈述的时候，你会努力密切留意每个核心术语的概括层级，往往会发现将一个高层级的陈述化约成更具体的意思会很有用。完成了这一步骤，陈述常常被拆成两三个部分，各自指向不同的维度。你还要尝试调高概括层级：去掉具体限定语，在更抽象的层面检视重新组织后的陈述或推断，看看你能否加以扩展或详尽阐发。就这样，由宽到 213
窄结合由窄到宽，你将尝试通过寻求更明晰的意涵，深究相关观念的方方面面及其丰富意涵。

(3)你在思考自己想到的一般性观念时，其中有许多可以被塑造成类型。新的分类方式通常就是富有成果的发展的开端。简言之，能有本事搞出类型，然后探寻每种类型的条件与结果，就成了你身上熟能生巧的一道自动程序。你不满足于现有的分类体系，尤其不满足于已成常识的分类体系，而会探寻这些分类体系各自内部及彼此之间的共同特性与相异因素。好的类型要求分类标准明晰而系统。要做到这一点，你就必须养成交互分类的习惯。

当然，交互分类的技术并不局限于量化材料，事实上，无论是批评和澄清旧的类型，还是想象并把握**新的**类型，它都是最佳方式。定性的各种图表(charts，tables，and diagrams)不仅可以用来展示已经做的工作，也经常充当货真价实的生产工具。它们澄清各种类型的“维度”，也有助于你想象和构筑类型。实际上，在过去15年，我认为自己写下的所有初稿当中，不带有一点儿交互分类的不超过十来页，虽说我肯定不总是展示出这类图表，甚至算不上经常这么做。它们绝大多数都流于失败，但你在这种情况下仍能学到一些东西。而如果它们起作用，就能帮助你思考得更加清楚，运笔也更明晰。它们还使你能够针对自己在思考的那些术语、在处理的那些事实，揭示它们的变化范围和完整关系。

交互分类对于从事实际研究的社会学家来说，正好像用图解法来分析一个句子之于认真的语法学家。从许多方面来看，交互分类就等于社会学的想象力的语法。它就像所有的语法一样，必须得到控制，不允许偏离其目的。

(4)你往往能通过考虑极端状况，即思考你直接关注的东西的对立面，来获得最佳洞见。如果你考虑绝望，那么也想想欢欣；如果你研究守财奴，那么也琢磨 214
一下败家子。这世上最艰难的事情就是单纯研究一个对象。一旦你尝试对比不同对象，就会更好地把握材料，从而能够从比较的角度挑出它们相似的方面。你会发现，在关注这些维度与关注具体类型之间来回穿梭，会使人深受启发。这项技术在逻辑上也很严密，因为要是没有一个样本，你就只能想方设法猜测统计频率：你能做的就只是给出某种现象的大体范围和主要类型，而比较有效率的做法，就是首先构建“极化类型”，即多种维度上的对立两端。当然，这并不意味着你不用再努力，以求有所收获，维持某种比例感——不用去寻求某种线索以评估给定类型的发生频率。事实上，你要坚持不懈地尝试一边进行这一探寻，一边探求可能找到或搜集到的统计数据的指标。

所谓观点，是要运用多种多样的观点/观看之点(viewpoints)的：比如，你会问自己，最近读到的这位政治学家会如何探讨这一问题，那位实验心理学家或历史学家又会怎样处理呢？你会尝试从多种多样的观看之点出发来进行思考，通过这种方式，可以让自己的头脑变成一块移动的棱镜，从尽可能多的角度捕捉光线。在这一点上，对话式写作往往大有助益。

你经常会发现自己在反复琢磨某样事情，而在尝试理解一块新的学术领域时，你最开始完全可以做的事情之一，就是列出争论的主要论点。所谓“精通文献”(being soaked in the literature)，意思之一就是有能力确定每一个可用的观看之点的朋友与对手。顺便说一句，如果过于“精通文献”，也不是太好，你可能会沉溺其间无法自拔，就像莫蒂默·阿德勒(Mortimer Adler)。[1] 或许关键就在于要明白，什么时候你该读，什么时候你不该读。

(5)事实上，出于简洁起见，在交互分类时，你一开始会从是或否的角度来展开工作，这会促使你从两极对立的角度思考问题。大体来说这也不错，因为定性分析当然无法告诉你发生频率或变动幅度。它的技术，它的目的，都在于告诉你可能有哪些类型。从许多宗旨来
215 看，你所需要的也无非就是这样。当然，从某些宗旨来看，你的确需要更精确地了解相关的比例。

有时候，有意颠倒你的比例感，能够成功释放出想

---

[1] 莫蒂默·阿德勒(1902—2001)，美国著名哲学家、教育家、著作家。芝加哥大学哈钦斯校长古典著作精读培养项目的重要规划者，1940年出版畅销书《如何阅读一本书》(有商务印书馆中译本)，1943年提出庞大的编纂设想，日后落实为世界闻名的皇皇54卷《西方世界名著丛书》，其任副总编。他个人编写的两大卷《论题提要》(*Syntopicon*)，有中译本《西方大观念》(陈嘉映等译，华夏出版社2008年版)。——译注

象力。[①]如果某样东西显得很微小，不妨想象它非常庞大，并问自己：这可能会有什么差别？反过来，对于规模巨大的现象也可如法炮制。前文字时代的村庄如果拥有3000万人口，会是什么样子？至少在今天，我从来不曾想过，在真的清点或测量什么东西之前，不先在我可以控制一切东西的规模的想象的世界中，把这些东西的各种要素、条件和结果玩味一番。统计学家在说“你要先了解宇宙，然后才能对它进行抽样”这句简短而令人畏惧的话时，应该就有上述这层意思，只是他们从未明言。

(6)无论你关注的是什么问题，都会发现，用**比较的方式**把握材料会很有帮助。无论在一个文明或一个历史时期里，还是在几个文明或历史时期里，探寻可供比较的多个个案都会给你以头绪。你要想描述20世纪美国的某项制度，就必须努力回想其他类型的结构和历史时期里的类似制度。即便你不做明确的比较，情况也是如此。有时候，你会几乎不假思索地以历史的维度引导你的思考。这么做的原因之一在于，你所考察的东西往往只限于数字，而要以比较的方式把握它，就必须将其置于某个历史框架中。换言之，对立类型的思路常常要

① 顺便说一句，其中有一些就属于肯尼斯·伯克(Kenneth Burke)在讨论尼采时所称的“由不和谐所产生的视角”。请务必参见 Burke, *Permanence and Change*(《持恒与变迁》), New York, New Republic Books, 1936.

求考察历史材料。这种做法有时会形成一些要点以便做趋势分析，或者引向某种以阶段分类的体系。然后，你会使用历史材料，因为想把某种现象的讨论范围弄得更充分或者更方便，我的意思是说，这个范围要包括某套已知系列维度上的各种变异。社会学家必须具备一定的世界历史知识；没有这类知识，无论他知道其他什么知识，都只是个跛子。

216 (7)最后还有一点，与其说关系到释放想象力，不如说关系到整合出一部书的技巧。不过，这两者往往是融为一体的：你怎样安排材料展示出来，始终会影响到你工作的内容。我脑子里这个想法是从一位杰出的编辑兰伯特·戴维斯(Lambert Davis)那里学来的，不过我猜他看了我怎么发挥他的观点，会不愿意承认这是他想出来的。这就是主题(theme)与话题(topic)的区别。

所谓话题，就是研究内容，如“公司高管的职业生涯”，或“军方将领的权力增长”，或“社交圈贵妇的衰落”。你就一项话题不得不说的绝大多数内容，通常不难归入一章或其中的某一节。但你所有话题的次序安排，往往会把你带到主题的领域。

所谓主题，就是想法，通常反映某种显著趋势、主导观念，或是核心区别，如合理性(rationality)与理性(reason)。在构思一本书的布局时，当你逐渐认识到两三个主题，有时可能达到六七个主题时，你就会明白，自己完全胜任了工作。你之所以会认识到这些主题，是因为它们总是被卷入各种话题，或许你会觉得，它们纯属重复。有时候，它们确实就只是重复！当然，你往往会在自己草稿的那些写得比较磕磕碰碰、含糊不清的章节和写得不太好的章节中发现它们。

接下来你必须做的，就是将它们分类，尽可能简明扼要地予以陈述。然后，你必须以非常系统性的方式，在你话题的整个范围内，进行交互分类。这就意味着你得追问每一个话题：每一个主题都是如何影响每一个话题的？再有就是：如果说每一个话题对于这些主题都有意义，那么意义分别是什么？

有时候，一项主题要求独立一章或一节，或许就是在最初引出该主题的时候，又或许是在结束时的概括陈述的时候。大体上我认为，绝大多数作者以及绝大多数系统性思想家都会同意说，应当在某个点上，让所有主题一起出场，相互关联。在大多数情况下，可以在书的开头安排这一点，尽管也并非都得如此。如果一本书布局精巧，通常应该在行将收笔时做这件事情。当然，全 217
书自始至终，你都该努力至少将主题与每一个话题相关联。这一点说说容易，做起来并不简单，因为它通常不会像看上去的那么按部就班。但有时候，至少如果主题已经得到了恰当的分类和阐明，也确实只要按部就班就行了。当然，这也正是难点所在。原因就在于，我这里有的东西，在文学技巧的语境里叫作主题，在学术研究的语境里就叫作想法。

顺便说一句，有时候，你可能发现一本书其实没有任何主题。它就是一连串的话题，当然，还被一堆有关方法论的方法论介绍、有关理论的理论介绍重重包围。没有想法的人写起书来，这些其实都是不可或缺的。但这就会导致有欠明晰。

五

我知道你会同意，应当尽可能以自己的研究内容和思维所允许的简洁明晰的语言，来展示自己的工作。但你可能已经注意到，社会科学中似乎充斥着臃肿浮夸的文风。我猜想，使用这种行文的人或许相信自己是在效仿“自然科学”，但他们没有觉察到，**这种**文风大部分根本毫无必要。事实上，已有权威言论表示，出现了“严重的读写危机”，而这场危机社会科学家卷入甚深。① 之所以会有这种独特的语言，是否因为确实讨论的是深奥精微的议题、概念和方法呢？如果不是，那又为什么会出现马尔科姆·考利(Malcolm Cowley)的妙语“社会学

① 语出自被广泛视为“英语世界最好的批评家”的埃德蒙·威尔逊(Edmund Wilson)，他写道：“根据我对人类学和社会学领域专家写的文章的阅读体验，我得出结论：在我理想中的大学，如果由一位英文教授来制定每个院系写论文的要求，可能导致这些专业发生革命性的变化——如果它们还真能生存下来的话。”参见 *A Piece of My Mind*(《我的心声》)，New York，Farrar，Straus and Cudahy，1956，p. 164.

腔”(socspeak)呢?[①] 这对于你研究工作的完成当真有必要吗？如果确有必要，那你无计可施；如果并无必要，那你又该如何避免？

我相信，这种晦涩难解的状况通常与研究内容的复 218
杂性没什么关系，甚至毫无关系，和思想的深刻更是搭不上边。它几乎完全是因为学院作者对自己的地位产生了某些困惑。

在今天的许多学术圈子里，任何人要想写得通俗易懂，就很可能被指责为“只是个文人”，或者还要糟糕，“就是个写稿子的”。或许你已经懂得，人们通常用的这些措辞，其实只是显示了似是而非的推论：因为易懂，所以浅薄。美国的学术人正在努力过一种严肃的学术生活，而他们身处的社会背景往往显得与前者格格不入。他选择了学院作为自己的职业生涯，为此牺牲了许多主流价值，他必须以声望作为弥补。而他对于声望的诉求，很容易就变得与其作为“科学家”的自我意象紧密相关。要是被称作“就是个写稿子的”，会使他觉得丧失尊严，浅薄粗俗。我想，在那些雕琢矫饰的词汇底下，在那些繁复夹缠的腔调与文风背后，往往正是这样的处境。这样的做派学起来不难，拒绝起来倒不容易。它已经成了一种惯例，那些不使用它的人倒会遭到道德上的非议。这或许是平庸者一方在

---

① Malcolm Cowley, “Sociological Habit Patterns in Linguistic Transmogrification”(《语言变形中的社会学习惯模式》), *The Reporter*, 20 September 1956, pp. 41 ff.

学术上封闭等级的结果，可以理解，他们希望把那些赢得了在学术上和其他方面明智通达的人们的关注的同行排除出去。

所谓写作，就是要诉求引起读者的关注。**无论何种**风格体裁，这都是题中应有之义。所谓写作，也是要诉求自己至少有足够的地位能让别人来读。年轻学人与这两种诉求都深有牵连，因为他自觉在公共生活中缺乏位置，因此往往会先诉求自己的地位，然后再诉求读者关注自己所说的东西。事实上，在美国，即使是最有成就的知识人，到了更广泛的圈子和公众群体里，也没有多少地位。在这方面，社会学这个个案一向属于极端案例：社会学的行文习惯在很大程度上来自那段不堪的过去，当时社会学家即使和其他学术人相比也是地位低下。所以，对于地位的欲望，就成了学术人为何如此容易陷于晦涩难解的一个原因了。而后者恰恰又成了他们
219 之所以没能拥有自己想要的地位的一个原因。这是不折不扣的恶性循环，但任何学人都能够轻易打破。

你要克服学院的这种**乏味文风**(prose)，首先必须克服学院的**造作姿态**(pose)。比起研习语法和古英语词根，说清楚你自己怎么回答以下三个问题要重要得多：(1)我的研究内容究竟有多艰涩复杂？(2)我在写作的时候，要求自己享有什么地位？(3)我在努力为谁写作？

(1)对于第一个问题，通常的答案是：内容并不像你论述的方式那么艰涩复杂。这么说的证据俯拾皆是：社会科学著作中有95%可以被轻松译成英语，就揭示了这一点。[1]

但你也许会问，难道我们有时候不就是需要术语吗？[2]我们当然需要，但"术"不一定意味着艰涩，当然也不意味着行话黑话(jargon)。如果这类术语真的不可或缺，并且也明晰精确，那就不难用平白晓畅的英语来阐述，从而以具备意义的方式将它们介绍给读者。

或许你会表示反对，认为寻常词汇的常见用法往往
"负载"了各种感情和价值，因此可能最好还是避免使 220
用，改用新词或术语。我的回答如下：不错，寻常词汇往往是别有负载的。但社会科学中常用的许多术语也别

① 这类翻译的实例，请参见前文第二章。顺便略举数例：关于写作，据我所知最好的书是 Robert Graves and Alan Hodge，*The Reader Over Your Shoulder*，New York，Macmillan，1944。也可参见 Barzun 与 Graff 的出色讨论，*The Modern Researcher*，op. cit.；G. E. Montague，*A Writer's Notes on His Trade*，London，Pelican Books，1930—1949；and Bonamy Dobrée，*Modern Prose Style*，Oxford，The Clarendon Press，1934—1950.

② 那些远比我更懂数学语言的人告诉我，这种语言的特点就是精确、简洁、明晰。所以我非常怀疑许多社会科学家，他们宣称数学在社会研究方法中占据核心位置，但写起文章来却一不精确，二不简洁，三不明晰。他们该从保罗·拉扎斯菲尔德那里学上一课，后者相信数学，是真的很相信，而他写的文章，哪怕是草稿，也总是体现出上述的数学品质。如果我读不懂他的数学，我知道那是我自己太无知；而如果我不同意他用非数学语言写的东西，我就知道那是因为他搞错了。因为你总能知道他究竟在说些什么，因此也就清楚他究竟哪里搞错了。

有负载。要想写得清晰，就要控制这些负载，要精确地表述你的意涵，以便其他人也能理解这层意涵，也只能理解成这层意涵。假设你想表达的意涵处在一个周长六英尺[①]的圆圈里，你身处其间；又假设你的读者所理解的意涵是另一个这样的圆圈，他身处其间。我们姑且指望这两个圆圈的确能有交叠。交叠的区域就是你能达成的沟通区域。在读者的圆圈里，没能交叠的部分也就是不受控制的意涵的区域：他自己造出了意涵。而在你的圆圈里，没能交叠的部分则成了你流于失败的另一标志：你没能使意涵被他人所理解。所谓写作的技能，就是让读者的意涵圈与你的意涵圈精确重叠，就是以特定的方式写作，让你们双方都处在受控意涵的同一圆圈中。

因此，我的第一个观点就是：绝大多数的"社会学腔"都与研究内容或思想的什么复杂性毫无关联。我想它们几乎完全是用来确立自我的学院诉求的。这么写文章，就是要告诉读者(我敢肯定，他们对此往往并不自知)："我知道某样事情，它非常难，你只有先学会我这艰深的语言，才能理解它。与此同时，你只是个写稿子的，一个门外汉，或者别的什么比较落后的类型。"

(2)要回答第二个问题，我们必须根据作者关于自

---

① 1英尺＝0.3048米。

己的想法，以及他言说的声音，区分出两种呈现社会科学工作的方式。一种方式的出发点是：作者觉得自己这种人咆哮、低语或轻笑都可以，反正始终得在场。他是哪种人也很清楚：无论是自信满满还是神经兮兮，不管是直截了当还是夹缠纠结，他**都是**体验与推理的中心。现在他发现了某样事情，正在告诉我们这事情怎么回事，自己又是怎么发现的。这就是英语里能看到的最佳阐释背后的腔调。

另一种呈现工作的方式并不运用任何人的任何声音。这类写作根本就算不上一种“声音”。它就是一种自 221
主存在的声响，是由一台机器生成的乏味文章。它固然充斥着行话黑话，但更值得一提的是它非常矫揉造作(strongly mannered)：它不仅不具个人色彩，而且是矫揉造作地不具个人色彩。政府公报有时就是以这种方式写的，生意公函也是。社会科学中也有大量例证。任何写作，只要不能被想象成人的言谈，就是糟糕的写作，或许只有某些真正的文体大师的作品不属此列。

(3)但最后还有一个问题——哪些人在听这些声音，对于这一点的考虑也会影响到文体的风格。任何作者都非常有必要牢记，自己正在试图对什么类型的人说话，以及他究竟是怎么理解这些人的。这些问题都并不简单：要很好地回答它们，既需要了解读者公众，也需要定位自身。所谓写作，就是提出诉求，等待被阅读，但是由谁来读呢？

我的同事莱昂内尔·特里林(Lionel Trilling)已经给出了一种答案，并允许我在此转述。[①] 你先假设，自己受邀就自己熟悉的某项研究内容做一次演讲，听众中既有来自某个一流大学各个院系的师生，也有来自附近城市感兴趣的各色人等。假设这样一群听众坐在你面前，他们都有权利了解；假设你也想让他们了解。现在开始动笔写作。

社会科学家作为作者，大体可以有四种可能性。如果他承认自己是一种声音，假设他正在对像我刚才点出的那类公众说话，他会努力写些明白易懂的文章。如果他假定自己是一种声音，但不完全清楚面向什么公众，就比较容易陷入艰涩难解的胡扯。这种人最好还是谨慎一些。如果他觉得自己与其说是一种声音，不如说是某种不具个人色彩的声响的代言者，那么，假如他找到了一群公众，也非常有可能是一群狂热教徒。如果他并不了解自己的声音，也没有找到任何公众，却纯粹只为了无人保管的某种记录而说话，那我想我们不得不承认，他是一位不折不扣的标准化乏味文章的制造者：在空无

① 莱昂内尔·特里林(1905—1975，又译屈瑞林)，美国著名社会文化批评家与文学家，哥伦比亚大学教授。继承英国阿诺德(Matthew Arnold)、利维斯(F. R. Leavis)的文人的批评传统，结合专家和公共知识分子的双重身份，侧重从社会历史、道德心理的角度评论文学和文化，不仅成为学院批评大师，对20世纪中叶美国公共文化尤其年青一代思想也影响甚大。——译注

一人的大厅里，回荡着自动的声响。这让人不寒而栗，简直像卡夫卡小说里的场景，而情况应当是：我们一直在讨论理性的边界。

深刻与夹缠之间的界限往往很微妙，甚至就像在走 222
钢丝。有些人就像惠特曼那首小诗里所描述的那样，刚开始做研究，就被迈出的第一步弄得激动万分，无比敬畏，几乎不再想着继续前行。没有人会否认，这些人身上有一种奇特的魔力。语言就其本身而言，的确构成了一个令人赞叹的世界，但如果深陷其中无法自拔，我们一定不能把起步时的迷惘错当成最终结果的深刻。作为学术共同体的一员，你应当把自己看成是一种真正伟大的语言的代表，应当期待自己、要求自己，在说话或写作的时候，要努力传递有教养的人的话语。

最后必须来谈谈写作与思考之间的相互作用。如果你写东西只想着汉斯·赖兴巴赫(Hans Reichenbach)所称的“发现的语境”(context of discovery)，能理解你的人就会寥寥无几；不仅如此，你的陈述往往还会非常主观。要想让你想的不管什么东西更加客观，你就必须在展示的语境(context of presentation)里工作。首先，你把自己的想法“展示”给自己，这往往被叫作“想清楚”。然后，当你觉得自己已经理顺了，就把它展示给别人，并往往会发现，你并没有搞清楚。这时你就处在“展示的语境”中。有时候，你会注意到，当你努力展示自己的想法时，会有所调整，不仅是调整其陈述形式，而且往往还调整其内容。当你在展示的语境中工作时，会获得新的想法。简言之，它会变成一种新的发现的语境，不同于原初的语境，位于我认为更高的层面，因为它在社会角度上更具客观性。同样，你不能把你如何写与如何想割裂开来。你必须在这两种语境中来回穿梭，而且无论何时，你都最好明白自己可能去往何处。

六

综上所述，你就会理解，其实你从未“开始研究一项课题”，你已经“在研究”了，要么是以个人的面目，体现在档案中，体现在浏览后的做笔记中，要么是体现在有方针指导的事业中。遵循这样的生活方式和工作方
223 式，你将始终拥有许多自己想要进一步探索的话题。一旦你确定了某种“释放”，就要尝试调用你全部的档案，你浏览的书籍、你的交谈、你所选择的人，这一切都是为了这个话题或主题。你要尝试打造一个小世界，包含所有融入手头工作的核心要素，以系统的方式让它们各就其位，并围绕着其中各个部分的发展，不断调整这个框架。单单生活在这样一个构造出来的世界里，也要去了解所需要的各种东西：想法、事实、想法、数据、想法。

就这样，你将有所发现，对其予以描述，确立一些

类型来为自己已经发现的东西安排秩序，通过按名目区分各样东西来聚焦和梳理自己的体验。这样探寻秩序，会推动你找寻各种模式和趋势，找出或许具备典型性和因果性的关系。简言之，你要去探寻自己碰到的东西的意涵，探寻某些东西，看其能否解释为不可见的其他东西的可见标志。你要列一份清单，涵括看上去与你正试图理解的不管什么东西有关的一切。你要去芜存菁，然后将这些条目仔细地、系统地彼此关联，以形成某种操作模型。接下来，你要将这一模型与自己正努力说明的不管什么东西相关联。有时候你能轻易得手，但也常常徒劳无获。

不过，在这一切细节当中，你始终得去找寻一些指标，它们可能指向主要趋势，指向 20 世纪中叶社会范围内的根本形式和趋向。这是因为，到最后，你始终在讨论的正是这一点，即人的多样性。

思考就是竭力谋求秩序，同时谋求全面。你绝不能太快停止思考，否则将无法了解自己应该了解的全部；你也不能听任自己一直思考下去，否则你就会炸裂。我想，正是这一两难，使得思考在那些获得一定成功的宝贵时刻，成为人类能够履行的最具激情的努力。

或许我可以借助几点劝告与警示，最好地概括行文至此我想说的意思：

(1)做一名巧匠：避免任何刻板的程序套路。首先， 224

力求培养并运用社会学的想象力。避免对方法和技巧的盲目崇拜。推动不事雕琢的学术巧匠重归学界，自己也努力成为这样的巧匠。让每一个人都成为自己的方法学家，让每一个人都成为自己的理论家，让理论和方法重新融入一门技艺的实践。倡导个体学人地位至上，抵制技术专家组成的研究团队大行其道。让你的心智独立面对有关人与社会的问题。

(2)避免陷入拜占庭式错综繁复的拆解和组合各类“概念”的怪癖，摆脱繁文冗语的矫饰做派。推动自己也推动别人养成简洁清晰的陈述风格。尽量少用比较繁复的术语，除非你坚信，使用这些术语会使你的感受更为宽广，指涉更为精准，推理更为深刻。避免借助晦涩难解作为手段，来回避对社会做出评判，回避你的读者对你自己的工作做出评判。

(3)只要你认为自己的工作需要，就尽量多做跨历史的建构，同时也深入历史内部的细节。尽你所能构筑较为形式化的理论并构筑模型。细致检视琐屑事实及其彼此关联，也认真考察独一无二的重大事件。但是不要兀自乱想：所有这类工作，都必须持续而密切地关联到历史现实的层面。不要假定总会有别的什么人在某时某地替你做这件事。将界定这种现实作为你的任务；从它的角度出发/使用它的术语(in its terms)来梳理你的问题；在它的层面上尝试解决这些问题，从而缓解它们所蕴含的议题和困扰。如果脑子里没有确凿的例证，写东西千万不要超过三页。

(4)不要只是一个接一个地孤立研究小情境，要研究将其中的情境组织起来的社会结构。基于这些有关较大结构的研究，选择你需要详细研究的情境，并以特定的方式来实施，以便理解情境与结构之间的相互作用。至于时间的跨度方面，也是如此这般进行。不要只当一个写稿的，不管你描摹得有多么逼真。你要知道，新闻报道也可以是一项重要的思想事业，但你还要知道，你的事业更加重要！所以，不要只是把细碎研究的报道固定在界限分明的静态时刻或非常短暂的时段之内。要以 225
人类历史的进程作为你的时间跨度，以此作为你所考察的星期、年月和时代的定位框架。

(5)要认识到你的目标在于对世界历史上曾有以及现存的各种社会结构进行充分的比较性理解。要认识到，为实现这一目标而努力，你就必须摆脱目前通行的学院系科所导致的任意专业化分隔。你要根据所讨论的话题，首先是根据有显著意义的问题，来灵活多样地确定你的工作的专业归属。在梳理并尝试解决这些问题的时候，要广为借鉴有关人与社会的任何明智通达的研究，吸收其中的各种视角与材料、观点与方法，不要犹豫，事实上，要主动寻求，坚持不懈，放开想象力。它们属于**你的**研究，属于你所属的世界，不要让那些靠着怪异的行话黑话和造作的**专业技能**把它们封闭起来的人，从你这里夺走了它们。

(6)始终关注有关人的意象，即有关人性的整体观念，这正是你在工作中要运用的预设；也要始终关注有关历史的意象，也就是你对于历史如何被塑造出来的观念。一句话，你要持之以恒地探索和打磨自己对于这些有关历史、有关人生、有关人生和历史在其中交织的社会结构的问题的观点。对于个体性的丰富多样，对于时代变迁的纷繁复杂，都要保持开放的眼光。运用你的见闻，也运用你的想象，来引导你关于人的多样性的研究。

(7)要了解你所承继并发扬的经典社会分析传统；所以要努力避免把人理解成孤零的碎片，或是独立自在即可领会的领域或系统。努力把众生男女理解为具备历史维度和社会维度的行动者，理解纷繁多样的人类社会是如何以错综复杂的方式，选择和塑造着丰富多姿的众生男女。你在完成任何工作之前，都要把它引向一项持续不断的核心任务，就是理解你自己身处的这个时代，即 20 世纪下半叶人类社会这个令人恐惧却也令人赞叹的世界，理解它的结构与趋向，它的形貌与意涵，无论这种关联有时会多么间接。

226 (8)不要让按照官方方式梳理的公共议题，或者按照私人感受呈现的困扰，来确定你拿来研究的问题。最重要的是，不要从其他什么人的角度出发，接受科层制气质的非自由主义实用取向，或是道德溃散的自由主义实用取向，从而放弃你在道德上和政治上的自主性。要明白，有许多个人困扰是无法只当成困扰来寻求解决的，而必须从公共议题的角度、从有关历史塑造的问题的角度出发来理解。要知道，必须将公共议题与个人困扰相关联，与个体生活的问题相关联，才能揭示前者的人性意涵。要懂得，要想充分梳理社会科学的有关问题，就必须同时包括各种困扰与议题，人生与历史，以及它们之间错综复杂的关系。正是在这样的宽广范围内，产生了个体的生活与社会的塑造；正是在这样的宽广范围内，社会学的想象力才有机会改变我们时代人的生活的品质。

致 谢

227 本书若干版本的初稿曾在 1957 年春天哥本哈根的一场社会科学研讨会上宣读，丹麦社会部顾问(Konsultant to the Socialministrat)亨宁 · 弗里斯(Henning Friis)筹办了这次会议。我衷心感谢他以及此次研讨会的下列与会者提出的犀利批评与善意建议：克里斯滕 · 鲁德菲尔德(Kirsten Rudfeld)、本特 · 安德森(Bent Andersen)、P. H. 屈尔(P. H. Kühl)、波尔 · 维德里克森(Poul Vidriksen)、克努兹 · 埃里克 · 斯文森(Knud Erik Svensen)、托本 · 阿格斯纳普(Torben Agersnap)、B. V. 埃尔贝林(B. V. Elberling)。

第一章"承诺"以及本书其他一些短章曾以缩略形式于 1958 年 9 月在圣路易斯召开的美国政治学会年会上宣读。第六章借用了一篇论文，"Two Styles of Research in Current Social Study"，原文刊于《科学哲学》(*Philosophy of Science*)，第 10 卷，第 4 期，1953 年 10 月号。附论前五节的初稿曾收录于 L. Gross 主编的《社会学理论文集》(*Symposium on Sociological Theory*, Evanston, Peterson, 1959)。第八章的第五、六两节① 曾刊于《每月评论》(*Monthly Review*), 1958 年 10 月号。整体而言,我也借用了首刊于 1954 年 5 月 1 日的《周六评论》(*The Saturday Review*)上的一些评论。第九章和第十章里的一些段落,曾用于 1959 年 1 月在伦敦经济学院和华沙的波兰科学院的几次公开演讲,同年 2 月英国广播公司(BBC)在其第三套节目频道中播出。

书稿的后几稿得到了下列同行的整体或部分的评议,本书若微有些价值,大多应归功于他们。我只希望能通过更为充分的方式,感谢他们的慷慨协助:

哈罗德·巴杰(Harold Barger)、罗伯特·比尔斯泰 228
德(Robert Bierstadt)、诺曼·伯恩鲍姆(Norman Birnbaum)、赫伯特·布卢默(Herbert Blumer)、汤姆·博托莫尔(Tom Bottomore)、莱曼·布赖森(Lyman Bryson)、刘易斯·科塞(Lewis Coser)、阿瑟·K. 戴维斯(Arthur K. Davis)、罗伯特·杜宾(Robert Dubin)、西·古德(Si Goode)、玛乔丽·菲斯克(Marjorie Fiske)、彼得·盖伊(Peter Gay)、卢埃林·格罗斯(Llewellyn Gross)、理查德·霍夫施塔特(Richard Hofstadter)、欧文·豪(Irving Howe)、H. 斯图尔特·休斯(H. Stuart Hughes)、弗洛伊德·亨特(Floyd

① 原书"致谢"中的语句即如此,但实际上原书第八章并无第六节。——编注

Hunter)、西尔维娅·贾里科(Sylvia Jarrico)、戴维·凯特勒(David Kettler)、瓦尔特·克林克(Walter Klink)、查尔斯·E. 林德布洛姆(Charles E. Lindblom)、欧内斯特·曼海姆(Ernst Manheim)、里斯·麦吉(Reece McGee)、拉尔夫·米利班德(Ralph Miliband)、巴林顿·摩尔(Barrington Moore Jr.)、戴维·里斯曼(David Riesman)、迈耶·夏皮罗(Meyer Schapiro)、乔治·拉维克(George Rawick)、阿诺德·罗戈夫(Arnold Rogow)、保罗·斯威齐(Paul Sweezy)。

非常感谢我的朋友威廉·米勒(William Miller)和哈维·斯韦多(Harvey Swados),他们一直在努力帮助我行文更加清晰。

C. W. M.

新版跋

托德·吉特林(Todd Gitlin)①

一

即便接下来这句话读起来像是一种矛盾修辞法，我 229
也要说，C. 赖特·米尔斯是20世纪下半叶最激越人心的社会学家；考虑到他45岁就英年早逝，而且主要作品都完成于短短十年多的时间之内，他的成就更加令人瞩目。对于竭力在20世纪60年代早期找到意义所系的政治同龄人来说，米尔斯就是一位激进主义的带头骑

① 托德·吉特林是纽约大学文化、新闻与社会学教授，著有《60年代：希望岁月中的狂野时日》(*The Sixties*: *Years of Hope*, *Days of Rage*, Bantam)、《共同梦想的黄昏：文化战争何以倾覆了美国》(*The Twilight of Common Dreams*: *Why America Is Wracked by Culture Wars*, Metropolitan/Henry Holt)以及小说《牺牲》(*Sacrifice*, Metropolitan/Henry Holt)。本跋部分内容曾以不同形式见于 Todd Gitlin, "C. Wright Mills, Free Radical", *New Labor Forum*, Fall 1999。

士。但他也集成了诸多悖论，而这正是其魅力的一部分，无论他的读者是否能自觉地调和这些悖论。他是激进传统的激进纠偏者，是对社会学课程满腹牢骚的社会学家，是屡屡质疑知识分子的知识分子，是既倡导个体手艺也呼吁民众行动的辩护士，是深怀绝望的乐观主义者，是充满干劲的悲观主义者，一言以蔽之，他才智过人，热力四射，情怀深沉，格局宏阔，兼以上述诸般矛盾，似乎警示着他那个时代道德上和政治上绝大多数的主要陷阱，凡此种种，在同时代人里堪称屈指可数。一位先是接受哲学训练，继而决定撰述小册子，终于畅销大卖的社会学家，一位奋力在马克思主义传统中找寻可以回收利用的财富的平民主义者，一位献身政治的独行大侠，一位精熟文体风格的朴实之人——他不仅是一名率先的向导，更是一位垂范的楷模，他身上的种种悖论预示了那场学生运动的某些张力：置身诸多已趋衰微的[①]意识形态，它的成长可谓得天独厚，却仍毅然冲决网罗，寻找到或者说锻造出强大的杠杆，彻底而全面地改变了美国。

在去世前两年，作为作家的米尔斯成为公众名人，他反对“冷战”和美国对拉美政策的政论赢得了广泛读

① 我特意选用了丹尼尔·贝尔(Daniel Bell)《意识形态的终结：论50年代政治观念的衰微》中不为人注目的副标题中的一个词。Daniel Bell, *The End of Ideology: On the Exhaustion of Political Ideas in the Fifties*, New York: Free Press, 1960.

者，胜过其他任何激进派。他的《听着，美国佬》（*Listen，Yankee*）被《哈波斯杂志》（*Harper's Magazine*）封面重点推送，他的《致新左派》（“Letter to the New Left”） 230
同时发表于英国的《新左翼评论》（*New Left Review*）和美国的《左翼研究》（*Studies on the Left*），并由学生争取民主社会组织以油印本形式散发。[①] 1960 年 12 月，米尔斯高强度准备与一位久负盛名的外交政策分析家[②]就拉美政策举行一场电视辩论会，结果患上心脏病。15 个月后，他辞别人世，并立即被视为一位烈士。学生争取民主社会组织的《休伦港宣言》（“Port Huron Statement”）犹如米尔斯文章的回音再现，而该宣言的主笔汤姆·海顿（Tom Hayden），其硕士论文写的就是米尔斯，并给后者贴了个“激进游牧者”（Radical Nomad）的标签，把

---

① 学生争取民主社会组织（Students for a Democratic Society），20 世纪 60 年代新左派运动的主要代表。前身为学生争取工业民主联盟所属的一个学生组织。成员主要是白人大学生。旨在通过积极参加政治活动，建立一个摆脱贫困、愚昧和非人道状态的没有战争与剥削的自由民主社会。1962 年在密歇根州休伦港召开全国代表大会，选举海顿为同盟主席，并通过由他起草的《休伦港宣言》为同盟纲领。宣言指出，尽管大多数美国人生活优裕，但社会贫困与利润积累同样迅速，而罪魁祸首则是军事—工业综合体，它影响着美国的外交和国防，把国家引向战争，牺牲了公民的自由和社会福利。——译注

② 此人即贝勒（A. A. Berle，Jr.），也是大力宣扬现代企业中管理方已经从股东那里夺取控制权的观点的干将。贝勒是《现代企业与私有产权》（*The Modern Corporation and Private Property*，1932）有影响力的合著者，其关于企业良知的观点曾遭到米尔斯的抨击[Mills，*The Power Elite*（New York：Oxford University Press，1956），第 125 页注、第 126 页注]。对于那些了解这段历史的人来说，即将到来的辩论甚至更像是一场最后摊牌。

他看成一位英雄，只是有些堂吉诃德的意味，就像新左派自身一样，仗着一身蛮力，试图强行突破意识形态的阻滞。米尔斯去世之后，作为新左派创建先贤的父母们至少把一个男孩命名为米尔斯，还有至少一只猫，也就是我自己养的猫，被如此命名了，我这么做是满怀情意的，因为它几乎就是红色的。

米尔斯的作品充斥着对人的生机活力与失望情绪的敏锐觉察，对人的探险精神与尊严持守的深沉情怀，乃至于被这些东西灼伤。从许多方面来看，都印证了文如其人。他运笔遒劲，直击要害，风格鲜明，反复申说：人们所过的生活，不仅受到社会情势的束缚，而且遭到并非自己塑造的社会力量的深刻形塑。这一点纯属事实，无可化约，产生了两样后果：固然使绝大多数人的生活有了具备社会根源的悲剧性一面，但也创造了通过协调行动大大改善生活的潜在可能，只要人们看到了前行的道路。

在《社会学的想象力》及其他著述中，米尔斯坚定地主张，人生与历史之间的相互交织是社会学家应有的研究主题。而他自己的人生与历史的交汇处，却有着独具美国特色的悖论：他是独行的巧匠，以拒绝归属来获取归属。“智识上，政治上，道德上，我都是孤独自处的，”他会这么写，“我从不了解别人所谓与任何群体之间的‘友情’，哪怕是些微的情谊，无论是学术上的还是政治上的。是的，我是认识那么几个人，但要说到群体，不管有多小，没有……据我所知，真相很简单，就是我并不寻求这种东西。”[1]他写道：“我在智识上和文化上都尽可能保持‘自力更生’。”[2]他的“方向”就属于“独立巧匠”。[3] “巧匠”是他最喜爱的词之一。他还写道：“我是世界产业工会会员（Wobbly），个人名义上的，彻底的，永久的……我认为这个会员身份就意味着一样事 231
情：科层体制的对立面。”[4]就在他的一堆行动主义短论当中，还混着这么一句：“我是个没有党派归属的政治人。”[5]或者换个说法：属于只有他一个人的政党。

他雄健的行文，对重大争论的直觉，固执自赏的得克萨斯州风格，智识上无所畏惧的声名，以及对于治学之道的深沉情怀，似乎都是同源相生。他是一位自由自在的知识分子，只受行动的诱惑；他是一位旁观者，对峙所有权势集团，不仅反对那些自由派学院人，他们致力于说明为什么激进变迁需要预防或并不可取，也反对

---

① 引自米尔斯 1957 年秋天写的一篇致“达瓦里希”（Tovarich，即俄语的“同志”——译注）的文章，这是他想象中的一位典型的苏联人物。*C. Wright Mills*：*Letters and Autobiographical Writings*（《C. 赖特·米尔斯：信函与自传材料辑录》），edited by Kathryn Mills with Pamela Mills，ms. p. 276. 我要感谢凯瑟琳以及加利福尼亚大学出版社的娜奥米·施奈德（Naomi Schneider）允许我阅读并引用即将于 2000 年出版的此书书稿。

② Mills to “Tovarich”，*C. Wright Mills*，ms. p. 30.

③ Mills to “Tovarich”，*C. Wright Mills*，ms. p. 278.

④ Mills to “Tovarich”，*C. Wright Mills*，ms. p. 279.

⑤ 米尔斯“达瓦里希”笔记本中 1960 年 6 月的笔记，in *C. Wright Mills*，ms. p. 340.

那些在朝知识分子(court intellectuals)，他们都是追逐权力和量化的谄媚之徒，围着肯尼迪政府打转，后来相帮着美其名曰卡米洛。[①] 卡米洛王朝的圈内人或许会一边自我镀金，欣享权力，一边大谈"新边疆"[②]，而米尔斯作为特立独行的反科层体制者，却在开拓着属于他自己的"新边疆"。

他的文风咄咄逼人，更合适的标签是笔力遒劲，这种魅力并非偶然。他的文章一般都鲜活有力，令人动容，常常还通俗易懂，直截了当，尽管有时也因过于措意而显得笨拙(米尔斯费了 20 年工夫来完善自己的文笔)。他偏爱表示积极作为的名词(nouns of action)与表示消极放任的名词(nouns of failure)之间的冲突，如"摊牌"(showdown)与"抨击"(thrust)对"漂流"(drift)与"疏失"(default)。他沉迷于"胡思乱想的现实主义"(crackpot realism)和"穷兵黩武的形而上学"(military

---

① 卡米洛(Camelot)，相传为英国传奇人物阿瑟王宫廷所在地，以追求正义、勇敢的他为首的"圆桌骑士"是一群见义勇为的神话英雄。后借指人间乐园。20 世纪 60 年代初期，此词被借用来作为肯尼迪政府的美称，后来随着肯尼迪政府一度引起的希望的幻灭，此词带上了讽刺作盛世文章之徒的意味。——译注

② "新边疆"(New Frontier)：1960 年 7 月，肯尼迪在接受民主党总统候选人提名的演说中提出"新边疆"的口号。1961 年就任后制定"新边疆"的施政纲领。内政方面，实施长期赤字财政政策、制订太空探索和登月计划、实施老年医疗保险，提出解决种族隔离的民权法等。外交方面，推行称霸世界的全球灵活反应战略，建立"和平队"，制造古巴猪湾事件，加强对拉美的控制，提出"宏图计划"，试图将西欧纳入以美国为主体的大西洋共同体之中。——译注

metaphysic)之类易起争端的范畴。这种文风是雄健的(masculine)——就这个词最好的意思而言，但基本不能说是雄蛮的(macho)，一位雄蛮的作者是不会被大规模暴力的前景所困扰的，也不会写出“西方人文主义的核心目标(在于)……放手由理性来控制人的命运”[1]。

二

“我从来没有机会非常认真地对待这个样子的美国
社会学。”早在 1944 年，米尔斯在填一份古根海姆基金
申请表时，就有胆子这么写。[2] 他告诉基金会，自己为
意见刊物和一些“小杂志”写稿，因为他们采纳正确的话
题，“甚至更多的是因为我希望去除自己身上那股羸弱
残缺的学院文风，培养一种明智通达的方式，让现代社
会科学与非专业化的公众相沟通”。那一年，这位特立
独行者只有 28 岁，就已经希望这样来自我说明了。这 232
位自由写作的政治人希望与能讲道理的公众站到一边，
但不会放任公众实施那种令人窒息的遵从，作为赢得其

[1] Mills, *The Causes of World War Three*, New York: Ballantine, 1958, 1960, pp. 185-186.

[2] Mills to John Simon Guggenheim Memorial Foundation, November 7, 1944, *C. Wright Mills*, ms. pp. 83-84. 感谢基金会，他赢得了资助。该款针对的是一项耐人寻味的研究主题：当社会学正逐渐僵化，囿于米尔斯正确抨击的那种套路，它是怎样未曾彻底僵化的。这使得该学科领域的领军人物们有可能对米尔斯高看三分，认真考虑他的申请，至少欣赏其早期工作，虽说日后对他敬而远之。

支持的代价。一方面是通俗易懂，他乐于通过这种手法来推广自己的观念；另一方面是对于过一种自由的生活的欲望，而这是不可化约的。米尔斯明白这两方面之间的差别，因为(到了 40 岁，他在一封信里写道)“骨子里看，系统地看，我就是个彻头彻尾的无政府主义者”[1]。

话说回来，他并不是什么老派的彻头彻尾的无政府主义者。当然，他也不是什么智识上的蠢汉。他尊崇严谨，渴慕治学技艺的崇高天职，对严肃的批评意见通常毫不畏惧，乐于做出回应，喜欢直截了当的论战的那种粗粝与混乱。是技艺而不是方法论，这差别至关紧要。方法论宛如尸僵(rigor mortis)，刻板生硬，陈腐固化，成了玄秘难解的统计技术，被如此盲目崇拜，乃至于研究中真正的要害反倒显得黯淡无光。而技艺是工作起来要尊重材料，明确目标，并且对学术生活的起伏跌宕与攸关利害有敏锐的体察。技艺同样具备严谨，但严谨不能确保具备技艺。要灵活掌握技艺，不仅需要技术性的知识和逻辑，还需要有普遍的好奇心，文艺复兴般广博的技能，以及对于历史和文化的熟稔。说到底，是技艺精巧的社会学的想象力，而不是过度精致化的方法论，产生出 20 世纪 50 年代另一场浩大的社会学复兴，产生出戴维·里斯曼的《孤独的人群》。这部探讨国民性的杰作材料丰富，洞见迭出，虽然里斯曼本人后来收回了其

① Mills to Harvey and Bette Swados, November 3, 1956, in ms., p. 241.

中的主要“理论”假设，但该书的价值还在长久延续。里斯曼原本在书中主张，S 型人口曲线说明了从传统性格转向内向引导性格再转向他人引导性格的趋势。[①]

米尔斯影响力最持久的著作《社会学的想象力》最后有一篇附论，即《论治学之道》，所有的研究生都该读读，因为它与其说是一部按部就班的说明书，不如说是学术工作这场探险历程的备忘录。而《论治学之道》的文末又以这样的话作结（碰巧我在读大学的时候，就是把这段话打在一张索引卡片上，贴在我的打字机边上，希望能秉持这样的精神生活）：

> 你在完成任何工作之前，都要把它引向一项持续不断的核心任务，就是理解你自己身处的这个时
> 代，即 20 世纪下半叶人类社会这个令人恐惧却也 233
> 令人赞叹的世界，它的结构与趋向，它的形貌与意涵，无论这种关联有时会多么间接。[②]

这是面向黯淡的社会学的某种使命！

就像《孤独的人群》一样，米尔斯的主要著作，如《权力新贵》（*The New Men of Power*，1948）、《白领》

---

① 参见里斯曼为 1961 年版写的序：Riesman with Nathan Glazer and Reuel Denny，*The Lonely Crowd*，New Haven，CT：Yale University Press，1961，pp. xlii-xliii.

② *The Sociological Imagination*，New York：Oxford University Press，1959，p. 225.

(*White Collar*, 1951)和《权力精英》(*The Power Elite*, 1956),其创作动机都不是方法,也不是理论,而是一些宏大的话题,不过,在背后推动的也有一种探险精神。[米尔斯是如此远离社会学的主导趋向,以至于他更喜欢用“社会研究”(social studies)这个术语,而不是“社会科学”(social sciences)。][1]做一位社会学家,就应当终其整个职业生涯,尽心尽力,去填补那一整幅社会图景。这样的要求应当不像今天看来如此扎眼。在《社会学的想象力》中,米尔斯雄辩地抨击了主流社会学的两股主导趋向,一是“宏大理论”的那种夸夸其谈,一是“抽象经验主义”的那种边角零碎。今日观之,他看待这些问题的角度依然十分切要,生动鲜活(有时甚至煞是有趣),一如40年前,或许还平添了几分风采,因为社会学已经在米尔斯所描述的沟槽里越陷越深。那么多后现代主义者、马克思主义者、女性主义者纷纷加入此前的理论显贵行列,保持着他们那种“无用的高贵”(useless heights)[2],宣称他们那些优雅舞步和精致表演,那些既像苦行又像自慰的机械操练,那些平民主义的鼓噪欢呼,那些政治上的一厢情愿,乃至整个妄自尊大的姿态,都是非常有用也十分严肃的事情。看着这一切,米尔斯想必会暗自好笑。他不会把“理论”看作对于不负责任的权力的严重打击。我想他会认识到,矫揉造作的

① *Sociological Imagination*, p. 18n.

② *Sociological Imagination*, p. 33.

“理论”只是一种囿于阶级的意识形态，属于某种你不妨称为“新阶级”的集团，有待批判，正好像他早已揭露的那种管理意识形态：抽象经验主义者在其研究团队中做着学术上的附加作业，以补充企业和政府科层部门。我想他还会认识到，“理论”在学术上的那些宏大诉求，在政治上的那些虚张声势，属于某种列宁主义的预设，也是一种危险的预设，即学院人肩负着无可替代的崇高使命，仿佛他们一旦理顺了自己的“理论”，就将向一个翘首以待的世界昭告，并觉得自己已经大功告成。[①]

当然，米尔斯自己具有强烈的使命感，不仅是他自己的使命，而且是一般而言的知识分子、具体来说的社会科学家的使命。指引他所为之献身的学术工作的是一种忠诚(fidelity)，马克斯·韦伯称之为“天职”/“蒙召”(calling)，即“vocation”这个词的原初意涵：受到一种声 234
音的召唤。这并不是说米尔斯[他曾与汉斯·格特(Hans Gerth)合编过英语世界第一部重要的韦伯文集]赞同韦伯在其有关研究主题的两篇名文中做出的“作为天职的学术”和“作为天职的政治”必须无情分开的结论。根本不是这样。米尔斯认为，问题应当来自价值观，但答案不应该与后者捆绑。这是一个关键差别！如果研究的结

① 有关“理论阶级”(Theory Class)所隐含的政治问题，我已经在《社会学为谁？批判为谁？》一文中做了详细讨论，参见“Sociology for Whom? Criticism for Whom?”, in Herbert J. Gans ed., *Sociology in America*, Newbury Park, CA: Sage Publications, 1990, pp. 214-226.

果让你感到不爽，那确实很糟糕。但他还认为，好的社会科学一旦进入公开场合，促成公共讨论，就会变成好的政治。他之所以会产生这种抱持积极行动立场的思想生活观，固然有部分原因在于性情使然，他可不是一个能把事情就这么撂下的人，但也是出于逻辑推论和排除其他选项，因为如果知识分子都不打算去破除思想上的阻障，那还有谁会呢？

对于米尔斯来说，这并不是一个单纯的反问句。基于曾经是他博士论文研究主题的杜威式实用主义的精神，这个问题需要通过实验给出解答，这样的答案将结合对于经验本身的反思，在实际生活中渐次展开。而他在十年工作后得出的结论是，如果你一直在寻求融合理性与权力，至少是潜在的权力，那么只有诉诸知识分子，除此别无他法。米尔斯在他20世纪40年代后期到50年代陆续撰成的书中，细致梳理了可以得到的塑造历史的人的材料，包括《权力新贵》中的劳工，《白领》中的中产阶级，以及《权力精英》中顶层机构里的首脑们。劳工没能顶住结构性改革的挑战，白领雇员倍感困惑，无望取胜，而权力精英则是不负责任。米尔斯（部分通过排除法）得出结论：知识分子，也只有知识分子，有机会通过艰辛努力，施展理性。由于他们有能力在其他任何人都无法如此的时候，通过探讨社会问题来展现理性，所以对于他们来说，当然有责任在探讨某个问题时，努力“探讨战略干预点，即寻找据此维持或改变结构的‘杠杆’，并对那些有能力干预却没有这么做的人做出评估”[1]。

就像他在《马克思主义者》里所写的那样，一种政治哲学不仅要包括对社会的分析，以及有关社会如何运行的一套理论，还必须有“一种伦理学，即对于各种**理念**的阐述”。[2] 也就是说，知识分子应当明确表述自己的价值观念，并严谨思考相互对立的各种立场。还可以推出，研究工作应当辅之以直白的写作，这就意味着要启 235
迪并动员他追随约翰·杜威(John Dewey)所称的“公众”。用米尔斯的话来说，“社会科学在民主体制里担当的教育角色和政治角色，就是帮助教化并维持合格的公众与个体，让他们能够发展出有关个人与社会的现实的充分界定，并依此生存，循此行事”[3]。

理性是很重要的，或者说达成理性是有可能的，哪怕只是作为一种依稀的目标，或许我们永远无法企及，但终归能以渐近线的方式不断趋近。对于上述立场，米尔斯并没有抱以愤世嫉俗的态度，其程度如今看来似乎存有争议。相反，他的笔下谈到启蒙时，不带有一丝嘲笑。[4] 他怀着后现代时代之前的那种严谨提出，在 20 世

---

① *Sociological Imagination*, p. 133.

② *The Marxists*, New York: Dell, 1962, p. 12. 此句中着重格式为米尔斯所加。

③ *Sociological Imagination*, p. 192.

④ 参见《社会学的想象力》中出色的一章“论理性与自由”, in *Sociological Imagination*, pp. 165-176.

纪中叶，启蒙状况的问题并不是我们有了太多的启蒙，而是我们的启蒙远远不够，悲剧在于，蕴含在科学研究、工商计算和政府规划等形式中的技术合理性，赢得了普遍的跪伏，这是一种完美的伪装，掩盖了重大的疏失。而政经两界的科层化趋势，也在一定程度上破坏了讲求合理性的众生男女的民主自治(这是在重述韦伯的重大发现：**制度**的合理性不断增加，助长了**个体**自由的减损，至少是使其不再增长)。而民主的前景也同样遭到破坏，其具体方式米尔斯直至去世时仍在努力探寻。这是因为，面对那些“欠发达”国家渐次登上世界舞台的态势，西方世界应对得很拙劣，而无论是自由主义(大体上已经退化为“自由主义实用取向”的技术)，还是马克思主义(大体上已经退化为给专制统治提供合理化辩护的盲从学说)，都没能回应这些国家的迫切需求。他写道：“我们的主要取向，即自由主义和社会主义，几乎已经垮台，不再能够充分说明世界，说明我们自身。”①此言一语中的。

三

四十载光阴荏苒，在社会科学(或者更准确地说是社会研究)里算得上漫长。不仅社会发生了变化，学术

---

① *Sociological Imagination*, p. 166.

程序也是如此。单单因为代际继替本身，就一定会发生
某种学科变化，因为每一代年轻学人都必然会开凿新的
适合自身的地盘，以求有别于前辈，而他们的开凿所针 236
对的材料必然就是老旧学科本身。因此就有了风格和词
汇的流变，就有了主导范式的转换。米尔斯在著书立说
的时候，乃至整个(20 世纪)60 年代，管理性研究都是
一门朝阳行业。有鉴于此，米尔斯在《社会学的想象力》
中单挑它出来重点关注，也重点抨击。处在“冷战”的阴
霾之中，“抽象经验主义”不仅对公司企业有用，对政府
机关也是如此。但钱总会花完，对于政府资助的规划和
米尔斯所称“自由主义实用取向”的信心也会消散。因
此，今日之“抽象经验主义”已经不再像米尔斯那时那般
声望隆盛。无独有偶，今天会让他暗自好笑的“宏大理
论”就更可能是米歇尔·福柯，而不是塔尔科特·帕森
斯。在 20 世纪 50 年代的结构功能主义里几乎什么都不
是的权力，在福柯这里几乎成了一切。

凡此种种，使得人们愈发惊奇地看到，值此千年之交，《社会学的想象力》一书的绝大部分说法依然像以往一样确凿有效，并且十分必要。40 年前，米尔斯确认了社会学的主要趋向，其切入角度今日观之依然大体有理有据：“一套科层技术，靠方法论上的矫揉造作来禁止社会探究，以晦涩玄虚的概念来充塞这类研究，或者只操心脱离具有公共相关性的议题的枝节问题，把研究搞

得琐碎不堪。”[1]他在捍卫社会学的崇高宗旨时所指出的缺陷，今日依然如故：文学、艺术与批评在相当程度上未能将智识上的明晰带入社会生活。[2] 政治灵薄狱(limbo)的感觉又一次成为可能。按照米尔斯的描述，在西方世界，“可以肯定……有两桩关键政治事实：能吸引人的合法化往往缺失，大众漠然盛行于世”[3]。“富裕”尽管分配不均(今天的不平等程度远甚于 1959 年)，却再一次呈现为对于所有社会问题的万能解决之道。不幸的是，米尔斯的这些宣示已经证明基本上预言成真。

不过，40 年毕竟是 40 年，比米尔斯自己的成年时光还要长。社会变迁实实在在，他的见解也需要与时俱进，这并不令人奇怪。首先，米尔斯关注的是隐含的权威，为人所默认，被面纱遮掩，因此并不被当作公共生活中的争论议题。在艾森豪威尔时期的美国，大家稀里糊涂地混日子，势力强大的公司企业彼此抱团，并未遇到有说服力的批判(回想一下，《社会学的想象力》问世
237 之后一年多，艾森豪威尔才呼吁世人警惕“军事—工业综合体”的权力)。左派形同虚设，右派更执迷于共产主义的危险，而不是机构集权化所导致的权力侵夺。不仅如此，国内富裕，国际“冷战”，形成了笼罩一切的融合，而整体人口在相当程度上都满足于这种状况。当政

① *Sociological Imagination*, p. 20.
② *Sociological Imagination*, p. 18.
③ *Sociological Imagination*, p. 41.

府权力四处扩张，筑造州际高速公路，融资城郊住区，资助研究型大学，反对的人也是寥寥无几。反观今日，各式各样的权威更有可能遭到质疑、嘲笑和蔑视，而非隐然不可见。“冷战”不再能用来作为政府权力的辩护理据。由于20世纪60年代的文化激变，以及无法阻断地迷恋于通过商品实现人身解放，造成对于几乎所有制度/机构和传统，从政府部门、工商企业、劳工阶级、大众传媒到专业群体都不予尊重，并且已成常态。剩下的政治信仰就是尊奉有关市场的神话体系，这种制度与其说是一套牢固的结构，不如说是一团神秘的气氛，因为它代表着许多局部性制度的共存，包括各种政府优待与补贴。从某种意义上讲，占支配地位的意识形态也是反建制的，即罗伯特·贝拉及其同行们所称的“表现型个人主义”(expressive individualism)。[①] 历经越南战争、水门事件、罗纳德·里根的当选后，对于米尔斯原本力求克服的自由主义实用取向的信念业已大大失色，因为政府行动已经在很大程度上丧失了合法性，除非当治安行动和监禁成为争论议题，或者地方政治拨款[②]有待大量拨付。

同样，今天已经不再能说“大量私人不安就这么得

---

① Robert N. Bellah et al., *Habits of the Heart: Individualism and Commitment in American Life*, New York: Harper & Row, 1985.

② “local pork barrels”，指为了竞选拉票等政治目的而给予地方项目资助拨款的政治分肥。——译注

不到明确阐述”[1]。恰恰相反，在美国，奇怪地同时存在着对于绝大多数社会安排都安心自得，与对于它们普遍感到焦虑，或者更准确地说，是作为复数的多种焦虑，因为五花八门的不满与疏离并没有围绕着单一的冲突轴线汇聚一处。“不适与漠然……构成了当代美国社会的社会风气和个人倾向。”[2]就此而言，它们与许多弥散的对立并存，各类利益群体和标签迅猛滋生，美国人相信，他们可以通过指认这些来为自己的困扰负责。对于保守派来说，要指认的是自由派媒体、世俗人文主义、道德相对主义、爱国主义的崩溃或自以为是的少数族群；对于自由派来说，要指认的是保守派媒体、卷土重来的资本、种族主义或右翼基金会资助的市场意识形
238 态；对于女性主义者来说，要指认的是父权制/男权制(patriarchy)；而对于后者立场上的人来说，要指认的则是女性主义。《社会学的想象力》刊行之时，公共示威游行还是非同寻常，极不和谐。要搁在今天，它们可是寻常之事，甚至落了俗套。政治情感的表达已经走向职业化，借助意见动员技术来组织。20 世纪 60 年代的动荡已经成功响应了米尔斯的呼吁，将私人困扰转变成了公共议题，但也往往被扭曲成“人造草皮”[3]和“草根领袖”

① *Sociological Imagination*, p. 12.

② *Sociological Imagination*, pp. 12-13.

③ 所谓“人造草皮”(astroturf)，原为著名的阿斯特罗人工草皮品牌名。现指表面看似基于草根的公民团体，其实主要是由企业、产业工会、政治利益集团或公关公司构想出来并/或提供资助。——译注

(grass-tops)之类的伪运动。

米尔斯对于民主参与的复兴满怀希望，但他并没有充分估计到，美国人对于获取并使用消费品所投入的热情会如此高涨。从 20 世纪 60 年代晚期开始，民主社会里的大多数人会在为市场生产的商品的迅猛增长中找到满足，甚至找到临时替代的一种或一组身份认同。米尔斯低估了这种趋势的程度。他眼中的美国还靠着工作伦理这一清教威慑在抵挡着享乐主义。不过，他的确提前呈现了或许是自己最强劲的对手丹尼尔·贝尔的一个令人瞩目的观点：在公司资本主义条件下，（通过新教伦理）获取与（通过享乐伦理）开销之间的张力居于核心位置。[①]其实，绝大多数美国人都不仅是有钱可花，或者愿意借钱来花，而且还把这种休闲找乐的精神疏导到了技术上的各种新奇玩意儿上。并且，他也率先研究了流行文化的制度化趋势。《权力精英》中讨论名人的那一章，

---

① Bell，*The Cultural Contradictions of Capitalism*，New York：Basic，1976. 之所以说米尔斯预见到了这一重要的主张，例证不少，其中之一参见 *The Power Elite*，New York：Oxford University Press，1956，2000，p. 384。贝尔写过一篇文章，严厉批评《权力精英》(以“美国有没有统治阶级？关于《权力精英》的再思考”为题重刊，作为《意识形态的终结》的第三章)，正确地指责米尔斯淡化了新政（推行新政的富兰克林·罗斯福总统是民主党人——译注）与共和党政府之间的差别，但又抨击他过于强调作为暴力的权力——可那是在 20 世纪中叶！而米尔斯则在 1958 年 12 月 2 日致函汉斯·格特，对“贝尔先生的论点”不屑一顾，说自己不打算自降身份公开回应（*C. Wright Mills*，ms. p. 299）。这太糟糕了，因为贝尔的绝大多数论点原本可以给予直接而有说服力的驳斥。

就体现了对作为一种社会力量的名人的兴起的研究，这是社会学史上最初的主要思路之一。

这让我想到了 1959 年之后的另一场转型，即传媒的日益普及。除了过去习惯说的大众传媒，即单一的共同发送器将其信号播送给千百万台接收器外，由电视、广播、杂志、游戏、互联网、随身听等共同组成的整个充满动量、彼此增益的混乱世界，将跨国集团与人口统计学意义上的小聚落相关联，以参差多样的方式渗透着日常体验，总之是占据了公共关注的相当大的比重。这场转型还在进行之中，需要社会学的想象力的崭新应用，这一点米尔斯很清楚(他计划写一部书探讨“文化机器”，由于英年早逝，结果胎死腹中)。他要是置身流行
239 文化的汪洋大海，看到私人生活的语言已经如何渗透到公共价值的冲突之中，就像克林顿政府时期各种国民政治文化的冲撞，充斥着忏悔、“相互依赖”和“感同身受”之类的语言，想来会被吓到，不过不会惊讶。在这个意义上，米尔斯的话依然成立：“不仅有许多私人困扰，而且有许多重大公共议题，都被从‘精神病学’的角度来描述。”[①]时至今日，讨论“精神病学”已经不太可能采用精神分析的术语，而更可能使用自助、十二步疗法(twelve-step programs)、忏悔之类的语言，就像电视脱口秀那样。纵然如此，这也不是米尔斯所谓将私人困扰

① *Sociological Imagination*, p. 12.

转换成公共议题的用意所在，而更像是误入歧途。

对于种族这个聚讼不已的核心问题，米尔斯对其的社会学的想象力运用得并不充分。他本人憎恨种族歧视，但尽管他经历了民权运动的早期岁月，对于种族在美国生活中的动态发展，他却令人惊讶地甚少着墨。他对民权运动里的学生们倒是有兴趣，但只是将其视为全球范围内步入历史舞台的许多年轻知识分子群体之一，至于种族认同如何塑造并扭曲了人们的生活机会，并没有引起他的注意。今天，在美国的社会结构和话语中，种族已经变得如此凸显，有时甚至湮没了其他相与竞争的力量。自米尔斯去世以来，其他非关阶级的身份认同维度的重要性也在不断增长，作为等级量表区分出各类特权和机会，作为棱镜折射着现实，反射着美国人（以及其他人）用来看世界的光线。生理性别与性态（sex and sexuality）、宗教以及地域等，是今天的社会学的想象力必须考虑的一些其他因素，并且是核心要素。事实上，自 20 世纪 50 年代以降，社会学已经取得的进展恰恰出现在这些地方：分析生理性别与社会性别（gender）的动态变化、种族与族群性的动态变化。而其中有些正是受到了米尔斯本人的呼吁的激励，就是将私人困扰理解为了公共议题。

最后，当代文化中有一桩事实令人好奇：不仅在政治言说中，而且在日常谈话里，社会学的语言在许多方面已经变成一类寻常元素，尽管说往往在形式上档次有所降低。借助笼统含混的文化那种乏味的讽刺笔法，给短暂即逝的事件加上点儿社会学的注释，现在已经成了通俗新闻报道中的惯例。这在一定程度上也是对社会学成功进入学院课程体系的某种致敬。记者和编辑们都上
240 过课，学习分析谈话。他们不再自信地觉得，即使没有专业技能，他们也能把握社会变迁的主要轮廓。[1]可结果却是，无论在学院中，在广告机构和政治顾问的幕后工作中，还是在大众沟通和传媒中，社会学的想象力都由于成功而反倒显得浅薄轻浮。在今天，没有任何一部商业电影、游戏或电视剧集在获得成功后，不会有评论蹦出来，诉诸当代的种种“张力”和“不安定”，来“说明”其何以成功。企业雇用顾问，靠着对社会趋势的草率解读，来预测或塑造需求。就连我本人，也经常被要求用社会学的黑话来做出诸如此类的占卜。我观测着传媒对于那种由专家发布、看似蛮有道理的逸闻的嗜好，如何在20世纪八九十年代愈演愈烈，成为传统消遣版面的主打。同属某类型的两部电影骤然热映，或者某款新游戏、时装、术语或候选人瞬时走红，究竟意味着什么？在媒体上，小秀一下社会学角度的理解，已经成了趋势分析中可以接受的元素，最终几乎成了必不可少的步

---

① 有关社会学术语的通俗化，参见 Dennis H. Wrong，“The Influence of Sociological Ideas on American Culture”(《社会学观念对于美国文化的影响》)，in Herbert J. Gans ed.，*Sociology in America*，Newbury Park，CA：Sage Publications，1990，pp. 19-30.

骤，能为报道提供担保，纵然担保并无理据，也证明其煞是严肃，胜过粉丝闲聊。文化研究领域也出现了类似状况。在那里，昙花一现的流行现象被提升地位，成了值得长篇大论地考察的研究对象。① 流行社会学(pop sociology)是社会学的想象力的淡化版(sociological imagination lite)，是营养的快餐版，是往时代的商业大潮里滴洒圣水，是将深刻犀利变成浅薄轻浮。

米尔斯不仅在诉求社会学的想象力，他还出色地践行了它。即使是戴维·里斯曼这样审慎的批评者，认为米尔斯所刻画的白领劳工未免过于阴郁，面目单一，却也承认他所刻画的景象富有洞见，他所践行的研究理据确凿。② 就算他的生命戛然而止，他的大多数研究的生命力也胜过了与他同期的其他任何批评家。在社会学中，在社会批判中，乃至于在艰难但必需的关联这两者的努力中，他所发出的声音都是振聋发聩，不可或缺。他是一位不知疲倦、全心投入、充满魅力的道德家，探

---

① 参见 Todd Gitlin，“The Anti-Political Politics of Cultural Studies”，in Marjorie Ferguson and Peter Golding eds.，*Cultural Studies in Question*，Newbury Park，CA：Sage，1997，pp. 25-38.

② Riesman，review of *White Collar*，*American Journal of Sociology* 16 (1951)，pp. 513-515. 米尔斯的“中层权力”这个概念(middle levels of power)，乃是直接针对里斯曼在《孤独的人群》中的“否决群体”(veto groups)。不过，尽管他俩存在分析上的差异，但里斯曼是热诚的反国家主义者，在 20 世纪 60 年代早期积极介入和平运动，这与米尔斯对权力精英的疑虑就有了诸多交汇点。

求重大的问题，开掘知识分子生命的内涵。他的著述如同清风使人振奋，往往还仿佛疾风令人激越，即使你读到不赞成他的地方也会有此感受。你一读再读，感到遭遇了超出自己既有常识的挑战，吁求自己最出色的思考，最高等的评判。对于这样一位属于我们时代的知识分子来说，不可能再有比这更高的赞誉。

中外专名与主题索引

（根据原书第 243～248 页索引改编而成，改用中外音序重排，并根据具体内容对个别条目做了增删归并。条目中页码系原书页码、中译页边码，“n.”表示该页注解，“f.”表示以下一页，“ff.”表示以下诸页，“quoted”表示系原书引用。——译注）

译后记

虽然目前这个译本每个字都是重新键入，每句话都是重新翻译，虽然旧译本两位译者陈强和张伟强十余年来不知身在何处，但一切都还历历在目：仿佛已是非常遥远的20世纪末，北京大学社会学系两位不再继续读研“做学术”的本科毕业生，在已经找好工作准备“走向社会”的最后的校园岁月，想着要给社会学的四年学习生涯留个纪念，于是选择了他们和其他难以计数的社会学学生一样，在入学时被书本和老师教导的所谓社会学最佳入门读物，也就是这本《社会学的想象力》，要搞出一个早该出现的中译本。

所以从一开始，这本书的翻译就是一个“正名”的过程：它不是面向大一新生，而是面向所有打算回顾一下自己或长或短、有深有浅、间喜间悲的社会学生涯的学人，无论是本科毕业还是博士毕业的学子，甚或是在“tenure”或争取“tenure”的“track”上主动被动闷头前行的学者。它不是人云亦云者所荐由零开始的入门教程，也不是半通不通者所见一切归零的解构檄文，而是将悟未悟者所鉴重整积累的反思读物。与其说它能教给你什么是社会学的想象力，不如说它更能提醒你什么不是社会学的想象力。

旧版翻译其他诸多得失体会和意外波折，此处不再复述。十数年来，旧版中译多次重印，名声常在，屡遭质疑。本专业大一新生也好，外专业学生也好，好多人入门无门，固然有上段提到的原因，但翻译质量有问题是不争的事实。具体工序究竟如何，主观客观各有几分，都不必说了，总之现在由我来承担“正名”责任。本次除了句法表达润色、人名译名修正、术语译法调整等，涉及全句的实质性译误修正有数百处，并补译一篇跋，按照原书注释格式，将原中译本的章尾注改为页下注，并与酌情调整内容后的译者注统一编序。此外，作者使用大量词首字母大写的方式，除少量强调外，多意带讥诮，中译将旧版的黑体格式改为引号。最后，按照译者习惯，以拼音音序重新编排了书末索引，以真正起到供汉语读者参考的作用。

本书的确不是像彼得·伯格的《与社会学同游》、鲍曼的《社会学之思》那样面向入门读者的大家小书，但新译还是尽可能对原书用词和句式做了通俗化处理，但又要尽可能保留术语，或许有时显得啰唆。

15 年来西文社会学理论译著令人眼花缭乱，国内学界状况也已经面目全非。无论是经典重读，前沿追踪，还是本土化育，各自都存在多重路径，聚讼不已，再来看《社会学的想象力》这本书，要么显得太老，要么显得太浅，而在社会学研究技术高度精致发展的今天，在全球化、网络化、大数据的时代，这本书所批判的那些靶子也似乎相当不合时宜了。

但学院制度还在，学术与政治之争还在，趋于模糊、失焦的靶子还可能慢慢重聚。至少，需要以重译来修正错误，虽说很可能修正行为本身也正在制造新的错误。

从暮春到盛夏，翻译这本书时，我本人面临一些特殊状况，特别需要对翻译学术著作这种事情本身的意义和回报投入"想象力"。感谢神交日久却只沪上一遇的李钧鹏先生的举荐，感谢素闻大名至今尚未谋面的谭徐锋先生的信任，把我再一次带到学术翻译这条"作死"的沟里，所幸这寂寞天地其实深蕴风情。此刻也正可以将此书献给相关专业的毕业生，特别是暂时不再留在学术圈里的人，此后，这本书里谈到的众多因素将不再像米尔斯感慨的那样束缚你们的想象力了，虽然真正步入社会的你们有了更多与现实纠缠的体验，更可以去想象保持"想象力"这件事情究竟美好在哪里。

译罢校毕之时，徐和瑾先生溘然辞世，虽然《追忆似水年华》终于没能译完，但以这样的工作为结局，也是好的人生。既能望见结局，但又充满惊奇，就是好的日子。

2015 年 8 月

北京—杭州

最后，要特别感谢钧鹏兄逐字逐句的细致校对，我在旧译本基础上完成新译稿并且自己校对过一遍，但仍然被他弄得满篇红色审改标注，每每使人汗颜，处处让我受教。这本书成为现在这个样子，有他一半的功劳，和我全部的责任。

2015 年 9 月

北京　补记

图书在版编目(CIP)数据

社会学的想象力/(美)C. 赖特·米尔斯著；李康译. —北京：北京师范大学出版社，2017.3(2024.5 重印)
(米尔斯文集)
ISBN 978-7-303-21284-2

Ⅰ.①社… Ⅱ.①赖… ②李… Ⅲ.①社会学 Ⅳ.①C91

中国版本图书馆 CIP 数据核字(2016)第 220787 号

营 销 中 心 电 话 010-58808006
北京师范大学出版社新史学策划部微信公众号 新史学 1902

SHEHUIXUE DE XIANGXIANGLI
出版发行：北京师范大学出版社 www.bnupg.com
北京市西城区新街口外大街 12-3 号
邮政编码：100088
印 刷：保定市中画美凯印刷有限公司
经 销：全国新华书店
开 本：890 mm×1240 mm 1/32
印 张：11.625
字 数：240 千字
版 次：2017 年 3 月第 1 版
印 次：2024 年 5 月第 12 次印刷
定 价：48.00 元

策划编辑：谭徐锋 责任编辑：曹欣欣
美术编辑：王齐云 装帧设计：王齐云
责任校对：陈 民 责任印制：马 洁 赵 龙